Ottomar Domnicks JONAS
Entstehung eines Avantgardefilms

Materialien und Dokumente

Aus dem Nachlass herausgegeben und kommentiert von Guntram Vogt

Die Herstellung dieses Buches wurde durch einen Druckkostenzuschuss der Stadt Greifswald - Ottomar Domnicks Geburtstadt - unterstützt.

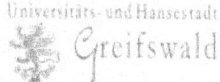

Universitäts- und Hansestadt Greifswald

Buchcover: Christina Scherer unter Verwendung des Jonas-Filmplakats

OTTOMAR DOMNICKS JONAS
ENTSTEHUNG EINES AVANTGARDEFILMS

Materialien und Dokumente

Aus dem Nachlass herausgegeben und kommentiert von Guntram Vogt

ibidem-Verlag
Stuttgart

Bibliografische Information der Deutschen Nationalbibliothek
Die Deutsche Nationalbibliothek verzeichnet diese Publikation in der Deutschen Nationalbibliografie; detaillierte bibliografische Daten sind im Internet über http://dnb.d-nb.de abrufbar.

Bibliographic information published by the Deutsche Nationalbibliothek
Die Deutsche Nationalbibliothek lists this publication in the Deutsche Nationalbibliografie; detailed bibliographic data are available in the Internet at http://dnb.d-nb.de.

∞

Gedruckt auf alterungsbeständigem, säurefreien Papier
Printed on acid-free paper

ISBN-10: 3-89821-597-0

ISBN-13: 978-3-89821-597-8

Printed in Germany

(1) Ottomar Domnick (1907-1989), im Hauptberuf Psychiater und Neurologe, daneben Kunstsammler und Filmemacher. Oben vor einem Bild von Paul Klee (*Wasserzaun*).

Inhaltsverzeichnis

Der Film JONAS ist ganz gegen die Regel gedreht: ohne Stars, ohne Atelier. Aber auch ohne Routine, ohne Erfahrung. Als Regisseur stand ich zum erstenmal auf diesem Posten. Eine solche Situation war damals ungewöhnlich. Aber sie bringt auch Vorteile: dass man unbelastet an seine Aufgabe gehen kann, dass man nicht in Konventionen denkt, dass man sozusagen einen Film ganz für sich dreht.

Es war klar, dass JONAS kein bequemer Film wurde. Der Zuschauer wird mitdenken, mitvollziehen müssen. Es wird ihm nichts fertig vorgesetzt, seine Phantasie wird angeregt. Der Film spricht nicht mit sentimentalen Mitteln, er ist ohne Pathos, oft arbeitet er bewusst mit Verfremdungseffekten, ernüchtert immer wieder den Beschauer, distanziert ihn. Er setzt Einfühlungsvermögen voraus und fordert eine moderne Einstellung zur Kunst. Er bringt keine Lösung, keine "Therapie", keine Heilspredigt, sondern lässt den einzelnen die gestellten Fragen selbst beantworten. Denn das lag in meiner Absicht.

.-.-.

Ottomar Domnick

JONAS: Credits

Regie, Drehbuch, Dialoge: Ottomar Domnick

Regieassistenz: Raimond Ruehl

Regieberatung: Herbert Vesely

Text / Sprecher-Kommentare: Hans Magnus Enzensberger

Produktionsleitung: Ottomar Domnick

Kamera: Andor von Barsy - **Kamera-Assistenz**: Philipp Kepplinger

Schnitt: Ottomar Domnick, Gertrud Petermann

Musik: Duke Ellington, Winfried Zillig

Darsteller: Robert Graf (Jonas), Elisabeth Bohaty (Nanni), Heinz-Dieter Eppler (M.S.), Willy Reichmann (Der fremde Herr)

Budget: 300.000 DM

Drehzeit: 21./23. Juli 1956 bis 29. August 1956

Drehort: Stuttgart

Nachdreh: San Gimignano und Portovenere

Produktionsgesellschaft: Dr. Ottomar Domnick Verlag und Film, Stuttgart

Originallänge: 2375 Meter, 87 Minuten (März 1957), 2291 Meter, 84 Minuten (Aug. 1957)

Format: 35mm, 1:1,37. **Material**: s/w.

Verleih: Pallas (national) und Transocean (international)

Zensur: 5.3.1957. **Prädikat**: FSK ab 16; FBW *besonders wertvoll*

Uraufführung: 26.6.1957 Internationale Filmfestspiele Berlin (Zoo-Palast)

Allgemeiner Kinostart: 10.10.1957

Auszeichnungen: Bundesfilmpreis 1957 (Filmbänder in Silber für „beste Kamera“ und „beste Musik“). Preis der deutschen Filmkritik 1957 („Bildgestaltung“). Bambi 1957 („Künstlerisch wertvollster deutscher Film“ 1957). Evangelische Filmgilde ("Bester Film des Monats Oktober 1957").

Vorwort

Der Film JONAS, den Ottomar Domnick zur Berlinale 1957 ins Kino brachte, gilt immer noch als Geheimtipp. In der deutschen Filmgeschichte ist er bekannt und unbekannt zugleich. Etliche Filmwissenschaftler erwähnen weder den Film noch seinen Autor und Regisseur, wenn sie über das deutsche Kino der Fünfziger Jahre schreiben. Andere schätzen und bewundern den Außenseiter und Avantgardisten. Zwei von ihnen seien hier stellvertretend zitiert. Knut Hickethier umschreibt im Blick auf JONAS mit dem Begriff der *Grenzsituation* die Bedeutung dieses Films:

> *JONAS steht für mich aus drei Gründen für filmische Grenzsituationen: Zum einen, weil er eine Außenseiterrolle im bundesdeutschen Film der fünfziger Jahre einnimmt und ein Beispiel dafür ist, den deutschen Film dieses Jahrzehnts heute differenzierter zu sehen. Zum zweiten, weil man durch JONAS etwas von der Bildsprache der Moderne erfährt, wie sie in den fünfziger Jahren sich medienübergreifend etablierte [...]. Und zum dritten, weil es in diesem Film um eine psychische Grenzsituation geht, bei der man als Zuschauer nicht weiß, ob sich alles nur als Wahn im Kopf der Titelfigur abgespielt hat, oder ob nicht das, was wir dort sehen, tatsächlich eine Erfahrung ist, die in dieser Zeit Menschen machen konnten.*[1]

In einer *Hommage à Ottomar Domnick* skizziert Norbert Grob die Filme Domnicks und weist dabei besonders auf JONAS hin:

> *Dabei entfaltet JONAS eine ästhetische Kraft, die – jenseits narrativer Konventionen – aus malerischer Phantasie und musikalischer Sensibilität erwächst. Zudem ist eine filmische Strategie genutzt, die Pier Paolo Pasolini erst später als grundlegendes Konstituens eines „Kinos der Poesie" würdigte: das Eintauchen in die Seele einer Figur, wodurch eine subjektive, oft auch krankhafte Verschiebung entsteht, die einen besonderen Blick auf die Welt ermöglicht, einen obsessiven oder neurotischen, melancholischen oder auch psychotischen (wobei die Technik der Darstellung im Dargestellten selbst spürbar bleibt).*[2]

---

1 Hickethier, Knut: *Grenzsituationen spielen. Robert Graf in Ottomar Domnicks JONAS* (1957). In: Bernd Kiefer / Marcus Stiglegger (Hg.): *Grenzsituationen spielen. Schauspielkunst im Film*. 5. Symposium. Remscheid 2006. S.95-106.

2 Norbert Grob: *Malerisches, musikalisch rhythmisiert. Hommage à Ottomar Domnick* In: film-dienst H. 23. 2002. (N.G.: *Die unausgewiesenen Zitate sind allesamt Äußerungen von Ottomar Domnick selbst, seiner Autobiographie oder seinem Film DOMNICK ÜBER DOMNICK entnommen.*)

Nicht zuletzt dies soll durch die hier vorgelegte Dokumentation verdeutlicht werden. Wir verfolgen Produktionsschritte eines Film-Machens mit geringer materieller Ausstattung und ehrgeizigem Anspruch. Auch wenn Domnick es nicht so ausgedrückt hätte – er wollte einen Traum verwirklichen. In seinen Worten: Einen avantgardistischen Film.

Von diesem *Making of* berichten die folgenden Kapitel. Sie beruhen auf dem im Deutschen Literaturarchiv Marbach deponierten schriftlichen Nachlass Ottomar Domnicks, der im Hinblick auf den Film JONAS ausgewertet und in den zum Download bereitgestellten Dokumenten und Materialien teilweise dokumentiert wird.

Es ist die Rede von einem Außenseiter, der diese Rolle bewusst angenommen hat. Dass er seiner Zeit im deutschen Kino voraus war, ist ein Faktum. Wie groß oder wie gering sein Einfluss auf die nachfolgende Filmgeneration war, hat damit zunächst nichts zu tun, auch wenn aus heutiger Sicht die Erkenntnis eindeutig ist:

> *Heute kann Jonas als ein Vorläufer des deutschen Autorenkinos der 60er und 70er Jahre gelten. Jedenfalls ist der Film ein erstes Zeichen dafür, dass die Auswahlpolitik der Berlinale bei den deutschen Filmen mutiger wird. Die Festivalleitung hat dann jedoch Angst vor der eigenen Courage: JONAS wird dem Publikum nebst erklärendem Einführungsvortrag präsentiert und auch die Presse glaubt man durch eine Sonderpressekonferenz auf den „schwierigen" Film vorbereiten zu müssen.*[3]

Diese kommentierte Materialsammlung zur Entstehung von JONAS ist keine analytische Einführung, sie bietet dazu aber Anregungen. Dabei wird die Kenntnis des Films nicht vorausgesetzt.

---

[3] In: http://www.berlinale.de/en/archiv/jahresarchive/1957.

Ein Avantgarde-Film entsteht

> Aber der Begriff 'Avantgarde' ist per definitionem ein unsterbliches Wort. Man muß ihm nur wieder seine Unschuld zurückgeben. Würde man die Avantgarde doch nicht mehr mit diesem oder jenem historischen Inhalt verwechseln, dann definierte sie sich nicht mehr durch ihren manifesten Inhalt, sondern wie das Wort andeutet, durch das, was ihr nachfolgt. Man ist Vorreiter *von* etwas. [...]
>
> Es ist darum statthaft, das ausgehöhlte Konzept der AVANTGARDE wieder aufzugreifen und ihm seine Eigentlichkeit und damit seine Verhältnismäßigkeit zurückzugeben. [...]
>
> Es muß möglich sein, zu beurteilen, ob ein Film, so unverständlich oder triumphierend, so erfolgreich oder teilweise gescheitert er auch sei, das Ziel erreicht hat, das er sich setzen mußte. (André Bazin: *Die neue Avantgarde*[4])

Die Entstehungsgeschichte von Ottomar Domnicks JONAS gehört mit zu den überraschenden Momenten der Filmgeschichte. Es lässt sich aus dem Nachlass Domnicks zeigen, dass der in knapp zwei Jahren erarbeitete JONAS zwar von Anfang an als *avantgardistischer* Film projektiert war, dass er jedoch zunächst, sieht man in die Skizzen und Drehbuch-Entwürfe, eine solche Etikettierung nicht nahe legte. Domnick, der nie zuvor einen abendfüllenden Film gemacht hatte, erreichte seine imaginierten Absichten erst mit den allerletzten Schritten, zum Teil erst nach den Dreharbeiten. Von dieser mühsamen Annäherung an ein hochgestecktes Ziel aus teilweise konventionell erscheinenden Anfängen berichten die folgenden Kapitel.

Modern, besser gesagt, zeitgemäß war die Film-*Idee*: Ein Mann wird von seinem Gewissen geplagt. Er hat vor vielen Jahren auf der Flucht vor nicht näher definierten Verfolgern seinen dabei verwundeten Freund im Stich gelassen. Die seither verdrängte Schuld treibt ihn in sich steigernde Wahnvorstellungen, in paranoide Verfolgungsängste, in denen er schließlich versinkt.

Gut zehn Jahre nach Kriegsende, inmitten des westdeutschen Wirtschaftswunders, war diese Film-Idee mit ihren ausdifferenzierbaren Möglichkeiten keineswegs selbstverständlich. Das Thema *Schuld* im Kontext von NS-Diktatur und Krieg war seit Staudtes DIE MÖRDER SIND UNTER UNS (1946) ein Ausnahme-Thema. In den 50er Jahren können

4 In: *Film Maudit. Biarritz 1949*. In: *Stationen der Moderne im Film II*. Hg. Freunde der Deutschen Kinemathek e.V. Berlin 1989. S. 232. - In einem Beitrag zu Ottomar Domnick und Herbert Vesely habe ich mich kurz zu den entsprechenden Zuschreibungen *Avantgarde* bzw. *Experiment* geäußert. In: Harro Segeberg (Hg.): *Mediale Mobilmachung III: Das Kino der Bundesrepublik Deutschland als Kulturindustrie (1950-1962) (=Mediengeschichte des Films, Bd. 6.* (Erscheinen angekündigt)

Filme dieser Art (z.B. DER RAT DER GÖTTER von Kurt Maetzig, ein DEFA-Film von 1950 oder, ein Jahr später, DER VERLORENE von und mit Peter Lorre) an den Fingern einer Hand gezählt werden.

Wie schon kurz angedeutet: In dieser Kino-Landschaft sieht man Domnick mit seinem JONAS wie eine einsame Erscheinung. Eine fremdartige Konstruktion. Als der Film im Juni 1957 während der Berliner Filmfestspiele uraufgeführt wurde und im Oktober in die Kinos kam, war die Kritik irritiert, geradezu hilflos, in der Zustimmung und vor allem in der bis zur Gehässigkeit gehenden Ablehnung. *Zielsicherer [...] hätte sich kein Autor zwischen alle Stühle setzen können,* [5] schrieb Günter Minas, der sich Mitte der 80er Jahre mit Domnick traf, um den ersten profunden Essay zu dessen Filmarbeit vorzubereiten, und er fuhr fort:

> *Angesichts der stilistischen Experimente Domnicks erscheint die Geschichte (vor allem die hineingewobene Liebesgeschichte) fast wie eine Zutat, ein Zugeständnis ans Erzählkino. In dem vom Regisseur selbst mitgeteilten Prozeß der Stoffentwicklung spielt sie eine eher untergeordnete Rolle.* [6]

Diese Unterordnung betonte Domnick im Fortgang der Arbeit immer stärker. Um sich vom üblichen Geschichtenerzählen im Kino abzugrenzen, lehnte er es mehr und mehr ab, von *Story* oder *Handlung* zu sprechen und akzentuierte stattdessen im Blick auf seinen Protagonisten die Schilderung eines seelischen *Zustands.* Damit aber war der eigentliche Sachverhalt nur verschieden benannt. Denn auch die Situation seiner Titel-Figur, gedacht als *Zustand des modernen Großstadtmenschen,* wollte er in einer Geschichte erzählen. Er wählte dafür einen Tag, von morgens bis in die Nacht. In diesen Stunden nimmt das Leben des Jonas eine dramatische Wendung.

Hätte Domnick seinen schriftlichen Nachlass zu JONAS vernichtet, dann käme heute niemand auf den Gedanken, dass ausgerechnet die Arbeit an dieser Geschichte und mit ihr am Drehbuch nicht nur mehrere gravierende Umformungen erfuhr, sondern dabei auch das Ganze – Musik, Bild, Sprache, Schnittrhythmus usw. – erst allmählich jene Konturen erhielt, die den Film zu einem herausragenden Kunstwerk machen.

---

5 Günter Minas: Essay zu *Ottomar Domnick.* In: *CineGraph - Lexikon zum deutschsprachigen Film.* Lg. 13. E1. Siehe dazu auch die Kurzbiografie *Ottomar Domnick - Regisseur,* ebd. Lg.13. B1.

6 Ders.: Ebd.

Für die Filmwissenschaft ergibt sich durch den Einblick in Domnicks Nachlass ein Bild, vergleichbar dem, das sich aus einer naturalistischen Skizze durch fortgesetzte Abstraktion zur klaren Formensprache komplexer Vereinfachung entwickelt. In der Logik der Kunst ist das kein Widerspruch.

Domnick gelangte mit der Konzeption dieser Story, ihren Szenen und zunehmend reduzierten Dialogen sowie durch eine kluge und kompromisslose Auswahl seiner Mitarbeiter zu der gewollten und schließlich erreichten filmischen Form des ihm vorschwebenden menschlichen *Zustands*. Es war der junge Schriftsteller Hans Magnus Enzensberger, der ihm in der letzten Phase mit der Partitur seines Stimmen-Kommentars die erwünschten und erdachten sprachlichen Modulationen lieferte. Es war gleichzeitig mit Enzensberger der erfahrene Film-Komponist Winfried Zillig, der zu diesem Sprach-Ton und zur Jazz-Komposition von Duke Ellington die elektronisch verfremdende Musik schuf. Zusammen mit der von Domnick entschieden gewollten und vom Kameramann Andor von Barsy realisierten harten Licht-Schatten-Bildästhetik begründeten und dokumentierten diese stilistischen Eigenarten das Attribut *avantgardistisch*. Inwieweit angesichts des gewichtigen Beitrags von Enzensberger und Zillig der Begriff *Autorenfilm* zutrifft, bedürfte einer eigenen Untersuchung. Domnick selbst war sich dessen sicher. Eine Überschrift aus seinem Berliner Programmheft suggeriert sogar, vermutlich mit seiner Zustimmung, er habe Jonas *im Alleingang* gedreht.[7]

---

7 Erwin Goelz: *Ein Außenseiter dreht Jonas im Alleingang*. In: *Programmheft der Uraufführung*.

Ottomar Domnick: Biografie[8]

Ottomar Domnick, am 20. April 1907 in Greifswald geboren, studierte ab 1927 Medizin und ließ sich 1938 als Facharzt für Neurologie und Psychiatrie in Stuttgart nieder. Nach dem Krieg, den er als Soldat und Militärarzt im Osten[9] erlebte und überlebte, kehrte er in die von seiner Frau Greta, Fachärztin wie er, in Stuttgart geleitete Praxis zurück und gründete dort mit ihr eine psychiatrische Klinik. Gleichzeitig setzte er sich als Sammler und Förderer für die neue – die abstrakte – Kunst ein. Domnick gilt seither als einer der herausragenden *Mentoren und bedeutendsten Mäzene der abstrakten Malerei in Deutschland* in der Nachkriegszeit und in den 50er Jahren. *Nur in der Abstraktion erkannte er die adäquate Kunstform eines sich dramatisch verändernden Weltbildes, einer neuen »Realität«.*[10]

Ein einprägsamer Zehnjahres-Rhythmus markiert folgende Daten[11]:

1947 entstand aus einem von Domnick initiierten Ausstellungs- und Vortragszyklus die von ihm anschließend gestaltete und herausgegebene Publikation *Die schöpferischen Kräfte in der abstrakten Malerei.*[12] Es wurde zum Pionierwerk der Kunstliteratur der Nachkriegszeit und zum Gegenmodell der christlich-konservativen kunsttheoretischen Streitschrift *Verlust der Mitte* von Hans Sedlmayr (1948). Domnick widmete dieses Buch *den Abstrakten* und präsentierte darin, z. T. mit deren Vortragsbeiträgen, die Maler Willi Baumeister, Max Ackermann, Georg Meistermann, Otto Ritschl und Fritz Winter. Er selbst steuerte drei Texte bei, in denen sich Gedanken zur Arbeit des Künstlers finden, die ihn

---

8 Zu den biografischen Daten siehe Ottomar Domnicks Autobiografie *Hauptweg und Nebenwege. Psychiatrie Kunst Film in meinem Leben.* Hamburg 1977, sowie seine letzten autobiografischen Darstellungen in: *Mein Weg zu den Skulpturen.* Stuttgart 1987. Außerdem: Werner Esser: *Sammlung Domnick. Eine Einführung.* Nürtingen 1999.

9 1940-41 in Russland, 1942-45 im Sonderlazarett für Hirnverletzte, Breslau.

10 In: Schieder, Martin: *Im Blick des Anderen. Die deutsch-französischen Kunstbeziehungen 1945-1959.* Berlin 2005. S. 91-117 und an zahlreichen anderen Stellen (siehe Register). Zitat S. 92. Diese ausführliche Darstellung ist grundlegend für den Einblick in Domnicks Kunst-Aktivitäten.

11 Domnick selbst schreibt: *[...] so sind es merkwürdigerweise immer zwanzig Jahre, die eine aktive Phase einleiten [...].* In: *Mein Weg zu den Skulpturen.* S. 8.

12 Ottomar Domnick*: Die schöpferischen Kräfte in der Malerei. Ein Zyklus.* Müller & Kiepenheuer Verlag. Bergen 1947.

später auch bei seinen Filmarbeiten bestimmten.[13] Es bleibt ein erstaunliches Faktum, wie der Mediziner Domnick aus seiner unmittelbaren Zusammenarbeit mit zeitgenössischen Malern schon in den ersten beiden Nachkriegsjahren derart intensive kunsthistorische und -theoretische Aktivitäten und Überlegungen entwickeln konnte.[14] Mit diesem Buch und seiner frühen Sammlertätigkeit begründete er auch für sich die Ambition des Avantgardistischen, die er dann für seine nachfolgenden Filme wie selbstverständlich beanspruchte.

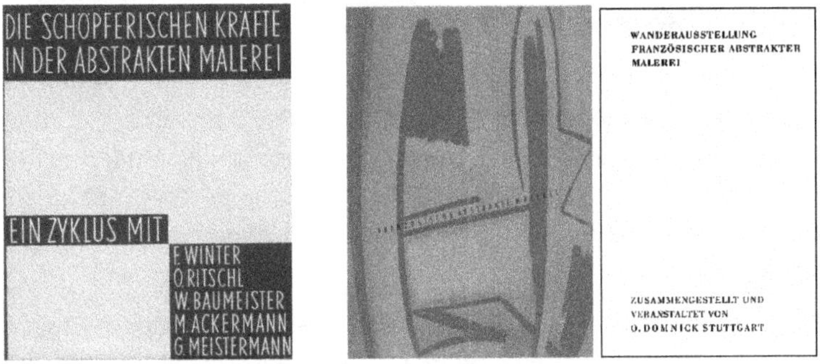

(2) Domnicks Kunst-Publikationen 1947 und 1948.

Im gleichen Jahr 1947 wurde er beauftragt, den deutschen Beitrag zum "3ème Salon des Réalités Nouvelles" in Paris (1948) einzurichten, der ersten internationalen Kunstausstellung nach dem Krieg, an der wieder deutsche Maler beteiligt waren. Als Antwort auf diese Einladung organisierte er, zusammen mit seinem Partner in Paris, für 1948/49 eine Wander-Ausstellung französischer Künstler in Deutschland.

Zehn Jahre danach, **1957**, beendete er seinen ersten abendfüllenden Spielfilm JONAS, mit dem er zum *Wegbereiter des jungen deutschen Films* wurde.[15]

---

[13] Man könne diese drei Texte als eine Definition und zugleich ein Manifest der abstrakten Kunst lesen. In: Katja von der Bey: *Nationale Codierungen abstrakter Malerei. Kunstdiskurs und –ausstellungen im westlichen Nachkriegsdeutschland 1945-1952*. Phil. Diss. 1997. In: http://www.bis.uni-oldenburg.de/dissertation/2000/ beynat97/pdf. S. 53.

[14] In der Rohfassung seiner Autobiografie heißt es dazu: *Ich sah 1945 – als ich aus russischer Gefangenschaft kam – meinen Weg vorgezeichnet. Denn wie hätte ich sonst schon 1946/47 die künstlerischen Aktivitäten unternehmen können, mit denen ich mich in der Gefangenschaft schon beschäftigte. Ich sah den zu beschreitenden Weg voraus.* [In: Nachlass-Mappe *Hauptweg und Nebenwege*. Kasten 11 ff. Mappe *Gestrichenes*]

[15] Hans Helmut Prinzler in: *Geschichte des deutschen Films*. Stuttgart 1993. S. 556.

Wieder zehn Jahre später, **1967**, begründete er, zusammen mit seiner Frau, das private Museum auf der Oberensinger Höhe bei Nürtingen. Damit wurde eine fortdauernde Stätte für die "Sammlung Domnick" geschaffen.[16]

1977, nach weiteren zehn Jahren, publizierte er seine Erinnerungen unter dem Titel eines Aquarells von Paul Klee – *Hauptweg und Nebenwege*.[17]

1987 erschien im eigenen *domnick verlag + film* sein letztes autobiografisches Kunst-Buch *Mein Weg zu den Skulpturen*.[18]

Damit endet die in die Öffentlichkeit zielende rastlose Arbeit dieses vielseitig tätigen Menschen. 1984 gaben die Domnicks ihre ärztliche Praxis in Stuttgart auf und übersiedelten ganz in ihr Museum "Sammlung Domnick". Im Juni 1988 erhielt Domnick bei der Vergabe des Deutschen Filmpreises das Filmband in Gold *für langjähriges und hervorragendes Wirken im deutschen Film.*

Als Domnick am 14. Juni 1989 starb, zwei Jahre vor dem Freitod seiner Frau, hinterließ er u.a. zahlreiche Mappen, in denen, weitgehend systematisch, nicht immer mit Datierung versehen, das gesammelt ist, was an schriftlichen und gedruckten Dokumenten seine Arbeit ausmachte und begleitete.[19] Darin nehmen die Materialien zu JONAS einen bedeutenden Platz ein. Mit ihrer Hilfe lässt sich zeigen, wie dieser Avantgarde-Film in jahrelanger Arbeit entstand; wie der Autor Domnick aus zunächst eher konventionell formulierten Motiv-Ansätzen durch sein unbedingtes künstlerisches Wollen und mit Hilfe eines sorgfältig ausgesuchten Teams zu einer modernen Filmsprache fand, die zu dieser Zeit in Deutschland neu war.

Trotz der überzeugenden Sprache dieses Materials sollte man nicht übersehen, dass es unmöglich alles enthalten kann, was die Erfindung und Produktion des Films JONAS ausmacht. Niemals wird man vollstän-

---

16 http://www.domnick.de. Siehe dazu: Werner Esser: *Sammlung Domnick.* A.a.O.

17 Ottomar Domnick: *Hauptweg und Nebenwege. Psychiatrie, Kunst, Film in meinem Leben.* Hamburg 1977.

18 In seinem Buch *Die Sammlung Domnick* (Stuttgart 1982) berichtet Domnick auch über seine Filmarbeiten. Zu JONAS S. 40-47.

19 Dieser Teil-Nachlass ist im Deutschen Literaturarchiv Marbach deponiert: Siehe: http://www.dla-marbach.de/?id=51888. Handschriftenabteilung. Bestandssignatur: A: Domnick. Fotografien in der Abt. Kunstsammlungen (Photokonvolute).

dig wissen, was jenseits des Dokumentierten von Domnicks vielseitiger Kreativität und der seiner Mitarbeiter in den Entstehungsprozess einging. Allein schon der mit diversen Namen markierte Entscheidungsweg hin zum endgültigen Team (Regie, Kameramann, Filmkomponist, Schauspieler) deutet an, wie schwer Domnick diese Entscheidungen gefallen sind, aber auch wie geglückt sie am Ende waren. Damit relativiert sich die Aussagekraft des Nachlassmaterials nicht grundsätzlich, aber sie kann auch nicht als absolut gelten.

Erste Berührungen mit dem Film

Am 16.1.1943 schrieb Domnick als Wehrmachtsarzt aus dem von Hitler-Deutschland besetzten Breslau einen zweiseitigen Brief an seine Frau Greta, in dem er ausführlich und distanziert auf den Film DIESEL (Regie: Gerhard Lamprecht) einging, wobei er andere Filme positiv dagegen absetzte, die *Jannings-Filme*, den *Koch-Film* (*das waren andere Leistungen*), auch auf Veit Harlans DIE GOLDENE STADT und den Helmut Käutner-Film WIR MACHEN MUSIK verwies, beide von 1942 (*da war doch eine Resonanz, die anhielt. Bis heute.*).[20]

Eine nächste kritische Auseinandersetzung dieser Art findet sich fünf Jahre später. Im November 1948 schrieb er für den Film DAS VERLORENE GESICHT (Regie: Kurt Hoffmann[21]) in Erich Kästners Monatszeitschrift *Pinguin*[22] eine überwiegend fachpsychologische Besprechung. Beiläufig ging er dabei auch auf filmische Verfahren etwas näher ein. Der Text ist neben seinem Bezug zum Film auch deshalb interessant, weil aus ihm eine Grundhaltung Domnicks zu Gegenwart und Kunst erkennbar wird, die bis in die letzten Arbeiten hinein sein Werk wie ein roter Faden durchzieht.

---

20 In: Nachlass-Mappe *Briefe von ihm an Greta Domnick. 1943.* In dieser Mappe liegen Briefe an seine Frau aus den Kriegsjahren, mit einem Kommentar von Greta Domnick, worin sie – kurz gesagt - auf ihrer beider damalige politische Blindheit hinweist. Auch wenn daraus heute Missverstehen erwachsen könne, habe sie die Briefe nicht vernichten wollen. Siehe dazu auch die entsprechenden Kapitel in Domnicks Autobiografie *Hauptweg und Nebenwege* sowie die ungekürzten Entwurfsteile in den Nachlass-Mappen.

21 Buch: Harald Braun u. Rolf Reissmann.. Bild: Franz Koch. Musik: Lothar Brühne. Darsteller u.a.: Marianne Hoppe, Gustav Fröhlich, Paul Dahlke, Hermine Körner, Rudolf Vogel, Erich Ponto, Bruno Hübner.

22 Untertitel: *32 Seiten gesunder Menschenverstand in Wort und Bild.* Nr.1. 4. Jg. 1949.

Er geht aus von der Zeitsituation und von der *Existenzfrage jedes einzelnen, besonders unserer Jugend*, stellt die *Häufung neurotischer Entgleisungen und asozialer Lebensführung* fest, beklagt das *Ausweichen in übersinnliche Dinge*[23] und in *Scheinwissenschaft*, und kommt dann zum Film, zunächst mit einer knappen Inhaltsangabe:

Der Film [...] geht aus von dem Fall eines jungen Mädchens, das 1920 in Stuttgart auftauchte, eine eigenartige, an fernöstliche Idiome anklingende Sprache sprach, eine seltsame Körperhaltung und fremdartige Sitten zeigte.

Anschließend argumentiert er in fachärztlicher Beurteilung über zeittypische Erscheinungen, mit der betont eingefügten Einschränkung, *ohne eigene Untersuchungen* könne er den Fall nur ansatzweise kommentieren.

[...] die seelische Not des Mädchens in der Rahmenhandlung, in der Gefährdung des Rückfalls, ist im Film nur eben angeschnitten. Vielleicht durch falschen Schnitt bedingt, hat sich der Film hier viel von seiner künstlerischen Wirkung entgehen lassen. Die Verlorenheit und Entwurzelung eines jungen Menschen, der sich von sich selbst und der Umwelt entfremdet fühlt, wird hier von den übrigen Problemen und von vielen Belanglosigkeiten etwas überwuchert. Es liegt so nahe, dieses Problem zu verallgemeinern, da es der heutigen Situation unserer Jugend so verwandt ist, die sich auch nicht mehr oder nicht in der Zeit zurechtfindet.

Vielleicht stellen wir an einen Film zu hohe Ansprüche? Ist er ein Faktor der geistigen Situation unserer Zeit? Ist er ein Kunstwerk oder will er es sein? Es ist hier nicht der Ort, auszuführen, dass die potentiellen Möglichkeiten eines Kunstwerks, das aktiv an der geistigen Formung der Zeit mitwirkt, im Film gegeben sind, dass sie aber auf einem anderen Weg erreicht werden müssen. Stellt er sich aber ein bestimmtes Thema, so muß er ihm auch gewachsen sein. Fragen anzuschneiden, ohne sie zu klären, ist gerade für junge Menschen gefährlich, [...].

[...] Wir sind weit davon entfernt, einem Rationalismus das Wort zu reden, die reine Sachlichkeit als den Heilfaktor unserer Zeit hinzustellen, vor allem für die Jugend. Tiefen sind nicht dazu da, zugedeckt, sondern erforscht und mit vorsichtiger, schonender Hand enthüllt zu werden. Verworrene Tiefen des Menschlichen zu gestalten, ist aber nur von Grossen zu erreichen und auch dann groß, wenn die künstlerische Darstellung einer

---

23 Im Film spielt die "Theosophische Gesellschaft" in Stuttgart ein Rolle.

seelischen Störung mit der ärztlichen Exaktheit nicht übereinstimmt. Wahre Kunst ist kein Zeitvertreib, (das Buch eine unterhaltende Lektüre, die Musik ein Rausch, das Bild ein Wandschmuck), sondern sie soll künden und wirken, durch Enthüllung und Gestaltung.

Diese Textpassagen enthalten, neben der Betonung von Entfremdung und Desorientierung, die deutliche pädagogische Hinwendung zur *Jugend* und, über die Zeitbedingtheit hinaus, ein emphatisches Bekenntnis zu einer aufklärenden und formbewussten *Kunst*. Im Blick auf Domnicks nachfolgende Filmarbeit lesen sie sich wie ein Vorwort zu deren Leitideen. So hat man anhand dieser kleinen Filmbesprechung eine erste Ahnung seiner darauf bezogenen Haltung.

Domnick war 43 Jahre alt, als es, nach diesen eher sporadischen Reflexionen, zur aktiven Begegnung mit dem Film kam. 1950 drehte er seinen ersten Bildstreifen, einen 12-Minuten-Doku-Essay über abstrakte Malerei, mit dem programmatischen Titel NEUE KUNST – NEUES SEHEN. 1951 erhielt er für diesen *besonders wertvollen Kulturfilm* den Deutschen Filmpreis. Mit diesem kleinen Film knüpfte er indirekt an Kunst- und Fotografie-Debatten an, die in den Zwanziger Jahren im Kontext der Neuen Sachlichkeit unter dem Stichwort *Neues Sehen* geführt worden waren und direkt an die Linie, die vom Kubismus zur abstrakten Kunst seiner Zeit führte:

> *Ich dachte an die rasche Verbreitung und an die Möglichkeiten des Films, die bildhafte Entwicklung mit Beispielen zu belegen und die logische Fortsetzung vom Kubismus in die Abstraktion zu zeigen, zumal da das Bewegungsmoment (das der abstrakten Malerei innewohnt) dem Medium Film entgegenkam.* [24]

Die Aufnahme beim Publikum war sehr kontrovers, begeisterte Zustimmung einerseits, schroffe Ablehnung bei anderen. *In manchen Theatern musste der Film abgesetzt werden.*[25] Domnick ließ sich dadurch nicht entmutigen. Drei Jahre danach folgte ein 30-Minuten-Kunst-Film über den Maler Willi Baumeister,[26] mit dem er eng befreundet war.

---

24 *Hauptweg und Nebenwege*. S. 224.

25 Notiz in Nachlass-Mappe *Verwaltungsunterlagen von Greta Domnick*.

26 WILLI BAUMEISTER (1954). Zusammen mit drei anderen Künstler-Porträts unter dem Titel MARC CHAGALL (UND ANDERE MALEREIFILME) 1959 wiederaufgeführt. Siehe dazu den Hinweis in: [http://www.filmevona-z.de/filmsuche.cfm?wert=30328&sucheNach=titel&CT=1].

Sowohl seine Kunst-Publikationen wie auch diese Filme verdanken ihr Entstehen seiner rastlosen Beharrlichkeit, mit der er sich sachkundig, ehrgeizig, kämpferisch und selbstbewusst gegen alle Widerstände durchzusetzen wusste. In Domnicks sämtlichen Kunst-Aktivitäten drückte sich jene umfassende und zielbewusste Organisationsenergie aus, die er bei allem, was er begann, aufbrachte. Das konnte auch zwischenmenschliche Konflikte erzeugen. Widerstände aller Art gab es schon früh:

> *Diese Jahre von 1948 bis 1951 haben mich in ein Tief gebracht. Was nützte der Bundesfilmpreis und die Prädikatisierung »besonders wertvoll«, was nützte eine Prämie vom Bund mit 1000 DM in ein rotgebuchtes Konto? Was hatte ich zu überstehen in diesen Jahren meines Starts in ein Leben für die Kunst? [...]*
>
> *[...] am Ende: Beifall und Ablehnung, Kopfschütteln und Begeisterung. Klatschen und Pfeifen. Mein erster Auftritt auf der Filmszene. Mein Debüt in Stuttgart 1951. Ein harmloses Filmchen, betrachtet man es heute - und welche Wogen schlug es beim Start. Ein gutes Zeichen, daß Kunst die Gemüter noch erregte? So dachte man damals nicht. Ich war nicht glücklich. Baumeister tröstete mich anschließend beim Wein.*[27]

Mit den beiden Filmen war, ohne dass Domnick dies so definitiv geplant hatte, der Weg zum Film und damit, neben der Kunstsammlung, zu einem weiteren *Nebenweg* beschritten.

So kam es zur Arbeitsaufteilung in den *Hauptweg* des Arztes (Briefkopf: "Privat-Nervenklinik Dr. med. O. Domnick Facharzt für Neurologie und Psychiatrie"), die *Nebenwege* des Sammlers ("sammlung domnick"), des Autors und Verlegers (Briefkopf: "domnick verlag") und des Filmemachers ("domnick verlag + film").[28]. Nicht zuletzt auch des Förderers moderner Musik ("Domnick-Cello-Preis" seit 1982) und des experimentellen Films ("Domnick-Film-Preis").

Nach JONAS schrieb und drehte Domnick folgende Filme:

- GINO (1960, s/w, 35 mm, 83 Minuten);
- OHNE DATUM (1962, s/w, 35 mm, 83 Minuten);

---

27 *Hauptweg und Nebenwege*. S. 226.

28 In Stichworten zu seiner Biografie [im Nachlass] heißt es: *Seit 1950 eigene Klinik. Seit 1946 Sammlung abstrakter Malerei, 1949 Gründung Domnick-Verlag, 1956 Gründung Domnick-Verlag und Film.*

- N.N. (1968/69, s/w, 35 mm, 76 Minuten);
- AUGENBLICKE (1972, s/w, 35 mm, 75 Minuten) und
- den autobiografischen Kurzfilm DOMNICK ÜBER DOMNICK (1979, s/w, 35 mm, 43 Minuten).[29]

Seine letzte Film-Idee trug den Titel "CHM" (CONTAINER DER HANDELSMARINE). Es geht – verkürzt gesagt – wieder um gestörte Kommunikation. Die Drehzeit war für Juni/Juli 1973 vorgesehen, aber es blieb bei der Idee.[30]

Domnicks Filme suchen noch immer ein Publikum, das erkennt, was hier zu entdecken ist. Auf ihre filmwissenschaftliche Erforschung warten sie ohnehin. Als in den frühen 60er Jahren der *Neue deutsche Film* seinen Siegeszug antrat, blieb Domnick auch da in Stil und Thematisierung von *Grenzsituationen* ein weithin unbekannter Einzelgänger.

---

29 Diese sich selbst befragende und erläuternde Darstellung ist heute wahrscheinlich die einzige Gelegenheit, Ottomar Domnicks Stimme zu hören. Die Angaben für Länge (in Minuten bzw. Meter) differieren. Im Nachlass finden sich verschiedene und teils auch widersprüchliche Daten.

30 Typoskript-Kopie 1 DIN-A4-Seite im Nachlass.
(Siehe www.ibidem-verlag.de/downloads/9783838212371.zip).

JONAS: Die Idee

Im Juni 1957 auf den Berliner Filmfestspielen überraschte Domnick die Öffentlichkeit mit dem von ihm so bezeichneten *dokumentarischen Spielfilm* JONAS.[31] Er ist jetzt 50 Jahre alt. Es lohnt sich, in seiner Autobiografie *Hauptweg und Nebenwege* die entsprechenden Kapitel und Passagen zu lesen, um etwas von der künstlerischen Dynamik, dem organisatorischen Geschick und der zielbewussten Suche nach einer neuen filmischen Ausdrucksform zu ahnen, die Domnick über die zwei Jahre vom Sommer/Herbst 1955 bis Sommer/Herbst 1957 zur Realisierung seines Films führten.

Bis ins Detail schildert er seine intensiven Vorbereitungen. Das geistige Umfeld. Die Erfahrungen mit der Kunst. Er erzählt, wie er zehn Jahre nach Kriegsende mit der modernen Literatur bekannt wurde, mit Beckett, Kafka, Joyce:[32]

> *Die neue Literatur brachte auch optische Reize und ich suchte nach neuen Wegen im Film. Nicht der Inhalt war entscheidend. Die Form interessierte mich. Die Optik. Das Bild. Immer mehr entwickelte ich solche Gedanken, bereitete mich innerlich darauf vor, einmal einen Film diesen Stils zu machen. Welch Unterfangen, welch ein Risiko - man warnte mich. Ohne Vorbildung kann man nicht starten. Aber mit den beiden Kurzfilmen hatte ich gewisse Erfahrungen gesammelt. Und wer einmal mit dem Medium Film in Berührung gekommen ist, kann davon nicht mehr lassen. Jede Nacht verfolgten mich Filmgedanken.*[33]

Hier sind es die *optischen Reize* der literarischen Moderne; in anderem Zusammenhang spricht Domnick vom entscheidenden Einfluss der modernen Malerei auf seine filmische Arbeit. Welche Anregungen hätte Domnick in den frühen 50er Jahren im deutschen Gegenwartsfilm finden können für das, was ihm vorschwebte? Von innovativen Ideen und Akti-

---

31 Domnick begründete diese Bezeichnung so: *Jonas musste seinerzeit bei der Filmbehörde als "Dokumentar-Spielfilm" angemeldet werden, da er in keine der gängigen Klassifizierungen hineinpasste.* [Undatiertes Typoskript im Nachlass].

32 Greta Domnick schrieb am 16. Mai 1990 in einem Brief anlässlich einer Ausstellung zu Kafkas *Prozess* über ihren verstorbenen Mann: [...] *im übrigen mochte er sich mit so trauriger Literatur nicht gern befassen.* [In: Nachlass-Mappe *Verwaltungsunterlagen von Greta Domnick.*] Diese Bemerkung sollte man, angesichts von Domnicks Filmen, nicht überbewerten. Zu Beckett hatte Domnick definitiv ein relativ nahes Verhältnis; im Nachlass gibt es dazu ein paar Belege aus den frühen Siebziger Jahren.

33 *Hauptweg und Nebenwege.* S. 247.

vitäten deutscher und österreichischer Experimentalfilmer (herausragend 1955 Herbert Veselys NICHT MEHR FLIEHEN) erfuhr Domnick erst, als er sich mit den eigenen Plänen und Realisierungsmöglichkeiten herumschlug. Wie gut er, der bahnbrechend für die wechselseitige Rezeption abstrakter Malerei die französischen Vorbilder und Anregungen aufnahm, die neueste Film-Kunst der Franzosen kannte, lässt sich (bisher) nicht genau nachweisen. Sicher kannte er Cocteaus ORPHÉE (1950). Was wusste er vom italienischen Neorealismus?

Wenn in einem Rückblick auf den neorealistischen Film der 40er und frühen 50er Jahre am Beispiel Rossellinis hervorgehoben wird, sein Film sei *ohne Atelier, ohne Stars gedreht worden* und *Realismus hieß nun das internationale Losungswort*[34], so können solche Zuschreibungen, bei allen grundlegenden Unterschieden im Konkreten, auch Domnicks Absichten charakterisieren.

> *Filmtechnik interessierte mich nur am Rande. Wirklichkeit hieß mein Zauberwort. Ich wandte mich dem Film zu, aber ich wußte, daß nur ein direkter und unmittelbarer Weg bei der Aufnahmetechnik mein Prinzip sein würde. So mied ich Ateliers und ging an den wirklichen Schauplatz mit Licht vom Himmel, mit Menschen aus dem Alltag, mit Räumen, die benutzt, bewohnt, gebraucht werden. So wurde plötzlich vieles vor der Kamera echt und Schauspielkunst nicht mehr »denaturiert«. Dies blieb mein Auftrag. Alle meine Filme entstanden so. Sie wurden konsequenter, bis zur Abstraktion, bis zur Auflösung dramaturgischer Prinzipien.*[35]

In einer Selbstaussage zu seinen Filmen schrieb Domnick: *da ich zum film mehr von der malerei als von der literatur her komme, distanzieren sich meine filme auch immer mehr von aktionen, auch von personen.*[36] JONAS lässt diese Entwicklung erahnen, wenn man die bis zuletzt betriebene Zurücknahme des Dialog-O-Tons und die Verlagerung äußerer Vorgänge in seelische Prozesse betrachtet.

Domnick wird das Attribut des experimentellen Filmemachers zugeschrieben. Er war das gewiss im Sinn dessen, der neue Wege beschreitet und dabei zwangsläufig mit der Methode von Versuch und Irr-

---

34 In: *Absage an die Traumfabrik*. In: *Magnum*. Heft 23. April 1959. S. 18.

35 *Hauptweg und Nebenwege*. S. 248.

36 Nachlass-Notiz in Mappe *Verwaltungsunterlagen von Greta Domnick*.

tum arbeitet. Die Überschrift eines seiner späteren Selbstkommentare lautete: *Warum JONAS ein Experiment ist.*

Aber seine Experimente sind entgegen solcher Selbstaussage nicht substantiell-sichtbarer Teil des fertigen Films. Sie sind effektiv und effizient wie Baugerüste und genauso sind sie verschwunden, wenn der Bau steht. Domnick experimentierte im Laboratorium seines filmischen Denkens, aber im entscheidenden Moment wusste er genau, was er wollte, ebenso wie er zur Arbeit der Kamera und des Tons präzise Vorstellungen hatte, die das permanente Experimentieren einschließen, es aber ins Vorfeld verweisen.

(3) Die zuerst bei Hoffmann und Campe herausgebrachte und ab 1989 im eigenen Verlag fortgeführte Ausgabe der Autobiografie.

(4) Ottomar Domnick während der Dreharbeiten. (Foto: Adolf (bzw. Eta) Lazi; ADOLF LAZI ARCHIV - www.lazi.de).

(5) Ottomar Domnick während der Dreharbeiten. (Foto: Adolf (bzw. Eta) Lazi; ADOLF LAZI ARCHIV - www.lazi.de).

Jonas: Der Plot

Domnick stellte in den Mittelpunkt seiner Film-Idee mit *Jonas* eine Figur, die er als eine Grundfigur, einen typischen Mann der Desorientierung seiner Gegenwart versteht. Liest man dazu Sätze aus seinem Kunst-Avantgardebuch von 1947, so zeigt sich hier, wie übrigens auch in der oben erwähnten Filmbesprechung zu Das fremde Gesicht, wie nachhaltig er von der Entfremdung des Menschen in einer fortschreitend anonym werdenden Gesellschaft überzeugt war:

> *Die Zeit eines betonten Individualismus ist vorbei. Ob wir es wollen oder nicht: das Zeitalter ist mehr oder weniger gekennzeichnet durch den Zug eines Kollektivismus, nicht nur in sozialer, sondern auch in geistiger Hinsicht.*[37]

Im Programmheft zur Berliner Uraufführung von Jonas dominiert eine ähnlich weiträumige Zivilisations- und Kultur-Kritik, die er in seinen weiteren Filmen zunehmend radikalisierte. Dort schreibt er zu Jonas:

> *Ich wollte im Film einen Zustand zeigen. Den Zustand des modernen Durchschnittsmenschen. Ausgesetzt den Einflüssen, den Schlagworten, den Verlockungen, den Einengungen des modernen Lebens. Ohne tiefere menschliche und religiöse Bindung, vereinzelt, kontaktschwach. Unfähig, mit sich selbst und seiner Vergangenheit fertig zu werden.*
>
> *In früheren Zeiten halfen in einem geordneten Weltgefüge Religion, Kultur, menschliche Anteilnahme dem gefährdeten Menschen über seelische Krisen hinweg. Die frühere Literatur zeichnete eine Entwicklung der Persönlichkeit. Der heutige Mensch, einer fragwürdigen Zivilisation ausgeliefert, einer zweifelhaften Zukunft gegenübergestellt, entgleitet in seelische Krisen, die er mit sich allein ausmacht und um die sich niemand kümmert. Das Leben geht darüber hinweg.*
>
> *Es kam mir in meinem Film* Jonas *auf die Gegenüberstellung der beiden Ebenen an, auf denen sich die menschliche Existenz abspielt: einmal das äußere Leben, dann die seelische Situation, in der der Mensch allein auf sich gestellt ist.*[38]

---

37 Domnick in: *Die schöpferischen Kräfte in der abstrakten Malerei*. S. 124.

38 *Hauptweg und Nebenwege*. 251f. - Siehe zum Problem der Entfremdung Domnicks oben erwähntes *Exposé zum Film "CHM"* (1973), worin er seine Grundidee auch nach Beendigung seines letzten Spielfilms Augenblicke (1972) in einem nicht mehr realisierten Plan weiterführte.

Thematisch ist er, auch wenn er das nicht besonders betont, fraglos motiviert durch Erfahrungen mit seinen Patienten und deren Psychosen, angeregt durch eine aufmerksame Wahrnehmung seiner Gegenwart; möglicherweise auch durch (halb verdrängte) Reminiszenzen aus seinen Kriegserlebnissen[39]:

Eines Morgens wachte ich mit einer Filmidee auf: Ein Mann kauft sich einen Hut, der ihm gleich gestohlen wird. Er stiehlt sich wieder einen. Ich sah den Hutkauf (immer eine groteske Situation bei Männern), die Freude über die Behutung, die vergeblichen Versuche, den gestohlenen Hut loszuwerden, der immer wieder zurückkommt, als verfolge er den Mann. So entstand die Idee zu »JONAS« in einer schlafgestörten Nacht. Um diesen Kern herum kristallisierte sich Motiv um Motiv bis zum Exposé, bis zum Drehbuch. Dieser Hut - in der Sprache der Psychoanalyse zwar ein sexuelles Symbol (wie sollte es bei Freud auch anders sein) - wurde in meinem Film Symbol einer Schuldverdrängung: Jonas findet in dem gestohlenen Hut die Initialen »M. S.«, seines Freundes, den er bei der Flucht aus einem Lager im Stich ließ. An diese Hut-Episode (fast eine Groteske) rankt sich das psychologische Geschehen mit Schuldgefühlen, Verdrängung, Verfolgung - Nachklänge der Vergangenheit, die zehn Jahre nach Kriegsende noch nicht aufgearbeitet waren. Dieser Film beschäftigte mich ein Jahr lang, bevor ich mit der Dreharbeit begann.[40]

Im ersten handschriftlichen Entwurf seiner Autobiografie lautete der Text zu dieser Filmidee:

Diese Schuld will er endlich loswerden – aber sie verfolgt ihn – bis an das Lebensende.[41]

Allein an der Formulierung *bis an das Lebensende* ist exemplarisch zu sehen, wie offen die ursprüngliche Idee in Einzelheiten bis zum fertigen Film blieb. Denn was heißt *bis an das Lebensende*? Ist damit nur das anfängliche Film-Ende mit dem Selbsttod des Titelhelden gemeint? Soll

---

39 In einer Einführung im Rahmen einer Retrospektive seiner Filme im Kommunalen Kino Frankfurt am Main im September 1973 sagte Domnick u.a.: *Ich glaube, die Nachkriegszeit mit ihrer grauen Ärmlichkeit und den verdrängten Schuldgefühlen vom Krieg her ist im Film Jonas eingefangen.* [In: Nachlass-Mappe *Jonas. Verschiedenes.* Konv. *Kommunales Kino*]. Genau zu dieser lapidaren Feststellung liefert der oben genannte Film von Dominik Graf u. Michael Althen DAS WISPERN IM BERG DER DINGE einen nachdenklichen Beitrag.

40 *Hauptweg und Nebenwege.* S. 247.

41 In: Nachlass-Mappe *Hauptweg und Nebenwege. 1. Entwurf (Vita IV, Nebel 76). Mappe 1.*

auf Unheilbarkeit der Schuld angespielt werden? Oder geht es um die in der filmischen Realität nicht auflösbare Schuld?

Dieser Plot und seine Ausgestaltung bis hin zur letzten Drehbuch-Fassung im Juli 1956 legte keineswegs von vornherein das Entstehen eines avantgardistischen Film-Kunstwerks nahe. Man wird sehen, dass die kontinuierliche Veränderung und Verbesserung von Plot und Drehbuch nicht ohne erhebliche Umbrüche zur Klärung seiner Struktur führte, die Dialoge konzentrierte und die tragenden Motive straffte.

Dass Domnick, trotz seiner zwei Kunst-Filme, ein Neuling als Drehbuch-Schreiber war, wusste er selbst am besten. Zudem wusste er aber auch, dass jede *Text*-Version nur der Anlass und Antrieb war für seine erst am Ende allseitig, d.h. in Bild, Text und Musik *realisierte Idee* dieses Films. Er war es ja, der unermüdlich suchte und prüfte, bis seine nicht in den Drehbuch-Fassungen aufgehenden Vorstellungen mit Form und Inhalt des schließlich fertigen Films übereinstimmten. Sogar unmittelbar nach der Berliner Uraufführung im Juni 1957 setzte er sich noch einmal mit seinem Text-Autor Hans Magnus Enzensberger zusammen, um den als unbefriedigend bewerteten Schluss für die im Oktober angesetzte allgemeine Kino-Auswertung zu überarbeiten.

JONAS: Titel-Varianten

Im Mittelpunkt stand von Beginn an eine männliche Figur, die Domnick zunächst hilfsweise mit X benannte. Allerdings gab er diesem X an *einer* Stelle seines ersten Entwurfs einen Vornamen: Die für die spätere Titelfigur *Jonas* traumatische Fluchtszene hört damit auf, dass der Freund M.S. *im Dickicht liegt* und ihm nachruft: *Hol mich – Heinz!*[42]

In den folgenden Drehbuch-Fassungen gibt es ausschließlich den Namen *Jonas*. JONAS, zuerst als Arbeitstitel notiert, mit seiner Anspielung an die biblische Erzählung, behielt schon bald seinen Platz auch als endgültiger Filmtitel. Im Text der Bibel bietet der Prophet Jona(s) ein Gleichnis für die Flucht des Menschen vor seiner Aufgabe und der damit verbundenen Verantwortung. Seine Strafe besteht in der ihn überfallenden Dunkelheit und Ausweglosigkeit im Bauch des Wals – er wurde, von Seeleuten ins Meer geworfen, von einem Walfisch verschluckt. In dieser verzweifelten Lage ruft er reumütig zu Gott *aus der Tiefe*. Diese Präfigu-

---

42 In einem anderen Entwurf steht der Vorname *Walther*.

ration mit ihren Assoziationen lieferte für Domnick ein ideales Figuren- und Motiv-Konzept für den von seiner Schuld Verfolgten.[43]

Es gibt im Nachlass auf dem Umschlagdeckel eines gelben Schnellhefters eine handgeschriebene Liste mit mehr als 20 Titel-Varianten und den auffällig hervorgehobenen Stichworten *Angst* und *M.S:*, also dem mittelbaren und dem unmittelbaren Motiv seines Plots. Domnick hat diese Stichworte dick umrandet und sie damit als gedankliche Kerne für seine weiteren Überlegungen markiert. Um die Haupt-Figur herum notierte er:

> *Die Verzweiflung / Ein Schicksals-Tag / Der Hut des Herrn Jonas / Jonas (Arbeitstitel) / Großstadt-Tragödie / Großstadt-Symphonie / Das Gewissen / Der Gehetzte / Was hat (tut?) Jonas - Der Verfolgte / Der Gejagte / Vom Gewissen verfolgt / Jonas – vom Gewissen verfolgt / Die Rache ist mein / Der Tag der Vergeltung / Der einsame Tag / Das Verbrechen / Das Geschehen um Jonas / Jonas und sein Schatten / Der Schatten des Jonas / Jonas verliert / Es wird dunkel um Jonas.*

In diesen Titel-Überlegungen dominieren Motivketten aus Verfolgung, Angst, Bestrafung, Schuld und seelischer Dunkelheit mit der expliziten Betonung des Psychotischen. Trotz mancher Anklänge steht die Konstruktion eines "Kriminalfalls" nicht im Zentrum.

Angesichts des Wiederaufbau-Optimismus und des Booms der Heimat-Schnulzen in den 50er Jahren möchte man kaum vermuten, dass *Angst* zu den populären Motiven im Film dieser Jahre gehörte. 1953 schrieb der SZ-Kritiker Gunter Groll: [...] *wenn heute der Film zu träumen trachtet – die Angstträume gelingen ihm immer am besten.*[44]

Um den von Domnick gewollten Zusammenhang aus Angst und Verdrängung zu verdeutlichen, hilft ein Blick in Kulturzeitschriften jener Jahre. In *Magnum*, einem von Domnick geschätzten Kunst-Magazin[45] liest man im Heft 14 vom September 1957 in einem Essay von Paul

---

43 In einer der frühen Skizzen notierte Domnick als Leitwort: *Dante aus dem Inferno*, vielleicht eine ursprüngliche Variante zu Jonas im Bauch des Walfischs?

44 Zit. nach Kurowski: *nicht mehr fliehen. Das Kino der Ära Adenauer.* Teil 3: Redaktion: Ulrich Kurowski, Thomas Brandlmeier. Hg. vom Münchner Stadtmuseum/Filmmuseum u.a. o.J. S.149.

45 Auf einem Notizzettel in der Nachlassmappe *Verschiedenes* steht: *An Magnum, Wien, am 22.2.57 abgesandt: Fotos 40 Stück. "Schatten vor Tanz" und "nach Stadion"*. Demnach lässt sich vermuten, dass Domnick aus seinem JONAS Standfotos zur Veröffentlichung schickte.

Schallück, neben Stichworten wie *Standardisierung und Kollektivierung*, als charakterisierende Begriffe der Zeit, folgendes:

> *Eine verhängnisvolle Wechselwirkung von Angst und Leere herrscht hier, von Müdigkeit und Zivilisation: [...] keine Zeit zum Nachdenken. Wer zum Denken keine Zeit hat, der muß versuchen, das zu vergessen, was sich ihm eingraben will, zum Beispiel die Vergangenheit; er muß sie totschweigen oder die notwendige Verarbeitung des Vergangenen verschieben.*[46]

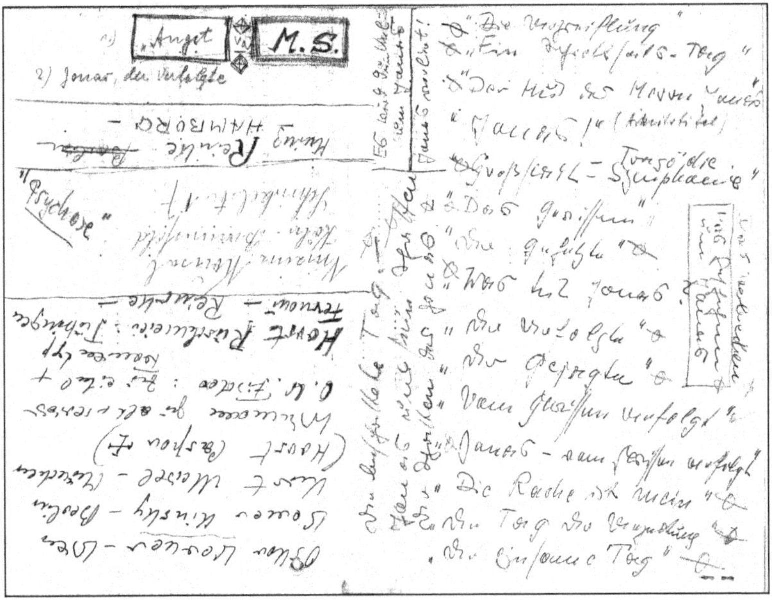

(6) Kopie des DIN-A4-Umschlags der gelben Nachlass-Mappe mit den Notizen zu JONAS. [Die hier und im folgenden abgebildeten Nachlass-Schriften stimmen aus Gründen der Lesbarkeit in der Regel nicht mit den Originalformaten überein.]

46 *Magnum*. S. 47. Übrigens brachte *Magnum* im Heft 9 vom Mai 1956 den Themenschwerpunkt *Kann das Abstrakte real sein?* – also jene Debatte, die Domnick bereits zehn Jahre zuvor für sich geklärt und öffentlich vertreten hatte.

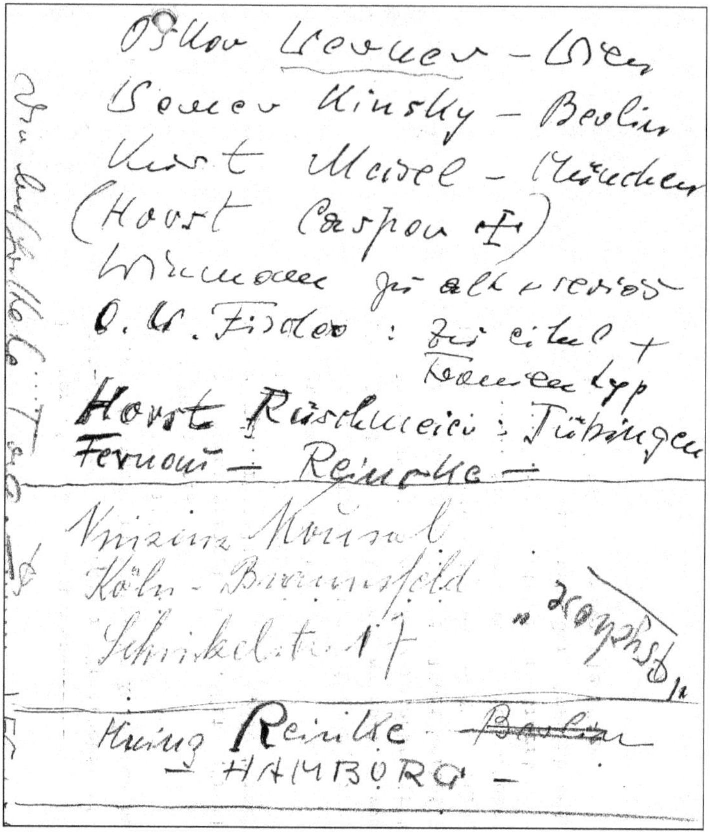

(7) Namen u.a. der zuerst in Erwägung gezogenen Schauspieler für die Titelrolle.

Jonas: Themen, Motive

In Domnicks Autobiografie, die aus dem Rückblick nach rund zwanzig Jahren die Entstehung von Jonas erzählt, werden Thema und Motive genannt. Von Anfang an gehörte die Musik-Platte von Duke Ellington (*Liberian Suite*) zu den bleibenden Absichten. Fest stand also:

> *Zuerst nur das Thema: der vereinsamte Mensch in der Großstadt. Dann die Sache mit dem Hut. Und dann die Musikplatte Duke Ellington.*

Man kann hier schon hervorheben, dass die zunächst nur vage umschriebene "Schuld" des Jonas auch in allen späteren Um- und Ausarbeitungen über das Faktum "auf der gemeinsamen Flucht einen Freund im Stich gelassen" nicht wesentlich ausgebaut wird. Geändert werden allerdings Ort und Umstände der Flucht.

Die in der JONAS-Rezeption meist als selbstverständlich angenommene Situierung dieser Flucht in die Kriegs- bzw. unmittelbare Nachkriegszeit und damit in den Gesamtkontext "deutsche Schuld", wird von Domnick in seiner ersten Skizze und in späteren Erläuterungen nahegelegt, im fertigen Film aber nicht so deutlich ausformuliert.[47]

In den ersten Drehbuch-Konzepten beschreibt Domnick diese Flucht mit ihrem Schuld-Komplex lediglich als *Schmuggeltour* an der *Zonengrenze*. Der Steckbrief wird demgemäss vom *Polizeipräsidium Magdeburg* ausgestellt, genau datiert auf den *21. Juli 1947*.

Spätere Äußerungen von ihm zu diesem Schuld-Komplex wie überhaupt zu Krieg und NS-Diktatur differenzieren die Schuld-Frage kaum; eher scheint er eine fundamentale Verstrickung und Traumatisierung zu konstatieren, die je nachdem, latent oder manifest die deutsche Nachkriegsgesellschaft bestimmt. Insofern kann er in seiner autobiografischen Inhaltsskizze kurz und bündig hinweisen auf *[...] das psychologische Geschehen mit Schuldgefühlen, Verdrängung, Verfolgung – Nachklänge der Vergangenheit, die zehn Jahre nach Kriegsende noch nicht aufgearbeitet waren.*[48]

Als Lösung für diesen nicht bewältigten Schuld-Komplex findet Domnick am Schluss die Formulierung: *Läuft weg. Begründung des Weglaufens – Suicid!!* Die zwei Ausrufezeichen verstärken in knappster Andeutung die vorgestellte Dramatik dieses zunächst anvisierten Film-Endes.

JONAS: Von der Idee zur »Skizze«

Da die Dreharbeiten nachweisbar Ende Juli 1956 begannen, muss Domnick vom Sommer 1955 bis zum Juli 1956 intensiv an seiner Filmidee und ihrer fortschreitenden Realisierung gearbeitet haben. Das be-

---

47 Tatsächlich bieten die Deutungen der JONAS-Interpreten unterschiedliche Assoziationen (von *moralisch kaum verurteilbar* (Mostar, 1957), *Tod eines Kriegskameraden* (Vogt, 1990), *einen anderen im KZ im Stich gelassen*, (Hickethier, 1997), *Internierungslager* (Ders., 2001), *Kriegeserlebnisse* (Vogt, 2001). Es gibt eine kurze Text-Spur, die zurückführt, vielleicht, wahrscheinlich, in Kriegserlebnisse, wenn Jonas in der 72. Minute zur ungeduldig fragenden Nanni (*Vor wem?*) sagt: *Wir mussten fliehen ... Vor wem, vor wem ... fliehen .... das begann schon vorher.* In diesem *Vorher* deutet sich vage an, was Domnick selbst nachträglich in den Kontext von Krieg und NS-Vergangenheit stellte. In den Steckbrief-Stimmen ist von einem *Lager Lorbitz* die Rede – ein erfundener Ort?

48 *Hauptweg und Nebenwege*. S. 247.

traf als erstes die Ausarbeitung eines tauglichen Drehbuchs, dann die Suche nach den geeigneten Mitarbeitern (Regie, Kamera, Darsteller, Musik etc.), schließlich die Organisation der Dreharbeiten und nicht zuletzt die Absicherung der Finanzierung.

Auf dem erwähnten Mappenumschlag mit den Titel-Überlegungen notierte Domnick seine (ersten?) Ideen zu möglichen Schauspielern, Namen, von denen am Ende keiner mehr in Frage kam. Die Suche nach den geeigneten Mitarbeitern beschäftigte ihn bis zuletzt, das heißt, auch noch nach den Dreharbeiten, als es um die Musik und den Text-Kommentar ging. Doch bis dahin war es noch ein langer Weg, der insbesondere durch die Aus- und Umarbeitungen der Drehbuch-Idee gekennzeichnet ist. Anhand verschiedener Entwürfe und Briefe lassen sich die Phasen der Drehbuch-Entwicklung annähernd rekonstruieren.

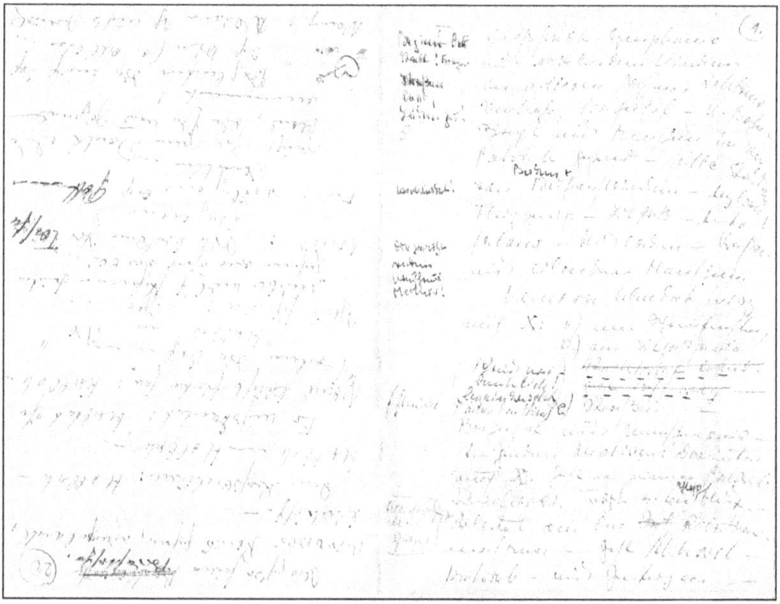

(8) Verkleinerte Darstellung des in der Mitte gefalteten DIN-A4-Bogens.

Demnach folgte dem im (Spät-)Sommer 1955 ausgedachten Plot zunächst die Niederschrift der Idee in einer handschriftlichen Skizze.

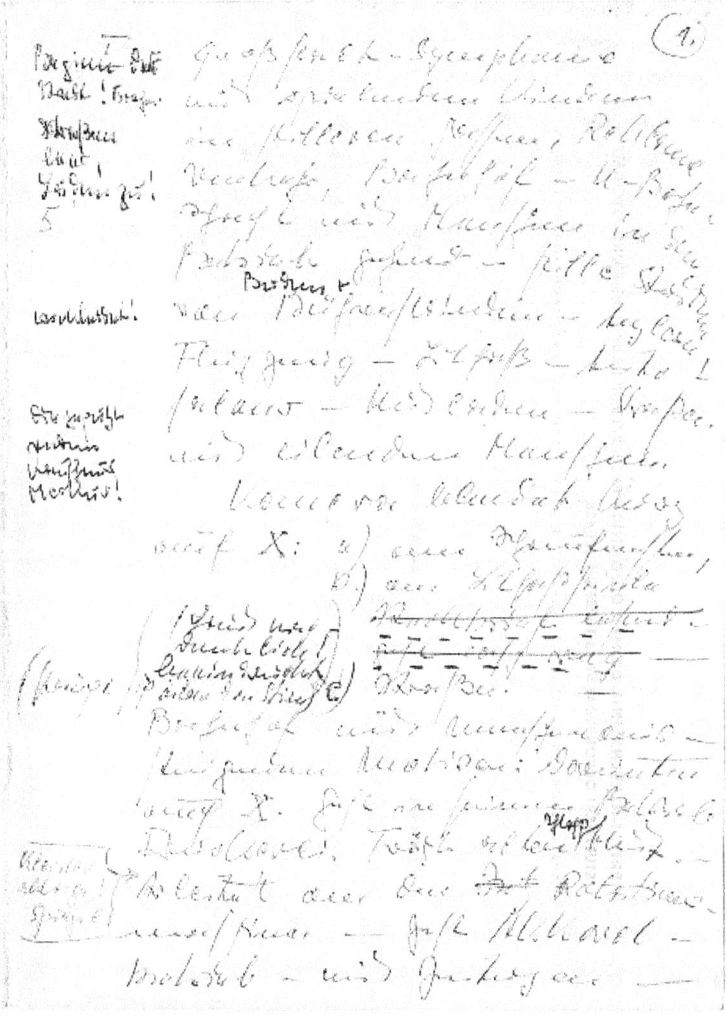

(9) Seite 1 der *Skizze*.

Diese Skizze erweckt äußerlich den Eindruck, Domnick habe die durchnummerierten 37 Seiten samt 4 Zusatzseiten wie in einem Rausch des Schaffens hingefetzt. Die Handschrift ist zum Teil nur schwer oder nicht zu entziffern, vieles ist nachträglich durchgestrichen, nicht, um es völlig zu verwerfen, sondern um es als 'erledigt' zu kennzeichnen aufgrund der nachfolgenden Ausarbeitung.

Diese Skizze entwirft den Plot mit der Hauptfigur X, dem Hutkauf, der damit entstehenden Beziehung zwischen X und Nanni, den Schuld-Erinnerungen und den Angstattacken bis hin zum Selbstmord.

Als Leitlinie für das Konzept galt jene Titel-Idee *Großstadt-Symphonie*, die eindeutig an Walter Ruttmanns Avantgarde-Film von 1927, BERLIN. DIE SINFONIE DER GROSSSTADT, anknüpfte. Wenn auch keine Hinweise bekannt sind, in denen Domnick auf Ruttmann direkt verweist, so legen seine Skizzen es doch nahe, hier ein *unausgesprochenes* Vorbild zu sehen. Dafür gibt es folgende Begründungen:

- Zum Filmtitel *Großstadt-Symphonie* passen mit den Anfangssätzen seiner ersten handschriftlichen Skizze die vielen städtischen Motive, die er in Stichworten aufschreibt.
- Wie bei Ruttmann sind diese Motive verteilt auf einen Tag in einer, anfangs (noch) nicht näher bezeichneten westdeutschen Großstadt der Gegenwart. Dass er Stuttgart meinte, ist sicher, in den nächsten Drehbuch-Fassungen vermerkt er das genau, samt Straßen- und Ortsangaben.
- Die ersten Zeilen lauten: *Großstadt-Symphonie mit spielenden Kindern in stilleren Gassen, Reklame, Verkäufer, Bahnhof – U-Bahn.* Diese *Eingangsszenen* wirken stellenweise wie Ruttmann-Imitationen, angefangen bei der erwachenden Stadt bis zu der im Stadt-Film der Weimarer Zeit obligatorischen Blumenfrau. Natürlich auch die "crescendoartige Entwicklung". Das ist Ruttmann pur.[49]
- Auf einem Notizblatt unter der den Ruttmann-Film deutlich imitierenden Überschrift *Symphonischer Aufbau* listet Domnick 22 Sequenz-Titel auf, die er in einem handschriftlichen Zusatz am Ende der Seite als sinfonisch-dramaturgische Kurve einträgt, wobei er die einzelnen "Sätze" mit Tempo- und Dynamik-Bezeichnungen markiert – von der *Ouvertüre* über Allegro, *scerzo*, *lyrisch*, *Furioso*, *presto* bis zum *Finale*.

---

49 Siehe dazu: Guntram Vogt: *Die Stadt im Kino. Deutsche Spielfilme 1900-2000*. Marburg 2001. Kapitel *Walter Ruttmann* S.167-184.

Symphonischer Aufbau

1.) Sonnenaufgang über Dächern	
2.) Stadt am Morgen Jonas und Nanni einzeln	Grosstadterwachen
2.) Druckerei - ~~Steckbrief~~	Maschinenmilieu
3.) Hutkauf Jonas und Nanni Begegnung	Begegnung
4.) Diebstahl Hut	Beginn Erregung - Schuld
5.) Jonas Rückblende Steckbrief	Alte Schuld
6.) 3 Versuche, Hut los zu werden	Versuche, Schuld los zu werden - grotesk
7.) Hut verbrannt	Unheimlich
8.) Postkarte	Hoffnung
9.) 2.Hutkauf -Angst-Hallo	kleiner Rückfall Angst
10.) Spaziergang - Tanz - Liebe	lyrisch- verhalten
11.) Lokal: Ehrlicher Finder	1.Donnerschlag
12.) Rennt weg - Polizei	1.Panik, fängt sich
13.) Begegnung mit M.S.	2.Donnerschlag
14.) Herumirren mit Schuldgefühlen Gleisszene - Zimmer irres Kramen	2.Panik
15.) Im Ladenstübchen	Halluzinationen
16.) Rückblende: Hut, altenSchuld, im Dickicht	Verbrecher
~~17.) Episode fremder Herr~~	~~Verbrecher??~~
18.) Nanni zu MS. ~~Radio~~	~~kein Verbrecher~~
19.) Halluzinationen Ladenstübchen	Halluzinationen
20.) Wegrennen und Brücke. Jagd zur Hilfe	letzte Panik
21.) Selbstmord d urch Panik und Kurzschluss reaktion	
22.) Fluss - Ruhe	

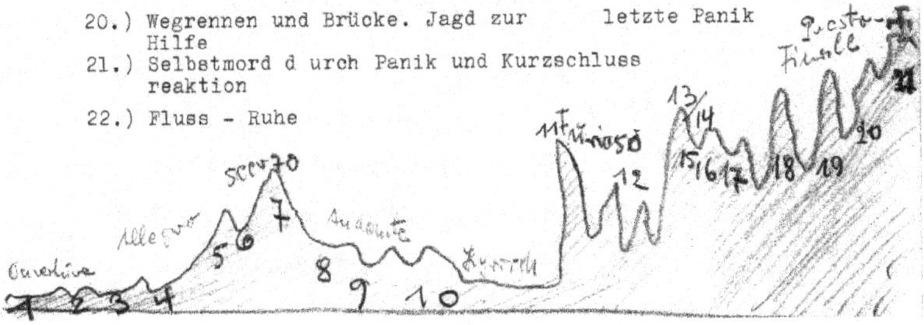

(10) DIN-A4-Blatt Symphonischer Aufbau.

JONAS: *Von der »Skizze« zum Exposé »Bühler Höhe«*

Auf der Basis der handschriftlichen Skizze entstand das Exposé zu einem Drehbuch. Unter dem Stichwort *Bühler Höhe*[50] – tippte Domnick dieses Manuskript vermutlich an diesem Ort im Spätherbst oder Winter 1955 in die Schreibmaschine, wobei er es redigierte und ausarbeitete. Er schickte es an Freunde und Bekannte, um deren Reaktion zu erfahren (siehe Kapitel *Zwischenspiel 1*).

Das 12-seitige Exposé entwirft knapp die Handlung mit der sie begründenden Stadt- und Gefühlswelt. Bis auf wenige, aber entscheidende spätere Veränderungen bestimmen folgende Motive fortan die Drehbuch-Fassungen:

X vor der Litfaßsäule

Druckerei

Mittag in der Stadt

Hutladen: X kauft einen Hut.

Stammlokal und Hut-Verlust. X stiehlt einen Hut

X entdeckt im gestohlenen Hut das Monogramm M.S.

Steckbrief auf Litfaßsäule; 1. Rückblende auf 1947: Flucht mit M.S.

X versucht den gestohlenen Hut wieder loszuwerden

Im Hutladen, Kauf einer Mütze, Gespräch mit der Verkäuferin Nanni

Zunehmende Verfolgungs-Panik bei X, Fluchtbewegungen

Der Fremde Herr taucht auf

Die Adresse von M.S. = Martin Seiler wird eingeführt

Gespräch mit Nanni

X auf der Polizeiwache

X sucht Martin Seiler, rennt aber vor der Begegnung weg

Nanni trifft X völlig verstört, seine gesteigerte Angstpsychose

2. Rückblende auf die Flucht mit M.S. (Schmuggeltur)

X zunehmend ängstlicher bis zur Panik

---

50 Im Programmheft zur Berliner UA heißt es, Domnick habe *im Winter 1955 während einiger Ferientage im Schwarzwald* das Exposé geschrieben. Im Herbst 1957 verbrachte er einen Erholungsurlaub im Kurhaus Bühlerhöhe/Schwarzwald [Brief vom 23.9.1957 an Erwin Goelz].

Nanni holt M.S. zu Hilfe, sie fahren im Taxi zurück zum Hutladen

X. flieht in panischer Angst und springt über die Brücke in den Fluss.

Der von Domnick entworfene Film-Beginn liest sich wie eine Variante zu Ruttmanns BERLIN-SINFONIE:

1. Szene

Eine Grosstadt erwacht: Leere Plätze, geschlossene Fenster, niedergezogene Rolläden, geschlossene Schaufenster. Starassen leer. Ein einsamer Radfahrer fährt durch die Strassen, von oben gefilmt. Einige Strassenfeger ziehen auf, ziemlich rasch entwickelt sich das Erwachen, wie ein Haus plötzlich Leben bekommt in der Fassade, Fenster öffnen sich, Rolladen werden hochgezogen, unten wird gekehrt. Jetzt erkennt man unten in der Stadt beginnendes Menschengewimmel (Kamera ist ziemlich hoch im 3.Stack) , die ersten Elektrischen fahren ein, Lastautos. Müllwagen, [illegible]. Händler eröffnen ihr Geschäft,
Bahnhofsszene gegen 7 Uhr: Unruhe auf dem Bahnstei g, im Wartesaal, dann Gleisbetrieb mit abfahrenden und kommenden Zügen, Bücherständer. Wieder hinaus auf die Strasse, die Läden haben geöffnet, eilende Menschen, daneben stillere Gassen, Reklame, auch Fabrikeingänge mit hineinströmenden Menschen werden gezeigt. Schulhof kurz. Milchwagen.

Musik: Crescehdoartige Entwicklung

Dieser Auftakt formuliert vor allem die Bild- und Rhythmus-Ideen. Im Unterschied zu Ruttmann, dem dies in der zeitgenössischen Kritik als Mangel vorgehalten worden war, stellt Domnick ins Zentrum eine Figur, die der Stadt eine narrative Linie verschafft, für das Publikum eine identifizierbare seelische Innenwelt.

Kamera blendet kurz auf X. im Gedränge, wie er an der Litfasssäule einen Steckbrief liest, schaut nachdenklich und beeindruckt hin, geht rasch weg. Wie er an einem Hutladen vorbeigeht und kurz einen Blick hineinwirft und sich mit seinem ollen Hut spiegelt.

Blumenfrau macht ihren Stand auf!

Auch die folgenden Szenen bleiben ganz eng beim Arbeits- und Alltagsgeschehen der Jonas-Figur. Am Duktus, in dem Domnick diese Szenen notiert, erkennt man rudimentär seine später in der Zusammenarbeit mit Enzensberger entwickelten Montage-Vorstellungen. Auch erste Ideen zur Gestaltung der Töne und Geräusche, die dann am Ende in der Komposition von Winfried Zillig realisiert werden, finden hier ihren Niederschlag.

2.Szene

Druckerei.

Maschinensaal. Accordbetrieb. Geschäftigkeit im Büro. Türen schwenk. Fernschreiber. Telephon. Morsezeichen. DPA-Durchsage- Frl. am Stenogramm. Gesprächsfetzen. Nervöse Unruhe. Neue Meldungen. Redaktionelle Besprechungen. Korrekturabzüge. Geschäftigkeit hinter Glastüren. Redakteur in Hemdsärmeln. Keine Sprache. Rotationsmaschinen, Raum mit Lärm, der in Musik übergeht. Rhythmus der Maschinenwelt. Einförmig und doch gehetzt.
Gegen 8,30 Uhr Vesperpause. Stillstand der Maschine. Musik bricht jäh ab. Man empfindet stark eine Leere. Keine Musik. Gang still. Nur ab und zu tropft Oel hörbar auf den Boden oder ein Klicken eines Setzstückes. Oder ein Papier knistert.

Grossaufnahme die Uhr. Zeiger rückt weiter. 8,45 Uhr.

Auch in diesen Skizzen finden sich starke Anklänge an die Ruttmannsche Stadt-Welt, die Parallelisierung von Mensch und Maschine, aber auch von Maschine und zeichenhafter Abbildung. So werden die Schaufensterpuppen zu Symbolen der Zeit:

geht dann rein.tür sieht man schliessen.Kamera zeigt jetzt die wachsköppe,doof und langewilig seterotype gesichter.symbol für die zeit:anonym und nivelliert-

Am Ende des Polizei-Verhörs wird Jonas nach dem Grund seines Weglaufens gefragt und seine Antwort verweist implizit auch auf den Erfahrungszusammenhang des Nervenarztes Dr. Domnick:

Und warum laufen sie weg: ich laufe vor meinem Schsatten weg....der mich verfolgt...wissen Sie ,wie das ist,wenn man verfolgt wird und eine Angst in einem steckt....?

was reden sie da!die müssen wohl in eine Nervenklinik.

Er: vielleicht....

Eine kurze Zusammenfassung Domnicks (Durchschrift auf zwei Schreibmaschinen-Seiten, undatiert) skizzierte den Film in seiner inhaltlichen und formalen Weiterentwicklung, sei es zur eigenen Überprüfung, sei es als Konzept für andere (Antrag, Mitarbeiter). Domnick hat mehrfach derartige knappe (undatierte) Überblicke verfasst. Interessant sind darin mit den Veränderungen oder Abweichungen auch die bleibenden Motive.

Der Film spielt an einem Tag, von morgens 5 Uhr bis Mitternacht.

Ein Durchschnittsmensch unserer Zeit, aber ein Sonderling, der sich Gedanken macht und mit dem Leben nicht fertig wird, ~~beschli-~~ beschliesst an einem hoffnungsvollen Frühlingsmorgen, sich einen Hut zu kaufen - den ersten Hut seit 10 Jahren. Er ist Setzer in einer Druckerei. Nach Arbeitsschluss am Samstag kauft er eine neuen Hut, der ihm aber gleich in einem Lokal abhanden kommt. In einer Affekthandlung entwendet er einen anderen Hut. Dieser Hut trägt das Monogramm M.S. und erinnert ihn an einen Freund, den er vor 10 Jahren bei einer kriminellen Handlung - die im Dunklen bleibt, irgend ein Ding in der Ostzone in unruhigen Zeiten,- bei der Verfolgung angeschossen im Stich liess.

Dieser Hut ist das Symbol für seine Schuld. Er versucht sich auf verschiedene Arten des Hutes zu entledigen, (bringt ihn ins Lokal zurück, lässt ihn in einenFlussfallen, lässt ihn auf der Strasse wegwehen) aber immer kommt der Hut zurück. Schliesslich verbrennt er ihn zu Haus.

Immer wieder wird er bei diesen Situationen durch die aus der Rückblende der früheren Tat bekannten Rufe (Hallo, Hol mich, Jonas, Pfiffe) an seine Tat erinnert und gerät in eine paranoische Reaktion.

Nanni

Bei einem Spaziergang mit der Hutverkäuferin, einem stillen, naiven Mädchen, erörtert er die Situation des modernen Menschem, dem die Glücksverheissungen der Technik nicht glücklich machen können und dem echte menschliche Begegnungen versagt sind. Das Mädchen sieht von ihrem unschuldig- naiven Standpunkt aus das Leben viel einfacher an. Er kommt zwangsläufig immer wieder auf seine Schuld zu sprechen. In einer Kirche versucht er - beim Anhören des Jonas- Gebetes - vergeblich, seine Schuld durch Beten zu sühnen. Das Jona- Thema (Sühne durch Gebet) taucht später immer wieder auf.

Dem Jonas wird als Antipode ein erfolgreicher Geschäftsmannstyp gegenübergestellt, der das Leben bejaht und ausserdem mit Nanni anzubändeln versucht. Jonas bezieht auch diese Figur, die immer wieder auftaucht, paranoisch auf sich als Verfolger.

In dem Lokal, indem der Hut verloren ging, findet Jonas ein Schildmit dem Namen seines Freundes, der den Hut sucht. Er

rennt in einer Panik über die Strasse und wird wegen eines Verkehrsdeliktes auf die Polizeiwache geführt, wo er weiter in seinen Verfolgungswahn getrieben wird. Als er dann die Wohnung seines Freundes aufsucht, sieht er, dass dieser damals einen Arm verloren hat. Er gibt sich, völlig verzweifelt, seinem Freund nicht zu erkennen.

Nanni, die Verkäuferin, die er im Lokal im Stich liess, geht apathisch mit dem Herrn in den Fernsehturm, den sie schon auf dem Spaziergang besuchten. Auch hier die völlig entgegengesetzte Reaktion des fremden Herrn, die Technik bejahend, während Jonas den Turm als den mahnenden Finger Gottes bezeichnet hatte. Kontrast zwischen der Tragik des Jonas und der Eleganz des Milieus in der Fernsehturm- Bar.

Nanni trifft auf dem Heimweg Jonas verzweifelt auf der Strasse umherirrend und nimmt ihn in ihr Ladenstübchen. Dort eröffnet er ihr (durch Rückblende) seine Tat. Sie sucht den Freund auf, um zu helfen. Der Freund M.S. hat Jonas auch längst verziehen. Indessen bleibt Jonas halluzinierend, seiner Schuldund seinem Schicksal eingedenk, im Laden zurück. Als die beiden Helfer (Nanni und der Freund) ankommen, verkennt er sie als Verfolger, entkommt und begeht Selbstmord durch Sprung in den Fluss. Der Hut bleibt zurück, auf dem Wasser.

Ein Durchschnittsmensch unserer Zeit, aber ein Sonderling – dieses widersprüchlich formulierte Sowohl-als-auch begleitete Domnicks Drehbuch-Überlegungen auch in den nächsten Phasen. Und im Rückblick wiederholte er seine Jonas-Charakteristik mehrfach:

Über das Thema des Films - der vereinsamte Mensch in der Grosstadt, der eine Schuld an seinem Freund verdrängt -

***

Den Zustand des vereinsamten Menschen im hektischen Getriebe der Stadt: ausgesetzt den Einflüssen, den Schlagworten, den Einengungen des modernen Lebens, ohne tiefere menschliche und religiöse Bindung, vereinzelt und kontaktgestört, unfähig, mit sich selbst und seiner Vergangenheit fertig zu werden.

***

auf der Hut sein). Die Parallele zum biblischen Jonas ergibt sich aus dem Versagen am Mitmenschen, aus der

(11) Robert Graf als Jonas. (Film-Einstellung).

Drehbuch-Entwürfe bis zum Drehbeginn

Von Ende 1955 bis längstens Juni/Juli 1956 arbeitete Domnick das Typoskript-Exposé *Bühler Höhe* über mehrere Entwurfs- und einschneidende Verbesserungsschritte aus und um. Dabei lassen sich drei Phasen erkennen, die folgende Datierung möglich machen:

(1) Bis März 1956:	Drehbuch zum Antrag auf Förderungsmittel des Landes NRW
(2) April/Mai 1956:	Erweitertes Drehbuch
(3) Bis Juni/Juli 1956:	Original-Drehbuch für die Dreharbeiten

Die markantesten Unterschiede der Drehbuch-Entwicklung treten am besten hervor, wenn man jeweils den Anfang, die Jonas-Nanni-Dialoge und das Film-Ende der einzelnen Fassungen einander gegenüberstellt. Hier vor allem gab es die deutlichsten Veränderungen.

1. Drehbuch »NRW-Antrag« März 1956

Situation

Am 23. März 1956 reichte Domnick beim Kultusministerium des Landes Nordrhein-Westfalen einen Antrag auf einen Zuschuss für JONAS ein. Beigelegt war ein zu diesem Zeitpunkt überarbeitetes und erweitertes Drehbuch, wie es im Nachlass in einer korrigierten und teilweise ergänzten Fassung vorhanden ist. Ich bezeichne dieses erweiterte Drehbuch der Einfachheit halber mit dem Kennwort *NRW-Antrag*. Es umfasst 59 Schreibmaschinen-Seiten und stellt gegenüber dem 12-seitigen Exposé *Bühler Höhe* den ersten eigentlichen Drehbuch-Entwurf dar. Domnick selbst setzte allerdings die Bezeichnung *Drehbuch* später in Anführungszeichen, wahrscheinlich um damit zu zeigen, dass er rückblickend wusste, dass es ein sehr vorläufiges Typoskript war:

> *Das 1. "Drehbuch", das dem Land Nordrhein-Westfalen eingereicht wurde, worauf ein Zuschuss zur Herstellung des Films erfolgte.* [51]

---

51 Undatierte Schreibmaschinennotiz auf OD-Papier: Der Text fährt fort: [...] *Das Land N.W. war damals kunstfreundlich, auch die von der Gewerkschaft (Grokowiak) veranstalteten Kunstwochen in Oberhausen (?) waren damals für die Moderne in allen Kunstformen.* [...].

Drehbuch und Förderungsantrag genehmigte das Ministerium am 25.7.1956 mit einem Zuschuss in Höhe von DM 100.000 *für die Herstellung des abendfüllenden Dokumentarfilms* JONAS. Abgesehen von der offenkundigen Tatsache, dass JONAS – trotz Domnicks Festhalten an diesem Terminus – kein Dokumentarfilm werden würde, hatte er zum Zeitpunkt der Zusage bereits die Umarbeitung seines *NRW*-Drehbuchs abgeschlossen und konnte so die soeben begonnenen Dreharbeiten finanziell einigermaßen beruhigt durchführen.

Mit der Förderungs-Zusage war eine Reihe von Bedingungen verbunden, so insbesondere die verbindliche Erklärung Domnicks, den Film *bis zum 31.3.1957 fertigzustellen*. Für die Zeit zwischen Antragsstellung und Genehmigung gibt es im Nachlass eine Telefonnotiz vom 30.4.1956, in der auch der Name des zu dieser Zeit für die Regie in Aussicht genommenen Herbert Vesely auftaucht:

> *1. Rückfrage, ob Vesely in der Lage ist, den Film selbständig zu machen. Glaubt das schon, aber darf nichts darüber sagen. Das sei eine Sache, die von NRW weder befürwortet noch kritisiert werden darf. "Es ist eine ganz persönliche Angelegenheit, wie Sie das machen."*
>
> *2. Ob der Antrag schon bearbeitet sei?*
>
> *"Das geht mindestens drei Monate, die Sitzung ist noch gar nicht anberaumt."*
>
> *3. "Die Bankbescheinigung über 50.000,-- DM ist sehr beruhigend und weist auf das seriöse Unternehmen hin."*
>
> *4. Wie der Film und der Antrag beurteilt würden?*
>
> *"Darüber darf ich nichts sagen aber ..... und der Stoff ist doch interessant."*
>
> *5. Ich wollte doch schon vorher beginnen.*
>
> *"Ja, ja , fangen Sie nur damit an."*

Domnick hatte also grünes Licht sowohl für die Wahl des Regisseurs als auch für die damit gesetzten Produktionsschritte.

Konzeption

Dieses Drehbuch umfasst die im Exposé noch knapp skizzierten Dialoge zwischen Jonas und Nanni, die jetzt in großer Ausführlichkeit formuliert sind.[52] Rund einhundertfünfzig Szenenbeschreibungen bzw. Einzel-Einstellungen[53] enthalten, allerdings nicht durchgehend, Hinweise zu Kamera-Bewegungen bzw. -Perspektiven und, in der rechten Spalte, zur Tonspur (z.B. *Spatzenlärm* oder *Musikeinsatz* oder *Fernschreiber, Morsezeichen, Gesprächsfetzen, Lärm, Telefon*). Für die Musik ist weiterhin die *Platte* von Duke Ellington vorgesehen, wobei aus der gesamten *Liberian Suite* vermutlich zunächst nur der Song *I like the sunrise*, von Domnick als der *Blues* bezeichnet, verwendet werden sollte. Verschiedentlich finden sich meist kürzere handschriftliche Zusätze (auch in der Handschrift von Greta Domnick).

Verglichen mit dem vorangegangenen Exposé handelt es sich bei der NRW-Fassung um einen ersten realisierbaren Drehbuch-Text. Dieses Drehbuch knüpfte an bisher skizzierte Ideen an, verstärkte und erweiterte einzelne Motivkomplexe aber erheblich. Dass Domnick dieses Konzept ohne fachliche Hilfe geschrieben hat – etwas anderes ist nicht belegt –, ist erstaunlich.

Beibehalten sind folgende Handlungsteile und Schauplätze aus dem Exposé *Bühler Höhe*:

- der einsame Druckereiarbeiter in der Großstadt,
- sein Hutkauf bei der Verkäuferin Nanni,
- der doppelte Hut-Diebstahl und die Verfolgungsangst,
- die Flucht-Rückblende mit M.S. und die anwachsende Verfolgungsangst,
- der Selbstmord durch Sprung in den Fluss.

---

52 OD schrieb rückblickend: *Das lange Gespräch Jonas/Nanni, das in der 2. Fassung schon weitgehend reduziert ist, enthält den ganzen 'Inhalt' des Films, der später durch die Zeitungsnotizen (Hut etc.) und das Spiel von Robert Graf und den Dialog auf den Eisenbahnschienen ausgesagt wurde.* Ebd. Wenn Domnick von der *2. Fassung* spricht, so dürfte damit das hier als *Titel, Trick* bezeichnete (zweite) Drehbuch gemeint sein, in dem an die Stelle der zuvor so ausführlichen Dialoge konkrete Inszenierungsanweisungen treten. Siehe dazu den folgenden Kapitelteil.

53 Auf den Seiten 1–31 sind von 1–102 durchnummerierte Szenenbeschreibungen mit daneben stehenden Ton- und Dialog-Angaben enthalten. Anstelle der fehlenden Seite 32 sind vier Seiten (paginiert 1-4) eingefügt. Es folgen 14 nachträglich paginierte Seiten, ohne Szenen-Nummern. Erst mit der Seite 43 wird auch die Nummerierung mit Nr.127 wieder fortgesetzt.

Neu hinzugefügt oder intensiviert wurden vor allem folgende Handlungsteile und Figuren-Konzeptionen:

- anstelle der bis dahin anonymen Figur X steht jetzt der Mann *Jonas* mit der Assoziation und Analogie zum Propheten Jona in der Bibel (*Und Jona betete zu dem Herrn...*, s.u.),
- neu ist die Art der Einführung der Hauptfigur: Jonas am Morgen in seinem Zimmer, dazu der Blues-Song von Duke Ellington, die erste Liedzeile noch in deutscher Übersetzung *Ich liebe den Morgen, er bringt mir Glück*,
- neu sind städtische Details sowie die modernen Kommunikationsmittel samt Reklame, Schlagzeilen etc.,
- Szene im Tanzlokal: der Fremde Herr und Nanni,
- die Szenen um den Hut-Diebstahl; die Bedeutung der Litfaßsäule und des Steckbriefs werden breit ausgestaltet,
- Rückblick auf die Flucht mit M.S. ausgebaut, der Gedanke an den vielleicht noch lebenden Freund Martin Seiler verstärkt,
- Panik und beginnende Paranoia von Jonas in gesteigert,
- Jonas' Besuch in der Kirche mit Bibeltext (Prophet Jona),
- lange Dialoge zwischen Jonas und Nanni. Zivilisationskritischer Ton (*das Leben*), Sinnieren über *Sinnlosigkeit*, *Schuld* etc.,
- Tanz Nanni – Jonas, langer Dialog um *Glück*, *glücklich*. Anspielungen an das Hut-Motiv (*behütet* und *auf der Hut sein*).

Team

Für die Kamera ist der – nachträglich durchgestrichene – Name Ashley[54] eingesetzt, für die Musik Majewski[55] und für die Regie, gleichfalls wieder durchgestrichen, Pewas.[56] Wie auf dem geplanten Titelvorspann zu erkennen ist, war zu dieser Zeit für die Hauptrolle der Name

---

54 Helmuth Ashley, geb. 1919 in Wien. Einer der vielbeschäftigten Kameramänner der 50er Jahre, u.a. bei G.W. Pabst, F. Käutner, H. Braun. Führte später auch Regie.

55 Hans-Martin Majewski (1911-1997), Filmkomponist, u.a. für im Göttinger "Filmaufbau" produzierte Filme (LIEBE 47; PRIMANERINNEN u.v.a.).

56 Peter Pewas, geb. 1904 in Berlin, gest. 1984 in Hamburg, Regisseur u.a. von DER VERZAUBERTE TAG (1943/44) und des DEFA-Films STRASSENBEKANNTSCHAFT (1948).

Kurt Meisel eingetippt, aber auch er wurde nachträglich durchgestrichen. Keine dieser Besetzungsideen konnte sich länger halten. Bemerkenswert ist, dass Domnick mit den Namen aus der alten Garde seine Überlegungen begonnen hatte und dass er von hier aus immer entschiedener auf junge und bewusst auch auf filmunerfahrene Mitarbeiter setzte. Die bis zuletzt bewahrte Ambivalenz zwischen der Anerkennung von Facherfahrung – vor allem für die Kamera und die Musik – und dem Wunsch nach unabhängiger Neugier – beim Drehbuch und den Darstellern – ist deutlich zu erkennen.

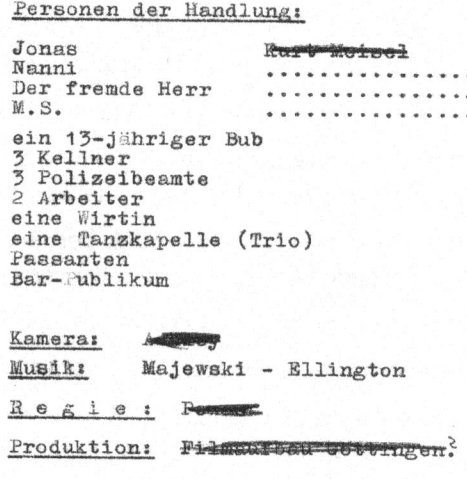

<u>Personen der Handlung:</u>

Jonas ~~Kurt Meisel~~
Nanni ....
Der fremde Herr ....
M.S. ....

ein 13-jähriger Bub
3 Kellner
3 Polizeibeamte
2 Arbeiter
eine Wirtin
eine Tanzkapelle (Trio)
Passanten
Bar-Publikum

<u>Kamera:</u> A[redacted]
<u>Musik:</u> Majewski - Ellington

<u>R e g i e :</u> P[redacted]

<u>Produktion:</u> [redacted]

Zeit und Ort

Bemerkenswert im Hinblick auf die spätere Endfassung und den fertigen Film sind aus diesem Text die Aussagen zum Großstadtgeschehen - *Die Unruhe, der Rhythmus der Stadt, der Aufbau, das Angebot aller äusseren zivilisatorischen Glücksgüter.*

Für die Dreharbeiten war es notwendig, die ausgewählten Drehorte in Stuttgart genau zu bestimmen. Die Ortsangabe *Stuttgart* mit den einzelnen Drehorten in der Stadt verweist darüber hinaus und zusammen mit der Datierung auf die in dieser Phase noch uneingeschränkt angestrebte dokumentarische Qualität des Spielfilms. Dieser Blick in die quirlige Stadt-Realität bei Tag und Nacht wird in den folgenden Fassungen mehr und mehr auf symbolstarke Bilder verdichtet und damit in seiner dokumentarischen Qualität zurückgenommen. Im fertigen Film wird diese dokumentarische Erkennbarkeit von Stuttgart kaum noch nachvollziehbar sein; sie ist aber auch nicht mehr gewollt.[57]

<u>Zeit:</u> Frühjahr 1956
An einem Tage, von Sonnenaufgang bis Mitternacht.

<u>Ort:</u> Stuttgart

Strassen
eine Brücke
Bahnhof
Polizeiwache
Postamt
Kirche
Zeitungsredaktion
Druckerei-Maschinensaal
Einfache Gaststätte - Bar
Elegantes Restaurant im Fernsehsendeturm
möbliertes Zimmer
Hutladen
Ladenstübchen

Domnick datierte in dieser Version die Handlung auf einen Tag im *Frühjahr 1956*. Da er auch in der späteren Dialogliste für die letzte, die *Original-Drehbuch-Fassung,* eine solche Datierung mit *10. August 1957* angab, liegt die Annahme nahe, er habe jeweils den Zeitpunkt der Filmhandlung möglichst nahe zum geplanten Datum der Ur- bzw. Erst-Aufführung des Films gewählt. Die Zuschauer sollten von Anfang an auf die Aktualität der Geschichte hingewiesen werden. Und es scheint so, als habe sich für Domnick fast eine Gleichsetzung von aktuell und dokumentarisch ergeben.

Die Angabe *von Sonnenaufgang bis Mitternacht* reproduziert einen schon im Kino der Weimarer Zeit beliebten Stadtfilm-Rahmen: ein Tag oder 24 Stunden im Leben des Protagonisten, oder, wie bei Walter Ruttmann, ein Tag in der Wirklichkeit der Großstadt Berlin. Noch Alfred Hitchcock überlegte in seinen Schlussgesprächen mit Truffaut, wie ein

57 Domnick hat sich in dieser Hinsicht teilweise widersprüchlich geäußert, je nachdem, worauf es ihm ankam.

Querschnitt durch *vierundzwanzig Stunden aus dem Leben einer Stadt* zu filmen sei.[58]

Szenen und Figuren

Der Auftakt mit Sonnenaufgang und Vogelperspektive auf die erwachende Stadt greift das ursprüngliche Ruttmann-Motiv auf, überführt es aber in der 13., 14. und 15. Einstellung (oder Szene) von der Stadt direkt auf die Haupt-Person und deren Wechselbezug zum städtischen Geschehen:

Stadt → Haus → Zimmer → Jonas → Strasse → Hutsalon → Kneipe → Litfaßsäule → Verfolgung → usw..

Diese Wechselbeziehung zwischen einem städtischen Innen und Außen, gegründet in einer Figur, strukturiert fortan Drehbuch und Film. Mehr und mehr werden für Jonas die Trennwände durchlässig.

Das Fenster in Jonas' Zimmer, auch das Schaufenster des Hutladens, hat dabei seine (aus dem Stadtfilm tradierte) Funktion des Scharniers zwischen der städtischen Innen- und Außenwelt, wobei Domnick im Verlauf seiner Umarbeitungen diese Innen-Außen-Beziehung mehr und mehr als scharfen Kontrast der Gemütsverfassungen seiner Figur nutzt. Hier heißt es nur: *Geht ans Fenster und schaut auf die Straße.*

Noch fehlt die in der letzten Drehbuch-Phase differenziert eingebaute Musik. Die Geräusche werden bestimmt vom Crescendo aus Vogelgepiepse, Spatzenlärm und sich verstärkender Instrumentalmusik.

---

58 Hitchcock in: François Truffaut: *Mr. Hitchcock, wie haben Sie das gemacht?* München 1973. S. 310ff.

1.

Unter dem Titel liegt ein dunkler weiter Morgenhimmel mit ziehenden Wolken, vor Sonnenaufgang. Links unten ist ein Telegrafenmast mit Isolatoren und Drähten angeschnitten. Die Drähte ziehen von links unten schräg über das Bild innerhalb des unteren Drittels der Leinwand.Auf den Drähten sitzen einige Vögel. Die Wolken ziehen unter dem Titel vorbei.

Erst stumm. Dann beginnt leises Vogelgepiepse, wie Vögel erwachen.

Der Himmel wird unter dem Titel allmählich heller.

Nach Ende des Titels ein schneller kurvender Spatzenschwarm über die ganze Leinwand. (Trick)

Spatzenlärm. Jetzt beginnt die Musik, die noch still ist und mit dem Erwachen des Morgens an Stärke und In - strumentation zunimmt.

Die Kamera fährt nach unten auf Dächer, Fassade von Rückfronten von Geschäftshäusern abwärts, langsam. Fährt die leere Strasse ab, immer noch von oben.

Zusammenfassend kann man diesen Auftakt als eine traditionell in Szene gesetzte Version eines Stadtfilms lesen, wobei allerdings die steigende Nervosität der Titelfigur bereits prägnant entwickelt ist und darin eine eigenständige Qualität behauptet. Die traumatische *M.S.*-Erinnerung wird aus dem vorangegangen *Bühler Exposé* als Plot nahezu wörtlich übernommen:

"Täter liessen am Tatort einen grauen Filzhut ~~Grösse 52~~ mit dem Monogramm M.S. zurück. Beide Täter entkamen. Der eine von ihnen wurde wahrscheinlich angeschossen. Man fand Blutspuren am Tatort. Zweckdienliche Mitteilungen an das Polizeipräsidium ~~Magdeburg~~ Aachen 21. Juli 1946."

Die Ortsangabe *Magdeburg* verweist noch auf Domnicks ursprüngliche Idee, die Flucht-Episode an der Zonengrenze zu lokalisieren. In der vorliegenden Fassung ist davon nicht mehr die Rede (siehe *Aachen*), auch nicht mehr von einer *Schmuggeltur* [sic!], und die Umstände der Flucht bleiben im Dunkel.

Domnick versuchte stattdessen, mittels an mehreren Stellen eingebauter Rückblende, Jonas' Erinnerung auf das Zentrum seines Schuldgefühls zu konzentrieren, auf den Ruf des im Stich gelassenen Freundes Martin Seiler *Hol mich, Jonas*. Das Drehbuch verwendet diesen Ruf einmal sogar als Klammer zwischen der erinnerten Flucht und der Gegenwart von Jonas, wenn Nanni ihm nachruft *Hallo, hallo* und Jonas in seiner Verstörung zu hören glaubt: *Hol mich, Jonas*. Von diesem Punkt aus führt die ihn mehr und mehr besetzende Verfolgungsangst zum dramatischen Finale.

Eine wesentliche Verstärkung bzw. Erweiterung erfährt diese traumatische Erinnerung in den ungewöhnlich langen Dialogen zwischen Jonas und Nanni. Diese Sequenzen scheint Domnick besonders gründlich überarbeitet zu haben. Sie erwecken den Eindruck, als wollte er seinem Jonas Kerngedanken der seit seinen ersten Kunst-Texten in ihm virulenten zeitkritischen Einstellung in den Mund legen.

Es gibt zusätzlich eingeschobene Seiten, auf denen das Gespräch im *Menschengewimmel* in der Stadt beginnt, in einer *Waldlandschaft mit Blick ins Tal* und anschließend in einem *Ausflugs- und Tanzlokal* weitergeht, auf dem *Fernsehturm* fortgesetzt wird und schließlich im *Stammlokal* von Jonas ein abruptes Ende findet – Jonas wird mit der Suchanzeige nach dem gestohlenen Hut und damit mit dem vermutlichen Besitzer *Martin Seiler* konfrontiert. Solche Sequenzen verleihen dem Drehbuch eine betont narrative Seite.

Wie schon im *Exposé* skizziert, sieht auch dieses Drehbuch am Ende den Selbstmord der Titelfigur vor. Thematisch im Sinn der paranoiden Psychose mochte dieser Schluss logisch motiviert erscheinen, dramaturgisch bedeutet er jedoch eine eher einfache Lösung, die eine vergleichbar konventionelle Publikumserwartung bedient hätte. Dem entsprach auch die letzte Szenenbeschreibung: Nanni, flankiert von den beiden Männern, die Fokussierung auf den Hut und der sentimentale Schluss-Satz: [...] *sagt Nanni erschrocken und wehmütig: "Jonas!"*

Nach Abschluss des *NRW*-Drehbuchs und mit der Erarbeitung einer neuen Fassung formulierte Domnick auf einem 2½-Seiten-Typoskript[59] eine Kurz-Charakteristik seines Films. Wieder sprach er einleitend und deutlich akzentuiert von *einem Dokumentarfilm*, betonte die *Kameraführung*, die Bedeutung des vom Tag zur Nacht wechselnden *Lichts* und pointierte die *einfache Story mit ganz wenig Dialog*. Er hatte also die umfangreichen *Jonas*-Monolog-Dialog-Partien stark gekürzt. Für die *Regie* nannte er *Gerard Rutten*[60] *aus Amsterdam*, für die *Kamera Andor von Barsy*[61] und für die *Hauptrolle* [Robert] *Graf*, wobei er allerdings dessen Vornamen irrtümlich mit *Richard* einsetzte.

> *Betr.: Filmvorhaben "JONAS"*
>
> *Es handelt sich um einen Dokumentarfilm. Ein Film, der rein optisch konzipiert ist und das Leben und die Arbeit in einer Großstadt schildert. Die Unruhe, der Rhythmus der Stadt, der Aufbau, das Angebot aller äusseren zivilisatorischen Glücksgüter wird durch eine sublimierte Kameraführung aufgezeigt. Die Kamera mit moderner Einstellung wird mit einer dichten Optik zum künstlerischen Träger dieses Films.*
>
> *Der Film hat eine einfache Story: Er spielt in einer Großstadt an einem Tag von morgens 5.30 Uhr bis Mitternacht. Der moderne Mensch, JONAS, überbeansprucht und überfordert, innerlich vereinsamt, wird mit dem Leben nicht fertig. Er gerät, verfolgt von einer alten Schuld, in eine paranoide Psychose und geht daran zugrunde. Die Psychose wird in ihren verschiedenen Stadien als psychologisches Problem nachfühlbar gemacht. Die Darstellung der Halluzinationen soll mit neuen filmischen Mit-*

---

59 Die Kopie der Kopie eines Typoskript-Durchschlags im Nachlass ist teilweise mühsam zu lesen, so dass ich sie – mit Domnicks Absätzen – abgeschrieben habe.

60 Gerard Rutten (1902-1982), Filmregisseur (TOTE WASSER, 1934).

61 Siehe zu von Barsy die Hinweise im Kapitel Dreharbeit.

teln gestaltet werden. Das Tageslicht (Morgen bis Nacht) unterstreicht die psychologische Situation.

Der Schuldkomplex wird durch einen Hut symbolisiert. JONAS kauft sich (erstmalig seit 10 Jahren) einen Hut, der ihm aber gleich in einem Lokal abhanden kommt. In einer Affekthandlung entwendet er einen anderen Hut. Dieser Hut, der das Monogramm M.S. trägt, erinnert ihn an einen Freund, den er vor 10 Jahren bei einer kriminellen Handlung (Schmuggel) bei der Verfolgung angeschossen im Stich liess. Die Schuld liegt ganz auf diesem Imstichlassen des Freundes. Er versucht auf verschiedene Arten sich des Hutes zu entledigen, was ihm aber nicht gelingt. Schliesslich verbrennt er ihn.

Bei allen diesen Situationen wird er durch tatsächliche Ereignisse und durch illusionäre Verkennungen immer wieder an seine alte Schuld erinnert und gerät in eine paranoide Reaktion.

Dabei wird das JONAS-Thema "Sühne durch Gebet" angeschlagen.

Dem Jonas, dem Typ des vereinsamten Menschen, wird ein junges Mädchen gegenübergestellt, die das Leben und die Lösung einer Schuld von ihrem naiven Standpunkt aus viel einfacher sieht. Ausserdem tritt als Antipode des JONAS ein erfolgreicher Geschäftsmann auf, der in seiner Oberflächlichkeit und hypomanischen Art keine Schwierigkeiten mit dem Leben hat. JONAS bezieht diese Figur, die immer wieder auftaucht, paranoisch auf sich als Verfolger.

Diese einfache Story wird mit ganz wenig Dialog, rein optisch versinnbildlicht durch Symbole und akustische Signale. Durch die Art der Kameraführung wird eine geheimnisvolle und erregende Atmosphäre geschaffen.

Für diesen anspruchvollen Filmstreifen wurden für die Regie Gerd R u t t e n aus Amsterdam und für die Kamera Andor von B a r s y aus München gewonnen. Für die Hauptrolle ist Richard G r a f von den Kammerspielen München vorgesehen.

Aus seinen im April/Mai 1956 an seinen Bruder Hans geschriebenen Briefen geht hervor, dass er um diese Zeit für die Regie Herbert Vesely vorgesehen hatte. Immer noch ist vieles in Bewegung, als nicht endgültig anzusehen. Domnick wusste um die Vorläufigkeit seiner Entwürfe.

Konzept mit Fotos

Zu den Ideen und Vorbereitungen im Kontext der ersten Drehbuch-Entwürfe gehört Domnicks Sammlung von Fotos bzw. Abbildungen, mit denen er für die bevorstehende Dreharbeit seine Bildästhetik dokumentieren und den Mitarbeitern, vor allem dem Kameramann, Anregungen vermitteln wollte. In seinen Erinnerungen heißt es:

> *So ging ich aufmerksam durch die Stadt und fand Objekte, Bilder, Ausschnitte. Um dem Kameramann klarzumachen, was mir vorschwebte, sammelte ich Fotos. Und so hatte mein Film bevor ich anfing - schon eine konkrete Substanz: Musik, Fotobuch, Reportage."*[62]

Im Brief an seinen Bruder Hans vom 6. Juli 1956 schrieb er:

> *Seit ½ Jahr beschäftige ich mich intensiv mit diesem Projekt und habe das Drehbuch wie ein amerikanisches detailliert durchgearbeitet mit Fotos, Zeichnungen, Standbildern, fotografisch festgelegten Motiven, Einstellungen etc.*

Im Nachlass ist kein Drehbuch mit einem *amerikanischen* Storyboard zu finden. Der Hinweis dürfte sich auf die Mappe mit der Bezeichnung *Erstes Konzept mit Fotos* beziehen. Es handelt sich um knapp hundert auf DIN-A4-Blätter aufgeklebte Bilder, die mögliche Motive und stilistische Vorlieben festhalten. Die meisten sind aus Katalogen, Illustrierten, Theaterheften u.ä. herausgenommen – Einstellungen in der Stadt, Schauspieler, Studien zu Menschen, Gesichtern, Augen, wobei die Schwarz-Weiß-Ästhetik und die Vorliebe für extreme Perspektiven in Unter- oder Aufsicht betont sind. Immer wieder sieht man starke Hell-Dunkel-Kontraste, Schatten/Licht-Effekte, Naturaufnahmen.

Seite 1 enthält folgende handschriftlich skizzierten Angaben zum Film:

> *Schuld-Komplex – Sensitiver autist. Psychopath – Flucht als Reminiszenz + Belastung – Freund mit Bindung – Nanni als movens – F.M. → paranoide Reaktion – Wirtin? – Reaktionen – Halluzinose.*

Die Fotos sind kombiniert mit der *NRW-Drehbuch*-Fassung: Den verschiedenen Drehbuch-Angaben entspricht ein ungefähres, keineswegs durchgehend eindeutiges Bildmotiv. Immerhin wird ein vorstellbarer Bezug zwischen geplanter Szene und ihrer Realisierung ausgedrückt. Einen direkten Text-Bild-Bezug gibt es beispielsweise zur Bahnhof-Se-

---

62 *Hauptweg und Nebenwege*. S.250.

quenz, zu der Domnick eine Aufnahme aus dem Stuttgarter Hauptbahnhof einklebte. Zu einer Einstellung *Straßenbank* folgt das Foto eines Zeitung lesenden Passanten auf einer Parkbank. Zu der Sequenz *Jonas und Nanni am Neckar* sieht man eine Fotografie mit Großaufnahme von Flusskieselsteinen im Wasser.

Zumindest zwei Bild-Seiten lassen sich genau datieren, so dass, zusätzlich zur Zeitangabe im Juli-Brief an seinen Bruder (*seit ½ Jahr*), ein ungefährer Rückschluss auf den Herstellungszeitraum dieser Bildersammlung möglich wird: Ein Zeitungsausschnitt mit Bild *Konstruktive Phantasie am Bahnhof Termini in Rom* verweist auf einen Artikel *Neues Bauen in Italien* vom 28. April 1956 und der Bildausschnitt mit dem Text *Stuttgarts Fernsehturm eingeweiht* bezieht sich auf das entsprechende Einweihungsdatum des 5. Februar 1956.[63]

Hinzukommen auf drei Seiten Kontaktabzüge vom Kleinbildfilm, die Domnick selbst gemacht hat: ein riesiges Baugelände für die Fluchtsequenz, die Brücke von unten, Hochhäuser, nahezu menschenleere Stadtansichten oder die nächtliche Lichter-Stadt mit Passanten.

Der Vergleich einzelner Bilder mit Einstellungen aus dem Film zeigt, wie Domnick bis in Details seine visuellen Ideen vorbereitete und realisierte. Hier zwei der auffälligsten Parallelen:

(12) Links aus Domnicks Foto-Konzept, rechts Einstellung aus JONAS.

---

63 Der Text lautet: [...] *eines der kühnsten Bauwerke Europas - der Fuß 483 m ü.M, 632 m ü.M hoch - Durchmesser von 10,8 m unten - Korbansatz 4,04 m - 600 Personen Platz in Gaststätte und Plattform - 15 Personen im Aufzug in 42,5 Sek oben - 800 Stufen als Notausgang -* .

(13) Foto links von Otto Steinert (*Appell*, 1950/51), eingeklebt auf S.16, vgl. mit dem für die Kino-Reklame fotografierten Bild zu JONAS.

Das folgende Foto enthält eine eher indirekte und ironisch lesbare Anspielung an den ursprünglich von Domnick geplanten Filmschluss (Jonas springt in den Fluss).

(14) Letztes Foto aus der Konzept-Mappe.

2. Drehbuch »Titel, Trick«

Konzeption

Aus den 59 Seiten der bisher vorliegenden 1. Drehbuch-Fassung (*NRW-Antrag*) erarbeitete Domnick in kurzer Zeit (ca. April/Mai 1956) ein 66-seitiges Drehbuch mit 51 durchnummerierten Szenen und Einstellungen.

Das Typoskript hat keine förmliche Überschrift. Auf der ersten Seite ist die erste Zeile *1. Eine Stadt erwacht* durchgestrichen und stattdessen – für den Titel-Vorspann – darunter getippt *1. Titel, Trick* (danach bezeichne ich dieses Drehbuch mit dem Kennwort *Titel, Trick*).

Die 51 Szenen-Bezeichnungen markieren von Anfang bis Ende die verschiedenen Handlungs- und Drehorte in Stuttgart. Domnick hielt also auch in dieser Fassung an der dokumentarischen Absicht fest. Gleichzeitig, und in einem gewissen Widerspruch dazu, verstärkte er seine Idee, diese Orte als möglichst abstrahierte Zeichen des Anonym-Städtischen zu inszenieren. Bereits der Titel-Vorspann beginnt mit Morse-Tönen und dem schmalen Lichtbündel eines Scheinwerfers, der vom Stuttgarter Fernsehturm ausstrahlt. Dieser Scheinwerfer gleitet in Trickaufnahmen über die Porträt-Köpfe der Hauptdarsteller hinweg, hebt sie kurz aus dem Dunkel heraus, in dem sie wieder verschwinden. Domnick wird diese einleitende Trick-Sequenz beibehalten. Sie verweist auf die überindividuelle Öffentlichkeit, in die das folgende Geschehen eingebettet ist.

Manche Szenen und Einstellungen zeigen weiterhin die film-narrative Unsicherheit Domnicks, vor allem, wenn es um die Unterscheidung von Haupt- und Nebensachen oder um die Motivierung bestimmter Handlungen geht. Beispielsweise die Sequenz, in der Jonas zur Verdeutlichung seines diffusen Bedrohungsgefühls durch den Maschinensaal der Druckerei geht (71. – 81a.) oder die kurze Sequenz (152. – 154.), in der er mit seiner Mutter telefoniert, wobei er sie fragt: *Sag mal Mutter, hast du mal was von Martin Seiler gehört? Vielleicht taucht er doch mal wieder auf.*[64]

Weitschweifig liest sich auch das Gespräch in der Stammkneipe, wenn Jonas und der Kellner über den gestohlenen Hut sprechen:

Ober:	Ihre Wirtin nannte dem Herrn Ihr Stammlokal, es sei ein alter Bekannter von Ihnen ! Haben Sie eigentlich Ihren Hut wieder bekommen ?
JONAS hört weg, steckt sein Geld ein. Piccolo kommt dazu, zum Ober:	Kollege, den habe ich doch persönlich dem Herrn nachgetragen. Der Herr gab mir doch noch ein Trinkgeld.
Ober zu JONAS:	Das ist ja schön, dass sich Ihr Hut wieder gefunden hat.
Kellner/ kommt dazu. Alle drei stehen statuenhaft, JONAS gegenüber, Kellner:	Aber der Herr sah doch ganz anders aus, der seinen Hut vermisste . . den Hut mit dem Monogramm M.S. Der hatte auch nur einen Arm...
Ober zu Piccolo:	Hast Du dem Herrn vielleicht einen falschen Hut nachgebracht ?
Piccolo zu JONAS:	Wo ist denn der Hut ?
Lautsprecher:	Ans Telefon . . ein gewisser Herr JONAS.
Ober zu JONAS:	Das ist sicher der Herr, der nach Ihnen fragte.
zu Kellner: (Kellner bleibt aber stehen)	Kassier mal drüben.

Zu diesen überdeutlich bzw. redundant formulierten Partien gehört z.B. auch das Wortspiel (in 158.) mit dem Hut-Symbol (*behütet*, *in Gottes Hut*) oder die Dialoge zwischen Nanni und Jonas. In der vorliegenden Kopie sind Teile davon bereits von Hand durchgestrichen (z.B. der

64 In der vorausgehenden Drehbuch-Fassung war an dieser Stelle vorgesehen, dass Jonas seiner Mutter eine Postkarte schreibt.

direkte Verweis auf die biblische Jonas-Erzählung) und in der letzten Fassung sind derartige Füll-Szenen nicht mehr enthalten.

Deutlicher herausgearbeitet sind einzelne Szenen, die den zunehmenden Verfolgungswahn zeigen, beispielsweise die folgende kurze Sequenz:

<u>37. Strasse,nachts</u>

<u>205.</u> Bahngleise. JONAS irrt umher. man sieht ihn auf Bahndamm, Schienengleise. Man sieht ihn über die Gleise kriechen, den Bahndamm wieder herunter. Die Gleise sind durch den Regen glänzend schwarz.	Man hört in der Ferne Pfeifen von Zügen und das Rollen der Eisenbahnen. Stimme: ~~Ich schrie aus dem Bauch der Hölle und du hörtest meine Stimme.~~
<u>206.</u> Dunkle Strassen, auf denen JONAS umherirrt.	~~Du warfst mich in die Tiefen mitten im Meer, dass die Fluten mich umgaben~~ . . .

In diesen Einstellungen verschränkt sich ein Bild-Reservoir wie aus dem Film noir (vom Regen glänzend schwarze Bahngleise, dunkle Strassen) mit dazu konformen Tönen (Eisenbahn-Pfeifen, rollende Räder) und dem expressiven Bibeltext des Propheten Jona.

Bild und Ton

Wie eine zwischen der letzten Ruttmann-Reminiszenz und ihrer endgültigen Überwindung stehende Bild-Idee ist in diesem Drehbuch eine Sequenz aus rasch wechselnden Stadt-Bildern und Verkehrszeichen vorgesehen. Damit ist die zuvor eher langsam-allmähliche bzw. *crescendoartige* Annäherung an die Stadt und ihre Hauptfigur durch eine ausdrückliche Stadt-Montage ersetzt.

Sie beginnt mit den Flugaufnahmen, wechselt zu Gebäuden und Verkehrszeichen und endet mit einer Kranfahrt auf das Fenster von Jonas. Damit hatte Domnick Bildmotive und Kamerabewegungen gefunden, an denen er auch im letzten Drehbuch und damit für die Dreharbeiten festhielt. Diese 22 Einstellungen geben einen aufschlussreichen Einblick in die Entstehung der dann im letzten Schritt, mit dem neuen Text von H.M. Enzensberger, radikal verdichteten Stadt-Montage.

Auch die Tonspur wurde aus der *NRW*-Fassung weiter entwickelt in Richtung abstrahierter Geräusche (Morsezeichen, Fingerknipsen, Boschhammer, rhythmischer Maschinenlärm, auf den Boden fallende Öltropfen, Radio-Fetzen, hallende Schritte, aus der Ferne eine Sirene).

Eine Besonderheit, die bis zum Schluss beibehalten wurde, findet sich gegen Ende des Films, wenn Jonas, allein im Hutladen, mehr und mehr in seine Halluzination gerät. Domnick lässt Jonas *wie Bajazzo* vor einem imaginären Publikum auftreten, dessen Lachen eingeblendet werden sollte. *Damit hat man die Publikums-Reaktionen aufgefangen* notiert das Drehbuch als Kommentar zur Szene. Vor allem diese lang ausgespielte Sequenz führte nach der Uraufführung zu Kürzungs-Ideen.[65]

Um die *Halluzinose* bildlich zu erfassen, waren surrealistische Einstellungen und filmtechnische Tricks vorgesehen. Es heißt im Drehbuch:

46. Trick Halluzinationen 2

2281

Halluzinose von JONAS, Photo-montage. Abschnitte,übereinander kopiert. Negativ. Dann durch An-wärmen Zerfliessen der Filmober-fläche mit partieller Auflösung	Dazu konkrete Musik mit Thema:Pfiff und Blues. Gesprächsfetzen.

Aus der Beschreibung der Tonspur lässt sich als ein bemerkenswertes Faktum die Angabe *Dazu konkrete Musik* entnehmen. Denn genau das – konkrete Musik – war das Stilmerkmal der für die Endfassung komponierten Filmmusik. Es sind auch solche unscheinbaren Indizien, die andeuten, wie sich Domnicks Ideen und Vorstellungen durch die spätere Zusammen-

---

65 Siehe das weiter unten folgende Kapitel *Uraufführung*.

arbeit mit Enzensberger und Zillig immer mehr konkretisierten und damit auch realisierten.

Die Bildbeschreibung geht weiter:

> [...] *mit partieller Auflösung der Emulsion, so entwickeln sich aus realen Dingen wie Hut-Gebüsch-Monogramm etc. abstrakte Gebilde oder amorphe Schatten, die einer Vision entsprechen: Qualmender Hut – Wirtin – Polizei – Freund M.S. – Maschinenwalzen – Tanzlokal – Fernsehturm.*

Und damit beginnt die Halluzination:

48 Hutladen .

230.

Dann wieder Laden. JONAS ist aufgestanden. Dunkel. Er steht im Laden. Probiert jetzt Hüte. Ganz unheimlich und viel Schatten. Und Spiegel, die ihn verzerrt zeigen. - Er ist umdämmert. Spielt die Verkäuferin. Steht hinter dem Ladentisch. - Man hört aber nichts. Nur groteske Mimik. Er übergibt einem Phantom einen Hut, den er dann selber probiert, sich spiegelt. -	Verhallende Schritte. Dann ganz still.

231.

Reihenköpfe im Spiegel. Dann einen Strohhut. Mit anderem Ausdruck. Dann einen Zylinder. Wie zum Begräbnis. (Das Publikum lacht). Er hört diese Stimmen.	Lachen des Publikums.
Dreht sich plötzlich um, schaut direkt in die Kamera. - Und lacht wie Bajazzo - höhnisch - verzweifelt. (Damit hat man die Publikums-Reaktion audgefangen). Scharfer Schnitt - weg !	

Zeit und Ort

Die konkrete Annäherung an die Filmerzählung zeigt mit einer Hubschrauber-Aufnahme die *allmählich heller* werdende Stadt aus der Flugzeugperspektive. Die folgende Auflistung nennt aus den 51 Szenen rund 25 Drehorte, die, nach dem Titelvorspann, als teilweise mehrfach wiederkehrende Schauplätze vorgesehen waren:

> *2. Stadt – Verkehrsschilder, morgens / 3. Zimmer des Jonas, morgens / 4. Arbeitsweg, morgens (2) / 5. Druckerei / 6. Bahnhof, morgens / 7. Druckerei / 8. Großstadtbetrieb, mittags / 9. Hutsalon / 10. Stammlokal / 11. Schlossplatz / 14. Stammlokal / 16. Brücke / 19. Bahn – Postamt / 20. Kirche / 21. Strasse / 24. Am Neckar / 26. Gartenlokal – Geroksruhe / 27. Fernsehturm 1 / 31. Polizeiwache / 32. Weinsteige / 33. Strassenbahn / 37. Strasse, nachts / 49. Bar / 50. Wartesaal / 51. Strasse nachts.*

In allen nachfolgenden Änderungen des Drehbuchs blieb es weitgehend bei diesen Drehorten, wie man nicht zuletzt aus einer Liste ersehen kann, die Domnick nach der Kino-Aufführung und im Zuge der Propagierung seines Films aufstellte. Unter der etwas reißerischen Überschrift *Drehorte – auch hier spielte eine Szene aus dem Film JONAS –* zählte er sie auf, vom *Bahnhof* über die *Stuttgarter Nachrichten*, das *Rathaus*, das *Bekleidungshaus Breitling* (Modepuppen), den *Hut-Müller* oder das *Café Mettenleitner* Ecke Friedrichstrasse bis zum *Zeitungsstand* von *Wittwer*, der *Christuskirche Gänsheide*, dem *Schuhgeschäft Pett-Braun* und der *Schulstraße*. Dabei schien ihm die – auf Stuttgart-Kenner begrenzte – die Reklame-Wirkung wichtiger zu sein als die vom fertigen Film suggerierte städtische Anonymität.

Im vorliegenden Entwurf sind also die lokalen Bezüge immer noch ausgesprochen betont. So heißt es einmal zu den Aufnahmen auf dem Fernsehturm: *Grosses Panorama. Wenig Horizont. Hinten der Asperg.* In ähnlicher Weise sind andere Drehorte mit den konkreten Ortsbezeichnungen eingetragen (z.B. *Panorama Weinsteige*). Noch blieb es bei der lokalisierbaren Doku-Atmosphäre.

Aus den langen Dialog-Passagen nahm Domnick die zivilisationskritischen Monologe, die er Jonas in den Mund gelegt hatte, wieder heraus. Stattdessen betont er stärker die schuldbeladene Angst und die daraus begründete Zurückhaltung gegenüber Nanni: *Ich will nicht, dass Sie unglücklich werden. Menschen wie ich bleiben am besten allein.*

Die wichtigste Änderung betraf den Schluss: Jonas *verschwindet im Dunkel der Strasse*. Damit verließ Domnick eine entscheidende Dimension des Schuld-Strafe-Komplexes: Jonas' Selbstbestrafung durch den Sprung über die Brücke in den Fluss. Statt dessen entschied er sich für das offene Ende. Genau daran sollte sich ein Teil der Kritiker nach Ur- und Erstaufführungen stoßen.

Das damit für den Film-Schluss aufgegebene Selbstmord-Motiv wird Domnick in der letzten Dreh-Fassung für die Film-Eröffnung verwenden, dann aber nicht mehr auf Jonas fixiert, sondern als statistische Größe: *Mehr Selbstmorde als Verkehrsopfer.*

51. Strasse nachts
= = = = = = = = = = =

235.

JONAS auf einsamer Vorstadtstrasse mit wenig Lampen. Düstere-öde Strasse. Etwas neblig. JONAS geht langsam. Kamera sieht ihn von hinten	Aus der Ferne eine Sirene.
JONAS bleibt stehen und schaut mit dem Kopf nach der Sirene um, man sieht seinen merkwürdig gespannten Blick, schaut kurz in die Kamera, bleibt stehen. Sein Gesicht wird angestrahlt von dem Scheinwerfer der hinter ihm herkommenden Polizeistreife. Die Streife fährt mit dem typischen BMW-Motorengeräusch an ihm vorbei, man hört wieder:	Weitergehen ! Nicht stehen bleiben !
Die Streife verschwindet rasch. JONAS dreht sich wieder um und geht weiter, weiter und verschwindet im Dunkel der Strasse.	

E N D E !

Zwischenspiel 1: Briefwechsel mit Hans Domnick[66]

Zu den sehr persönlichen Partien im Entstehungsprozess von JONAS gehört ein Briefwechsel der Brüder Ottomar und Hans Domnick. Hans, versierter Filmproduzent in der Göttinger Produktionsfirma "Filmaufbau GmbH.", stand mit seiner nüchternen Sicht auf die geschäftliche Seite der Filmarbeit den ihm weltfremd erscheinenden Absichten seines Bruders mehr als skeptisch gegenüber. Er war, als Fachmann, schon früh in die Pläne eingeweiht worden, zuletzt schien es ein Telefonat gegeben zu haben, und so schrieb er am 22. April 1956[67]:

Lieber Ottomar!

Noch einmal will ich zur Feder greifen – bevor Du den endgültigen Startschuß zu Deinem Film gibst. Es ist brüderliche Sorge, die mich diese Zeilen an Dich schreiben läßt! Ich weiß, es ist schwer, Dich von Deinem Plan abzubringen – und Du nimmst den Mut zu diesem Abenteuer aus der Überzeugung: 'Alles, was ich bisher gemacht habe, ist mir gelungen! Ich bin unbelastet, ich kann alles billiger drehen! Habe nur Vertrauen!' Nun - überprüfe zunächst Deine Filme auf ihren echten Erfolg!

'Neues Sehen – neue Kunst' wurde seiner Zeit mit dem Film 'Montevideo[68]' gekoppelt. Dadurch konnte er einen Verleiher finden. Du bekamst 15.000 DM und glaubtest, damit sei Dir ein Geschäft gelungen. Vergiß dabei nicht die glückliche Konstellation der Koppelung mit 'Montevideo' [...]. Ich konnte den Beifilm aussuchen – und dadurch kam das Geschäft zustande. Vergiß nicht, daß der Film als solcher kein Publikumserfolg wurde. Du hast es selbst in Stuttgart erlebt, wie der Film abgesagt werden musste. Daß er einen Preis bekam, liegt an der Thematik und der erreichten Qualität für diesen außerhalb des Üblichen liegenden Films. Aber zu verkaufen im echten Sinne war dieser Film weder im Inland noch im Ausland! – Mit dem Baumeister-Film verhält es sich genau so. [...] Und schließlich denke an die wirtschaftliche Auswertung Deiner letzten Bücher! – Ich weiß nicht, ob Du bei nüchterner Betrachtung dieser 3 Objekte sagen kannst – Dir wäre bisher alles geglückt! Sicher, Du hast Dein Geld zurückbekommen – Du selbst – aber andere haben dafür bezahlen

---

66 Hans Domnick (1909-1985), Filmproduzent, Drehbuchautor und Regisseur, populär geworden durch seinen mehrteiligen Film TRAUMSTRASSE DER WELT (1958ff).

67 Anmerkungen in den Briefen vom Verf. GV.

68 *Montevideo* verweist auf den Erfolgsfilm DAS HAUS IN MONTEVIDEO, den Hans Domnick, zugleich Mitautor des Drehbuchs, mit seiner eigenen Firma "Domnick Filmproduktion" 1951 hergestellt hatte. Regie: Curt Goetz und Valerie von Martens.

müssen. Aus sich selbst heraus sind alle 3 Objekte kein wirtschaftlicher Erfolg geworden. Und nun gehst Du an einen großen Spielfilm heran, der in seiner produktionstechnischen Durchführung und seiner wirtschaftlichen Rentabilität überhaupt nicht mit Deinen bisherigen Projekten verglichen werden kann! Und Du sollst Dir in dieser Hinsicht meinen Rat mehr anhören als Stellungsnahmen zu dem Stoff von Elling oder Ludwig oder den Leuten, die nur am 'Ball' bleiben möchten und in dem Objekt vielleicht eine gute Möglichkeit für ihre künstlerische Chance sehen!

180 000 DM sind eine ungeheuere Summe für jeden Spielfilm, der nicht im großen Maße sein Publikum findet. In diesem Jahre werden mindestens 25% der hergestellten Filme diese 180 000 DM nicht einspielen, darunter ausgezeichnete Filme wie "Himmel ohne Sterne",[69] *"Mamitschka",*[70] *"Ein Mädchen aus Flandern"*[71] *und viele Andere. Viele Filme haben bisher noch nicht einmal ihre Kopierkosten eingespielt, dutzende von Produzenten und Verleihern werden in diesem Jahr keine Filme mehr herstellen können, selbst wenn sie nur 180.000 DM kosten! Ich kann meine Stimme garnicht laut genug erheben, weil ich weiß, daß Dich dieses Abenteuer eines Tages mehr Nerven kosten wird als aller Optimismus, mit dem Du jetzt leichtsinnig ans Werk gehst. Herr Rutten ist ein verkrachter Regisseur und hat bisher noch nichts bewiesen. Sein 'Totes Wasser' war die Arbeit seines Kameramannes.*[72] *Ich kenne ihn von der Ufa her – er hat uns damals mit dem Projekt 'Mona Lisa' viel Geld gekostet. Ich kenne auch seinen Leumund. Er ist weiß Gott nicht gut. – Du holst Dir Schauspieler, die noch keiner kennt und daher verleihmäßig – d.h. im Verkauf – keine Anziehungskraft besitzen. Ganz abgesehen von der noch nicht erwiesenen schauspielerischen Leistung! Und Du machst einen Stoff, der kaum Chancen hat für eine Publikumswirksamkeit, die Du aber benötigst, soll der Film nicht zu einem völligen Fiasko werden.*

Bei 180 000 DM Herstellungskosten müssen (incl. Kopie-, Start- und Verleihkosten) über 350 000 DM beim Verleih eingehen, d.h. es müssen diesen Film rund 1.000.000 Menschen gesehen haben!! –

---

69 Mit diesen Filmen verweist Hans Domnick auf Göttinger Produktionen, hier auf den Helmut Käutner-Film von 1955, mit dem jungen Horst Buchholz und einer Garde damals bekannter Namen.

70 Regie: Rolf Thiele. 1955.

71 Regie von Käutner, mit Friedl Behn-Grund, bereits seit den späten Zwanziger Jahren ein hochgeschätzter Kameramann. IMDb listet 165 Filme auf, in denen er die Kamera führte. http://www.imdb.com/name/nm0005650.

72 Den hier gemeinten Kameramann Andor von Barsy wird Domnick am Ende engagieren.

Einen Film auf die Beine zu bringen ist halb so schwer wie später dann das Geld herauszuholen. –

Aber erst muß einmal der Film 100% gedreht und gekonnt gemacht sein!! Wem gegenüber willst Du gerade stehen, wenn der Film nicht die Mindestlänge von 2.300 – 2.500 Meter erreicht? Das sind über 80 Minuten Spielzeit – und diese Zeit will mit jedem Meter ausgefüllt sein! Was willst Du machen, wenn der Columbia-Verleih den Film nach der Besichtung nicht abnimmt??? Wo sind in diesen Augenblicken alle Deine Mitarbeiter?? In alle Winde verstreut – und Du stehst einsam und verlassen da und jeder wird Dich zur Verantwortung ziehen! Du arbeitest mit fremdem Geld – und dann wirst Du diese ganze Branche und die Menschen kennen lernen! Du stürzt Dich in das größte Abenteuer Deines Lebens – und Du willst nicht auf mich hören, der ich seit 20 Jahren dieses Handwerk gelernt habe und diese Industrie kenne. Es ist die größte Gefahr, zu sagen, 'ich mache das schon, was soll mir schon passieren, ich will noch etwas Besonderes schaffen!'

Schön und gut – in Deinem Beruf, den Du gelernt hast und den Du beherrscht. Aber traue Dich nicht in Gebiete, die zu den schwierigsten gehören und die man schließlich durch eine Unsumme von Erfahrungen gelernt haben muß!

So leicht ist das alles nicht – und eines Tages wirst Du Dir sagen müssen, hätte ich nur auf den Menschen gehört, der mir mehr sagen kann als alle anderen! [...]

Ich schreibe Dir dies alles in größter Sorge um Dich selbst. Ich tue es, weil ich nach unserem letzten Telefongespräch am 20. April keine innere Ruhe mehr habe. Ich will mit diesen Zeilen im letzten Augenblick zu verhindern versuchen, daß Du eine Verantwortung auf Dich lädtst, die Du – wenn Du Dir selbst ehrlich gegenüber bist – garnicht tragen kannst. Ich kenne zu gut Dein Domnicksches Temperament: 'Habe nur Vertrauen, ich mache das schon!'

Ich sage Dir – man soll nicht zu Sternen greifen!! Und rede Dir nicht ein, Du könntest alles besser als die übrigen Filmproduzenten. Du wirst Dein blaues Wunder erleben! – wenn Du die Kugel nun trotzdem ins Rollen bringst – nun – ich kann es dann nicht mehr verhindern. Ich kann es nur als den fast sträflichen Leichtsinn bezeichnen – und davor möchte ich Dich mit meiner ganzen brüderlichen Liebe bewahren!

Höre ein einziges Mal auf mich - bevor es zu spät ist. Dieses Abenteuer wird und kann kein gutes Ende nehmen. Und weil ich es weiß und

1000 mal besser wissen muß als alle Deine übrigen Berater. Darum handele entsprechend!!!

In brüderlicher Liebe und in der Hoffnung, daß ich diese ernsten Zeilen nicht umsonst geschrieben habe, grüßt Dich Dein Hans[73]

Die Absicht ist überdeutlich und damit unmissverständlich ausgesprochen. Auf Grund der Erfahrungen mit eigenen Produktionen und den Finanzproblemen mit Filmen aus der Göttinger Firma wollte Hans Domnick die Gefahren eines Scheiterns im Fall seines Bruders nicht ignorieren. Allerdings dürften Ermahnungen, nicht nach den Sternen zu greifen, bei Ottomar ins Leere gezielt haben, denn genau das wollte er ja mit seinem ersten abendfüllenden Spielfilm.

Sein Antwortbrief vom 28.4.1956 nimmt daher zunächst die Einwände ernst, stellt ihnen dann aber die eigene Konzeption, Erfahrung und vor allem den unbedingten Glauben an ein Gelingen gegenüber. Von seinem Bruder erwartet, ja erbittet er erneut Vertrauen. Dieses könne sich nicht zuletzt auch auf all jene stützen, die ihm aus den verschiedenen Bereichen, privat und öffentlich, ihre Zustimmung signalisiert hatten.

Auch dieser Antwortbrief formuliert deutlich, worauf es Domnick ankommt. Die wiederholte Bitte um Vertrauen drückt aus, was er selbst von Anfang an zur Grundlage seiner Zusammenarbeit mit dem Team gemacht hatte. Und dass er seine Frau Greta als kritische Begleiterin nennt, findet eine rein äußerliche Bestätigung in deren zahlreichen Randnotizen in einem der Drehbuch-Entwürfe.

Lieber Hans!

[...]

Du hast absolut recht, wenn du mich vor einem wirtschaftlichen Abenteuer warnst. Du kennst diese Filmbranche seit 20 Jahren und nur zu gut weiss ich selber, wie schwer alles ist. Aber ich möchte doch etwas ganz anderes. Eben das, was dem deutschen Film fehlt und was ihn international gesehen so uninteressant macht.

73 16 DIN-A5-Seiten, handschriftlich.

Wenn ich am Telephon sagte: Hab doch Vertrauen, so meine ich doch damit nicht die wirtschaftliche Seite, sondern die Qualität und auch nur so ist meine ganze bisherige nebenberufliche Tätigkeit aufzufassen. Du machst mir eine Bilanz wie mein Buchhalter aber vergisst dabei die Hauptsache, nämlich mein Anliegen: künstlerisch tätig zu sein. So wie ein Maler eben ein Bild malen muss und wie ein Bildhauer eine Plastik macht. So entdeckte ich 1948 Hartung und hob ihn mit in den Sattel. Er ist heute eine Weltpersönlichkeit und international anerkannt absolute Spitze.in der modernen Malerei. Mein Buch über ihn ist ein Bekenntnis zur modernen Malerei und eine Entdeckung dieses Mannes. Dieses Buch hat, um auch die wirtschaftliche Seite zu berühren, eine 2.Auflage in Aussicht und hat sich schon längst durch den grossen Hartung- Besitz, den wir haben, bezahlt gemacht. Ein Hartung-Bild kostet heute DM. 20.000,- Es ist doch mehr wert, als wenn ich im Ro-Ro-Verlag eine Story geschrieben hätte, die zwar ein geschäftlicher Erfolg, aber künstlerisch gesehen eine hässliche Fliege wäre.

Mein erster Fil, Neue Kunst- Neues Sehen wurde zwar ausgepfiffen, aber ich erhielt trotzdem einen Bundesfilmpreis. Den Film sahen mindestens 5-10.000 Kunstinteressierte Menschen und das genügt. Im übrigen habe ich ihn in 3 Tagen und Nächten in München an Herzog verkauft. Das war vielleicht mein schwerstes Geschäft, das ich bisher durchführen musste. Ich werde diese Tage nie vergessen. Und dann der Baumeister-Film, für den ich zwei Preise bekam, der in Paris und Amsterdam Aufsehen erregte. Er ist wohl das schönste Denkmal für den Mann, der nicht mehr unter uns ist. Dass ich ihn darüber hinaus mit 100% Gewinn verkaufen konnte, und auch bezahlt erhielt, ist schliesslich auch etwas. Der Film wird sich in einigen Jahren auch für Kirchner bezahlt machen. Er ist jetzt z.B. nach London an die Television verkauft.

Das sind also die drei grossen Projekte, aus denen Du eine negative Bilanz ziehst und ableitest, dass mein nächstes Projekt, einen Spielfilm zu machen, zu einer Katastrophe führen müsste. Ich will doch nicht zuden tausend Spielfilmen einen noch dazu machen. Ich will was anderes, was modernes, und der Filmindustrie zeigen, dass man mit wenig Aufwand eine gute Sache machen kann. Es ist selbstverständlich Voraussetzung, dass ich eine Unterstützung, eine finanzielle Hilfe bekomme. Mein Antrag beim Kultusministerium Nordrhein-Westfalen ist gestellt und positiv beurteilt worden. Wenn Else und Ludwig und Agnes und alle andern mir raten, so etwas zu machen, so doch wohl im Hinblick auf meinegenerelle Einstellung zur Kunst und die gleichen Befürwortungen habe ich von den offiziellen Filmbehörden. Man hat einfach Vertrauen, weil mein bisheriges Leben und meine Arbeit auf künstlerischem Gebiet Vertrauen begründet. Und ich finde, du solltest auch Vertrauen haben. All deine wirtschaftlichen Bedenken respektiere ich. Aber ich will ja nicht davon leben. Ich möchte einen Film machen, wie ich ihn mir in seiner ganzen optischen Konzeption vorstelle, zwingend, still, kein Theater, wenig Dialog und musikalisch. Ich habe die 4 Schauspieler, die noch nie vor der Kamera standen, aber die habe ich mir gesucht, weil sie das Gesicht haben, das ich mir vorstellte. Ich will keinen Lampenpark. Ich will überhaupt diesen ganzen Stab- Aufwand nicht.

Vertrauen haben heisst hier: hat das, was ich bisher machte, Qualität. Nur darauf kommt es mir an. Wenn darüber hinaus noch ein geschäftlicher Erfolg dabei ist, dann soll es uns alle freuen. Aber ein Film wie z.B. von Vesely:"Nicht mehr fliehen" hat doch mehr Berechtigung und ist von mehr Verantwortung getragen als Rühmanns Charleys Tante, der ein Millionen-Erfolg wurde. Das interessiert nicht. Da du von Verantwortung sprichst und sträflichem Leichtsinn, so möchteich zu meiner Rechtfertigung sagen, es gehört doch weiss Gott mehr Verantwortung dazu, für einen solchen modernen Film einzustehen und ihn auf die Beine zu stellen als irgendeinen Reisser, dessen Thema und Durchführung überhaupt den Namen Verantwortung nicht in Anspruch nehmen dürfen. Du beschwörst mich in brüderlicher Liebe, die Kugel nicht ins Rollen zu bringen. Wie schwer du es mir machst. Glaubst du denn, dass ich mit 50 Jahren mich in ein Abenteuer einlasse? Schliesslich formt auch der Beruf. Meine künstlerische Tätigkeit hat weder etwas mit Leichtsinn xxxx zu tun noch ist sie ein vabanque-Spiel. Es ist eine - so hoffe ich - künstlerisch produktive Tätigkeit, die bisher in meinem Leben auch von künstlerisch veranlagten Menschen so gesehen und gewertet wurde. Vertrauen, um das ich dich hier bitte, heisst also hier Wissen um künstlerische Dinge. Und Wissen um deren Realisierung. Dass ich darüber hinaus über gewisse organisatorische Fähigkeiten verfüge,kannst du aus meinem bisherigen Leben ablesen. Ich bin durchaus kritisch und zur Seite steht kritisch Greta.

Wenn du schreibst, das kann nicht gut gehen, das kann keine gute Sache werden, so bestärkt mich das nur mehr darin, mir noch mehr Mühe zu geben und dich nicht zu enttäuschen. Ich kann nichts anderes tun in meinem Leben als das, was in mir nach Gestaltung verlangt. Ich hoffe, dass auch du diesen Gesichtspunkt verstehst, der weiss Gott aus einer grösseren Verantwortung kommt als der Gesichtspunkt rein geschäftlicher Belange.

Wir haben uns immer ganz offen gegenseitig beraten, ich respektiere durchaus all deine Gesichtspunkte, die jedoch auf anderem Sektor liegen. Vielleicht respektierst du aber auch meine Bestrebungen.

Mit herzlichen brüderlichen Grüssen

Dein

Aus einzelnen Sätzen lässt sich, ergänzend zur letzten Drehbuch-Fassung und sie mit den Dimensionen der *Vorstellung* übertreffend, ableiten, dass Domnick Ende April 1956 sehr genau wusste, worauf es ankam:

Ich möchte einen Film machen, wie ich ihn mir in seiner ganzen optischen Konzeption vorstelle, zwingend, still, kein Theater, wenig Dialog und musikalisch.

Ohne Übertreibung: So hätte er auch im Rückblick auf den fertigen Film schreiben können. Das Problem war nur: Wie würde er dieses hochgesteckte Ziel erreichen können?

Nicht überlesen sollte man die eingangs erwähnte Konzert-Situation. Wieder einmal ist es die Musik, die ihm die Nähe zu seinem Film-Projekt suggestiv bewusst macht. *[...] ein wunderbares Orchester, klein, intim und doch so gross. So einen Film möchte ich machen.*

Selbstbewusst zählte er dem skeptischen Bruder seine bisherigen Aktivitäten zur Kunst auf – *drei große Projekte* - und bestand darauf, es gehe ihm um die Kunst, nicht um ein Geschäft. Und weil er dies so unbeirrt verfolgte, konnte er auch auf den Zuspruch anderer verweisen.

Alle Gründe und Beteuerungen ändern jedoch nichts daran – am 3. Mai 1955 kommt ein weiterer Brief des Bruders [4 DIN-A4-Seiten], diesmal aus Berlin, Hotel am Zoo, der Ottomar erneut eindringlich vor allem vor dem finanziellen Risiko warnt:

Aber anscheinend reden wir aneinander vorbei. Das, was ich Dir in brüderlicher Sorge geschrieben habe, betrifft nicht die künstlerischen –

sondern die wirtschaftlichen und produktionstechnischen Belange. Du planst einen Spielfilm mit einem Kostenaufwand von 180.000 DM. Wenn Dir jemand das Geld zur Verfügung stellt, um damit ein künstlerisches Experiment zu machen, dann brauchten wir über die ganze Angelegenheit nicht zu reden. "Nie [sic!] mehr fliehen" war vom ersten Tage darauf angelegt, daß das Geld nicht zurückkommt. Der Film hat 100.000 DM gekostet und man wird sich damit abfinden, daß dieses Geld verloren ist. Was Du aber für die Amortisation Deines Films benötigst – das sind eine Million zahlende Zuschauer! Und hier liegt die ganze Kernfrage und der Vergleich mit Deinen anderen beiden Filmen. Und in dieser Beziehung habe ich Dir geschrieben, eine Bilanz zu ziehen!

Auch wenn Dir das Land Nordrhein-Westfalen aus dem Fundus des Kultusministeriums Geld geben sollte – auch diese ..... wollen eines Tages das Geld wiedersehen. – Vergiß nicht etwas anderes: Bei Deinen beiden Kunstfilmen konntest Du mit .... zusammen in Ruhe arbeiten. Es stand nicht viel Geld auf dem Spiel. Jetzt bist Du abhängig von der Arbeit anderer Menschen, des Regisseurs, des Kameramanns, der Schauspieler und aller anderen Mitarbeiter. Deine persönlichen Vorstellungen kannst Du nur noch ganz bedingt realisieren. Ich habe das bei den Außenmotiven in Bremen erlebt. 800 m hat Wagner – unser bester Kameramann in Deutschland – für ein paar stumme Schüsse als Überleitung von Berlin nach Bremen verdreht! Praktisch konnte ich davon 10 m gebrauchen. Den Rest holte ich mir dann aus dem Archiv! Meinen "Goldenen Garten" konnte ich auch nur ganz allein drehen – mit insgesamt 4.500 m Negativ! Für sich selbst kann man die Verantwortung übernehmen, aber im Spielfilm bist Du abhängig von der Leistung Deiner Mitarbeiter. Und in dieser Hinsicht wirst Du schlaflose Nächte haben! Laß es Dir von mir sagen, ich kenne das alles zu gut! Denn am Ende musst Du ganz persönlich für alles gerade stehen! – Ich sage es Dir nochmals: Vergleiche einen abendfüllenden Spielfilm nicht mit Deinen Kulturfilmen – verrenne Dich nicht in eine Sache, die Du nur ganz bedingt steuern kannst. Und denk an all die Dinge, die ich Dir schon geschrieben habe. – Deine Überzeugung, etwas Besonderes zu machen, will ich Dir gar nicht nehmen. Aber um einen Spielfilm mit seinen 1000 Gefahren durchzusetzen – gehört weit mehr als eine künstlerische Überzeugung. Hier muß man nüchtern rechnen – denn diese Rechnung wird einem eines Tages schonungslos präsentiert – und dafür wirst Du einmal Rechenschaft ablegen müssen. Der Rausch der Schaffensfreude an einer guten Sache zählt dann nicht mehr. Das alles kenne ich zu gut aus eigener Erfahrung und davor möchte ich Dich bewahren. – In Brüderlicher [sic!] Liebe Deine Hans[74]

Es passt zu dieser grundsätzlich abratenden Stellungnahme, wenn Hans Domnick anscheinend als einziger auch das Exposé seines Bruders ablehnte. Im Nachlass gibt es nämlich eine DIN-A4-Tabelle mit Kritiken zum Exposé, worin Domnick 29 Namen auflistete, denen er das Exposé zur Beurteilung zugeschickt hatte (siehe nächste Seite). In Stichworten fasste er in der rechten Spalte ihre Urteile zusammen. Und da liest man hinter dem Namen Hans Domnick die Worte *zu kurz! Unlogisch! Zufall!*

INGRID - DIE GESCHICHTE EINES FOTOMODELLS mit Johanna Matz (Geza von Radvany, 1955)

(15) Der genannte Regisseur Géza von Radvány drehte 1954/55 beim Göttinger Filmaufbau INGRID, DIE GESCHICHTE EINES FOTOMODELLS mit der damals bekannten Filmschauspielerin Johanna Matz, die mit der im Stadtfilm beliebten Litfaßsäule eine Bildassoziation zu dem oben bereits gezeigten Foto-Still von JONAS nahe legt.

---

74 4 DIN-A4-Seiten.

Kritiken zum Exposé

Name	Beruf	Alter	Urteil
Frau Prof.v.Nissen Amerika	Schriftstellerin	72	nur alle Szenen interessant; a) Story – b.) Spannung c) [illegible] –
Strauss, Darmstadt	Violinist, Dr. jur.	70	spannend – interessant [illegible] überzeugend
Kausal, 4711 Köln	Kaufm. Werbeleiter 4711	55	sehr filmisch!
Gölz, Erwin	Film-Kritiker	50	filmisch – spannend – interessant
Knaut	Rechtsanwalt	47	[illegible]
Ackermann, Frau	Schauspielerin	40	großartig! Beeindruckt
Ludwig Domnick	Arzt	51	Spannender Eindruck! Sehr filmisch
Plagge,Maria	Sekr.	51	aufregend – unheimlich
Nenninger,Regine	Sprechstundenhilfe	18	spannend – gut – [illegible]
Dr.Bodamer	Psychiater	50	großartig – [illegible]
Herkommer,Bärbel	Kr.Gymnastin	30	gut – lebendig – [illegible]
Inoks, Luise	Krankenschwester	34	toll – interessant – [illegible]
Hildebrandt,Lilli	Prof.Ehefr.	70	Großartig – überzeugend
Meisel, Kurt	Schauspieler	45	erschüttert!! [illegible]
O.W.Fischer's	Dramaturg	42	für Sie nicht geeignet!
Knab,	Buchhalter	65	[illegible]
Domnick, Hans	Filmproduzent	45	zu klug! unlogisch! Zufall!
Domnick, Margret	Schauspielerin	35	gut – filmisch – überzeugend
Arps,	Schauspieler	33	"möchte ich spielen!"
Prof. Schwab	Psychiater	45	gut – hängt von Regie ab!
Frl. Bodamer	Sprechstd. Hilfe	17	unheimlich –
Ackermann	Maler	67	[illegible] – aufregend – aber spannend! [illegible]
Warnecke	Prof. Akademie	52	Großartig! Endlich ein Stoff!
v. Frankenberg	Journalist	35	[illegible]
Assagaroff	Columbia-Ballett	60	interessiert!
Abich	Filmproduzent	45	Gute Idee! Filmisch! Sehr begabt
Dr. Müller	Columbia	45	Toller Stoff! Kann man [illegible]
PEWAS	Regisseur	50	eigenartig + ganz Besonderes
Ashley	Kameramann	28	zu klug – aber ein Fest für einen Kameramann! Guter Stoff

Alle anderen hatten sich zustimmend bis begeistert geäußert, beispielweise der Filmproduzent und Kollege von Hans Domnick, Hans Abich (*Gute Idee! Filmisch! Sehr begabt*), der – von Domnick ursprünglich vorgesehene – Kameramann Ashley (*Zu kurz, aber ein Fest für einen Kameramann. Guter Stoff.*) oder der, von Domnick – gleichfalls vorübergehend in Erwägung gezogene – Regisseur Peter Pewas (*eigenartig + ganz Besonderes*). Damit war es klar: Hans Domnick hatte nicht nur vorwiegend produktionsbezogene Einwände, er hielt auch nichts von der *Idee*.

Auf diese Stimmen bezog sich Domnick, wenn er umgehend in einem dreiseitigen Brief vom 4. Mai 1956 auf den soeben eingetroffenen Luftpostbrief reagierte. Der Satz ist deutlich: *Während alle Leute, auch vom Fach [...] meine Idee und Aktivität bewundern, stehst Du warnend am Horizont.* Obgleich dieses Bild den Bruder mit seinen Argumenten an den Horizont verschiebt, versuchte er abermals mit Argumenten dessen Einsprüche zu widerlegen. Er betonte, neben der erneuten Bitte um Vertrauen, vor allem seine Fähigkeit, sich die *richtigen Leute* als Mitarbeiter zu holen. Spätestens hier erscheint die künftig immer wieder in ganz unterschiedlichen Situationen gebrauchte selbstbewusste Wendung vom *avantgardistischen Film*, die nicht gleichzusetzen ist mit dem Anspruch, damit auch gleich ein "Meisterwerk" zu schaffen.

Vieles in diesem Brief verdient Beachtung, reizt zur Diskussion. Bis hin zum zweideutigen Schluss-Satz: *wenn Du überhaupt ein Auge und Ohr für moderne Dinge hast.*

Erwähnenswert ist auch der Hinweis auf den Förderungs-Antrag, den Domnick am 23.3.1956 an das Land Nordrhein-Westfalen gerichtet hatte und der dort *warmherzig aufgenommen* worden war. Aufschlussreich ist darüber hinaus der Satz, in dem Domnick seine *künstlerische Oberleitung* betonte und hinzufügte, *er habe einen Regisseur, der alles das versteht, was ich meine*. Er konnte zu diesem Zeitpunkt noch nicht ahnen, dass es nur wenige Wochen später mit eben jenem als Regisseur vorgesehenen Herbert Vesely zu einer künstlerischen Trennung kommen würde.

N/D 4.5.56

Lieber Hans!

Eben bekomme ich Deinen Luftpostbrief aus Berlin vom 3.5. Mit der gleichen Post kam auch eine Einladung zu der Mannheimer Dokumentarfilm-Woche, zu der ich eingeladen bin und wo ich wieder ein ~~Prämie~~ Dokument erhalten soll. Ein merkwürdiges Zusammentreffen.

Während alle Leute, auch vom Fach wie Abich, Göttingen, aber auch namhafte Regisseure meine Idee und Aktivität bewundern, stehst Du warnend am Horizont. Ich verstehe wirklich nicht Deine Bedenken. Wenn ich schrieb: habe Vertrauen, so muss ich wiederholen, bezieht sich das auf mein ganzes bisheriges Leben. Mir wäre nie und nimmer eingefallen, mit Leuten wie Harlan oder Radvanyi zu arbeiten. Ich habe mit Radvanyi verhandelt, aber nach 2 Stunden wusste ich, dass das nicht gut gehen kann. Ich habe auch Herrn Hutten nach 10-tägiger Zusammenarbeit am Drehbuch und bei der Motivsuche wieder entlassen. Ich habe überhaupt die ganze erste Garnitur wieder nach Hause geschickt (ohne dass ich finanzielle Einbusse erlitt!) und teste so lange meine Mitarbeiter und meine Schauspieler, bis ich das richtige Team beeinander habe, mit dem ich arbeiten kann.

Es war in meinem Leben immer so, dass ich die richtigen Leute mir suchte. Denn sei überzeugt, das, was bis jetzt von mir gemacht wurde, wäre ohne Mitarbeiter alleine nicht zu schaffen gewesen.

Die wirtschaftliche Seite ist bei mir genau so sorgfältig durchkalkuliert , vielleicht sorgfältiger und exakter wie bei jedem anderen Spezialfilmproduzenten. Wenn es keine Avantgardisten gäbe im Film, dann sähe es noch trauriger aus. Ich habe keine Lust, einen 08/15-Film zu machen, sondern möchte mit diesem Film etwas besonderes schaffen. Und da ist eben wieder diese Frage, ob Du mir das zutraust oder nicht. Immer wieder stellst Du die wirtschaftliche Seite in den Vordergrund. Diese Frage ist abgesichert und durchkalkuliert.

Nordrhein/Westfalen gibt mir keinen Kredit, sondern einen Zuschuss. Meine Mitarbeiter arbeiten in ganz anderer Form, stehen in einem anderen Vertragsverhältnis, als z.B. zu Dir. Ich behalte alle Fäden in der Hand und dirigiere alles von Stuttgart aus. Es ist nicht richtig, wenn Du meinst, ich sei nacher von den Leistungen anderer abhängig.

So wie ich Herrn Radvanyi und Herrn Rutten wieder nach Hause schickte, so habe ich auch Herrn Meisel abgeschrieben und mir andere Leute genommen, von denen ich das Gefühl habe, dass sie meinen Stoff, meine Idee und mich verstehen. Das erfordert eine sehr sorgfältige Vorbereitung. Aber die menschliche Führung und die Beurteilung der Mitarbeiter ist wichtiger als das Verfügen über eine gewisse Summe. Avantgardistische Filme sind Vorkämpfer für den Film von übermorgen und ich Hoffe, dass mir so etwas gelingt. Man weiss es nicht vorher, ich bin auch ganz bescheiden, aber jeder sehnt sich nach einer solchen ~~Tat und~~ das Publikum, übersättigt von schlechten Filmen, ~~sehnt~~ sich ebenfalls danach. Im übrigen ist das Publikum gar nicht so schlecht, wie es dargestellt wird, sondern es hat ein sehr feines Gefühl für Qualität.

Ich sah auch den Käutner-Film "Himmel ohne Sterne", der hier übrigens gut läuft. Aber das ist doch kein moderner Film, das ist alte Ufa-Schule. Ich will aber etwas ganz anderes. Ich verstehe, dass ein versierter Kameramann nicht allein etwas fotografieren kann, das hast Du ja in Bremen erlebt. Deshalb nehme ich mir einen jungen Kameramann, denn der Regisseur muss einstellen.

Die wenigsten Regisseure können überhaupt sehen, jedenfalls nicht mordern sehen. Ein verfilmtes Them auf die Beine zustellen, dazu braucht man einen Lampenpark, Bühne und Ateliers. Aber ich will auf die Strasse gehen und dort arbeiten lassen. Alles in Ruhe, ohne Hetze, alles ohne finanzielles Risiko, wo nicht die Zeit drängt und Honorarforderungen einen nervös machen. Das alles ist ausgeschaltet.

Dass dieses Unternehmen keine leichte Sache ist, ist mir ganz klar, aber es gibt eben Dinge im Leben, die man tun muss. Und wenn man dank seiner bisherigen Leistungen Vertrauen geniesst bei kulturellen Institutionen, dann ist das doch schon etwas. Nordrhein/Westfalen sagte mir: "Wir möchten genne Filme unterstützen, aber es gibt keine Stoffe und so wurde ja auch mene Sache so warmherzig aufgenommen.

Wenn ich einen Regisseur hätte wie z.B. Harlan, dann wäre ich diesem Mann ausgeliefert, denn er ist ein Diktator, ein Dompteur, mit dem man geistig nicht zusammenfinden kann. Man steht abseits. In diesem Film behalte ich die künstlerische Oberleitung, aber ich habe einen Regisseur, der alles das versteht, was ich meine. Und ich sitze genauso Abend für Abend an dieser Arbeit wie er, ohne dass ich nun hinter der Kamera stehe und jede Aufnahme kontrolliere.

Ich habe oft über diese Filmproduktionen gesprochen, Du weisst es. Die meisten kommen aus zweifelhaftem Milieu und die ganze Filmbranche ist mit wenig Qualität besetzt.

Das Vertrauen, von dem ich immer wieder spreche, heisst auch hier, dass man die Menschen zu führen weiss, sie richtig beurteilen aknn und sich nicht verrennt in eine Utopie oder in eine dekadente surrealisitische oder existentialistische dünnhäutige Sache.

Ich kann Dir nichts anderes schreiben, als das, dass ich einen Soff habe, der von allen modern Interessierten als grossartig beurteilt wird, dass ich den wirtschaftlichen Punkt bis zuletzt durchkalkuliert habe, dass ich einen Mitarbeiterstab mir zusammensuche, mit dem ich arbeiten kann und den ich auch nicht aus der Hand lasse. Es ist immer eine Frage der persönlichen Menschenführung, wie man dieses Schiff nun durch die Wellen steuert.

In diesem Punkt unterscheiden wir uns grundsätzlich und Deine Gutmütigkeit ist oft missverstanden worden und dafür musstest Du dann viel zahlen.

So muss ich Dich nocheinmal bitten, Vertrauen in meine Sache zu haben und ich glaube, dass ich Dich nicht enttäusche, wenn Du überhaupt ein Auge und ein Ohr für moderne Dinge hast.

Mit herzlichen Grüssen auch von Greta
Dein

Am 6. Juli 1956, wenige Wochen vor Drehbeginn, schrieb Domnick noch einmal an seinen Bruder (2 Seiten). Und wieder schien ihm alles daran zu liegen, Zustimmung zu seiner Sache zu bekommen. Ausführlich und detailliert argumentierte er mit Verweis auf die Gründlichkeit seiner Vorbereitungen.

Dass er den inzwischen nur mit der *Regieberatung* betrauten Herbert Vesely wie einen gleichberechtigten Regisseur neben seinen eigenen Namen setzte, ist bemerkenswert, da zu dieser Zeit die Absage an Vesely bereits vollzogen war. Vermutlich wollte er seinem zweifelnden Bruder von diesem Konflikt nichts mitteilen.

Stattdessen bemühte er sich weiterhin um immer neue Beweisführungen, um ihn von der Ernsthaftigkeit und der berechtigten Qualität seines *Unternehmens* zu überzeugen. Der Satz, *Ich bin sehr glücklich, dass Du uns mit Deiner Apparatur aushelfen willst*, deutet die partielle Kooperation an. Es musste ja gespart werden und in Göttingen hatte sein Bruder alles, was für die Produktion nötig war.

Nicht mehr erstaunlich, aber doch erwähnenswert, ist die auch hier wiederholte Versicherung, es handle sich um einen *modernen, avantgardistischen Film, der bisher in Deutschland noch nicht gedreht wurde.*

Der 6. Juli war ein Freitag. Die Zusage, das Drehbuch sei bis zum folgenden Mittwoch *definitiv fertig*, markiert also den 11. Juli als geplanten Abschluss der Drehbuch-Herstellung.

Die Aufstellung der Mitarbeiter zeigt das Team, mit dem Domnick wenige Wochen nach diesem Brief die Dreharbeiten begann, wobei, wie gleich zu zeigen ist, Vesely nicht mehr in der Rubrik "Regie", sondern nur noch als "Regieberater" fungierte:

Bemerkenswert im Sinn der klaren Vorstellungen Domnicks ist auch die folgende Aussage, die so klingt, als hätten die Dreharbeiten bereits begonnen:

es ist ein vitaler Film mit dichter Optik und sensibler Kameraführung.

In abgewandelten Formulierungen hatte er dies sozusagen von Anfang an 'gewusst'.

Und noch ein Satz verdient es, hervorgehoben zu werden, denn er charakterisiert in besonderer Weise Domnicks Arbeit:

Ich muss ja nicht vom Film leben.

Man sollte diese Bemerkung nicht nur in Bezug zu Domnicks Filmschaffen sehen, sondern auch im Hinblick auf jene Kreativen seiner Zeit, die am modernen Film interessiert waren, aber nicht über den finanziellen Rückhalt verfügten, der Domnick absicherte. Zum Beispiel Herbert Vesely.

N/D 6.7.56

Lieber Hans!

Eben telefonierten wir miteinander und ich bin sehr glücklich, dass Du bereit bist, mir einige Tips für unser Unternehmen "Jonas" zu geben. Dass es ein Unternehmen ist, brauche ich Dir nicht zu sagen. Seit 1/2 Jahr beschäftige ich mich intensiv mit diesem Projekt und habe das Drehbuch wie ein amerikanisches detailliert durchgearbeitet mit Fotos, Zeichnungen, Standbildern, fotografisch festgelegten Motiven, Einstellungen etc. Ich habe ausserdem diesen Stoff immer wieder überprüfen lassen, weil ich weiss, dass man sich in eine Sache verrennen kann, aber es gibt keine Stelle, die diesen Stoff nicht irgendwie grossartig, interessant und modern beurteilte, und jeder riet mir dazu, es zu machen. Das sind nicht nur etwasFilmleute, sondern auch Aussenstehende.

Ich hatte mit dem Fernsehen an sich gar nichts zu tun, aber ein Regisseur war bei mir, hörte von dem Stoff und sagte, er möchte mit mir eine Co-Produktion machen. Opfermann liess sich den Stoff erzählen und sagte:"solche Leute wie Sie sucht der deutsche Film, denn es ist eine Katastrophe, was gefilmt wird."

Ich bin mir bewusst, dass es eine schwere Arbeit ist. Aber das muss Dir eine Beruhigung sein: alle meine Sachen, die ich unternahm, hatten zumindest ein Gesicht und waren modern. An der künstlerischen Qualität hat bisher niemand gezweifelt, und ich bin sicher, dass ich auch mit diesem Film etwas besonderes machen werde, auch wenn ich neue und abseits scheinende Wege gehe.

Ich habe ein ganz junges Team beeinander, alle sind noch nicht 25 und bei diesen jungen Menschen brauche ich nicht viel zu reden, sie verstehen, was ich meine und sind von sich aus durch ihre Jugend modern. Vertraglich bin ich so abgesichert, dass ich die Regie und die künstlerische Leitung in Händen behalte.

Ich kann mir durchaus vorstellen, dass Du mit Deinen Erfahrungen mir wichtige Ratschläge geben kannst, auch wenn wir in künstlerischen Dingen durchaus anderer Auffassung sind. Aber ich mag keine Spielfilme im üblichen Sinne und ich will auch keinen solchen herstellen. Es ist ein moderner, avantgardistischer Film, der bisher in Deutschland noch nicht gedreht wurde und das kann ich auch nur mit jungen modernen Menschen machen.

b.w.

Dein Amerika-Film war das beste, was Du bisher gemacht hast und ähnliches in der Aufnahmetechnik schwebt mir vor, nur natürlich nicht so reportagehaft, sondern mehr bewusst gestaltet. Ich habe von der Stadt und anderen Stellen Unterstützung. Ich bin sehr glücklich, dass Du uns mit Deiner Apparatur aushelfen willst.

Vielleicht können wir am Mittwochabend ausführlich über das ganze Projekt sprechen. Das Drehbuch ist bis dahin definitiv fertig und ebenso die Kalkulation, die Dispositionen und der Drehplan. An Leuten habe ich folgende:

1. Regie:	Domnick - Vesely (München)
2. Assistenz:	Rühl (Göttingen)
3. Aufnahmeleiter:	Braun (Heidelberg)
4. Kamera:	Wolf Wirth
5. Darsteller:	
Jonas	Robert Graf (Kammerspiele München)
Nanni	Elisabeth Bohaty (Staatstheater Stuttg.)
M.S.	Heinz-Dieter Eppler (" ")
Fremder Herr	Willy Reichmann (" ")

Alle haben noch nie vor einer Kamera gestanden. Die Arbeit hat mir bisher immer nur Freude gemacht und ich könnte mir nicht vorstellen, dass ich dieses Drehbuch nun jemandem anderes zur Realisierung übergeben müsste. Mir steht das ganze so lebendig vor Augen, ich möchte eine schöne Sache machen. Da die Herstellungskosten ausserordentlich niedrig liegen, dürfte es auch kein Risiko sein. Ich muss ja nicht vom Film leben.

Ich freue mich auf das Wiedersehen und bitte Dich, auch einmal einem modernen Stoff mit modernen Gestaltungsprinzipien Deine Aufmerksamkeit zu schenken. Ich sagte Dir schon, dass es niemals in meinem Interesse liegt, zu den 1000 Filmen noch einen weiteren dazu zu machen. Dieser Film soll ganz anders werden, Form und Inhalt sind dabei eine Einheit. Es ist nicht manieriert, es ist ein vitaler Film mit dichter Optik und sensibler Kameraführung.

Mit herzlichen Grüssen bis zum Mittwochabend
Dein

D.

Es gab keine Übereinstimmung. Ottomar Domnick ließ sich durch die wiederholten Einwände seines Bruders nicht beirren. In einem Brief aus dem Jahr 1963 wendet er sich noch einmal an ihn; diesmal geht es um die Verleih-Frage und zwar um ein Angebot des für den neuen deutschen Film wichtigen Atlas-Filmverleihs. Offenbar hatte dessen Leiter Hans Eckelkamp zu einer Retrospektive des deutschen Films eingeladen und dabei Domnicks Film(e) einbezogen.

14.1.63

Lieber Hans !

Heute macht mir Herr Eckelkamp, Atlas-Filmverleih Duisburg, mit JONAS das in Abschrift beigefügte Angebot.

Die Bedingungen sind aber so schlecht, dass man wohl kaum darauf eingehen kann, aber trotzdem möchte ich Dich doch um Deinen brüderlichen Rat bitten.

Auf der andern Seite würde ich mich freuen, wenn JONAS in dieser Retrospektive-Staffel des deutschen Films erscheint.

Herzlichst
Dein

Zwischenspiel 2: Herbert Vesely für die Regie?

Die kontroversen Auseinandersetzungen mit seinem Bruder waren kaum durchgestanden, da musste Domnick eine ganz andere Hürde überwinden. Sie betraf die Frage der Regie. Denn ursprünglich hatte er dies nicht selbst machen wollen. Wie man dem Briefwechsel mit seinem Bruder entnehmen kann und aus Domnicks Notizen bestätigt findet, hatte er zunächst verschiedene mehr oder weniger etablierte und d.h. ältere Regisseure erwogen, teils auch mit ihnen gesprochen (*Radványi*[75], *Pewas*[76] *und Rutten*[77] *waren bei mir*;[78] - *So wie ich Herrn Radványi und Herrn Rutten wieder nach Hause schickte*). Mit keinem war er einverstanden.

Schließlich fiel die Wahl auf den damals 25-jährigen, in Wien geborenen Herbert Vesely.[79] Der war 1955 mit seinem Experimentalfilm NICHT MEHR FLIEHEN rasch zum jungen Star der Cineasten und Filmclubs in Deutschland geworden. Domnick hatte in der Göttinger Produktionsfirma von diesem Erfolg gehört, denn dort arbeitete neben seinem Bruder der einflussreiche Hans Abich und der hatte Veselys Film entscheidend gefördert[80]. Nicht zuletzt durch diese Beziehungen war also der Kontakt zu Vesely entstanden. Damit ist es nicht unwahrscheinlich, dass Domnick einschlägige Pressemeldungen und Kritiken zu Veselys Erfolgsfilm kannte. Womöglich auch die mit dem Film verbreitete Selbstaussage Veselys, worin er über NICHT MEHR FLIEHEN schreibt:

> *Der Film analysiert eine Situation [...]. Durchleuchtung anhand des filmischen Mikroskops. Statische Reihung von Zuständen statt des erzählenden Bandes. Es ist die Situation von Fliehenden, die einmal ans Ende*

---

75 Géza von Radványi (1907-1986), Filmregisseur (u.a. MÄDCHEN IN UNIFORM, 1958; ES MUSS NICHT IMMER KAVIAR SEIN, 1961).

76 Zu Peter Pewas siehe Anm. 52.

77 Zu Gerard Rutten siehe Anm. S. 56.

78 Brief an Vesely vom 23.5.1956.

79 Siehe zu Vesely meinen Beitrag in: Harro Segeberg (Hg.): *Mediale Mobilmachung II. Hollywood, Exil und Nachkrieg*. A.a.O.

80 In einem Brief vom 21.1.1990 verweist Greta Domnick auf NICHT MEHR FLIEHEN und schreibt, es sei dieser Film gewesen, der Domnick zu Veselys *Mitarbeit veranlasste*.

ihrer Flucht kommen [...]. Der Versuch, typische Menschen in dieser typischen Szenerie zu zeigen [...].[81]

Bei allen gravierenden Unterschieden zum eigenen Vorhaben könnten solche Sätze Domnicks Aufmerksamkeit auf diesen jungen Filmemacher verstärkt haben. Zitate aus Kritiken zu Veselys Film machen auf frappierende Weise einsichtig, wie nahe liegend der Gedanke an Vesely als geeignetem Regisseur sein musste. So schrieb Enno Patalas in einer grundlegenden Analyse zu NICHT MEHR FLIEHEN:

Die Fotografie [...] betont so den Charakter des Dokumentarischen, den dieser Film besitzt – wenn auch nicht im üblichen Sinn der naturalistischen Abschilderung. [...]

Der Ton – Dialog und Kommentar, Geräusch und Musik – haben in diesem Film eine außerordentliche Bedeutung, freilich nicht im Sinn der Sprech- und Musikfilme, die primär den optisch-konkreten Charakter des Films zugunsten der literarischen oder musikalischen Abstraktion aufgeben. Ebensowenig "untermalen" sie das Bild, wo dieses nicht genügend wirkt. Vielmehr treten sie ihm kontrapunktisch gegenüber, "verfremden", akzentuieren, schaffen oder steigern die Spannung.

Der Dialog ist sparsam, [...] in 'Geräusch' oder 'Musik' verwandelt. [...]

Die Geräusche sind nicht im Sinn der üblichen Tautologie eingesetzt (man sieht die sich schließende Tür und hört das Schnappen des Schlosses), sondern ebenfalls kontrapunktisch, stimulierend und akzentuierend. Sie stellen eine konkrete Musik dar. [...]

An einigen Stellen tritt die Musik so stark heraus, daß sie zum vordringlichen Träger der filmischen Aussage wird.[82]

Es sprach also einiges dafür, Veselys moderne experimentierende Filmsprache und seinen Elan als Jungfilmer für das eigene Vorhaben zu nutzen. Denn, um es zu wiederholen, Domnick plante auf jeden Fall einen *avantgardistischen* Film. Und dafür schien Vesely der geeignete Regisseur und Drehbuch-Bearbeiter zu sein.

---

81 Zitiert nach: *nicht mehr fliehen. Das Kino der Ära Adenauer.* Teil 3: Redaktion: Ulrich Kurowski, Thomas Brandlmeier. Hg. vom Münchner Stadtmuseum/Filmmuseum u.a. o.J. S. 186.

82 Enno Patalas in Zusammenarbeit mit Joachim Günther und Knut Lohmann unter Verwendung von Drehbuch, Treatment und Exposé des Films. Zitiert nach: *nicht mehr fliehen. Das Kino der Ära Adenauer.* Teil 3: Redaktion: Ulrich Kurowski, Thomas Brandlmeier. Hg. vom Münchner Stadtmuseum/Filmmuseum u.a. O.J. S. 192-195.

Vielleicht kannte Domnick Rudolf Thomés Warnung, *Vesely – ein begabter junger Regisseur, der besser keine Drehbücher schreiben sollte....*[83], , und dennoch hatte er die ihm zugetragenen Hinweise, Vesely sei *in den Drehbucharbeiten nicht zu Hause*[84], in den Wind geschlagen, als er den Regie-Vertrag konzipierte und als Honorar die Summe von 12.000,- DM einsetzte. Dieser Regie-Vertrag mit Datum vom 24. Juli 1956 wurde daher nie unterschrieben. Auch ein vorläufiger Vertrag vom 11. Juli 1956 wurde annulliert.

Was war geschehen?

Am 2. Mai 1956 hatten Domnick und Vesely eine *Vereinbarung* getroffen, in der es hieß:

> *Herr Vesely ist von mir beauftragt, mein Drehbuch Jonas regiemässig zu bearbeiten und es mir in einer Woche in seiner drehfertigen Überarbeitung vorzulegen.*
>
> *Herr Vesely erhält dafür den Betrag von DM 1.000,-*
>
> *Nach Ablieferung des Drehbuches wird endgültig entschieden, ob Herr Vesely die Regie des Films übertragen erhält.*

Handschriftlich ist von Domnick gemäß dem ursprünglich vorgesehenen, weitaus umfangreicheren Regie-Vertrag, hinzugefügt:

> *Bei Ablieferung (positive Zustimmung von mir erforderlich) 1.000 DM als Teilzahlung für die Regie – 12.000 : also 11.000 + 1.000 = 12.000.*

Mit der Regie-Beauftragung verbunden war also die *regiemässige Bearbeitung des Drehbuch [...] in einer Woche*. Ein derart kurzer Zeitraum war, freundlich formuliert, mehr als knapp bemessen. Und kurz gesagt: Es wurde nichts daraus. Denn am 23. Mai 1956, gut zwei Monate vor Drehbeginn, als Domnick Veselys Drehbuch-Bearbeitung tatsächlich in Händen hielt, fiel er aus allen Wolken. Sein Brief ist das Zeugnis dieser mehr als herben Enttäuschung. Mit diesem Brief beendete Domnick die geplante Zusammenarbeit in ihrem entscheidenden Punkt. Er übernahm nun selbst die Regie.

Eine unmittelbare Antwort von Vesely ist nicht bekannt. Nur seine Äußerungen aus dem Jahr 1993 – Domnick habe ihn damals als Alibi

---

83 Zitiert nach: *nicht mehr fliehen. Das Kino der Ära Adenauer.* S. 190.

84 In Domnicks Brief an Vesely vom 23.5.1956 liest man: *Doch wurde mir schon von zwei Seiten gesagt, dass Sie in den Drehbucharbeiten nicht zu Hause seien.*

haben wollen, er, Vesely, habe Domnicks Ideen ziemlich antiquiert gefunden, sowohl die Story wie auch den Stil. Für ihn sei das nicht avantgarde gewesen, sondern derrière-garde. JONAS sei für ihn *spießig gewesen, so wie sich ein Spießer Kafka vorstellt.* Und: *Der Domnick war ein Wahnsinniger.*[85]

Aus solchen Sätzen, 37 Jahre nach JONAS, spricht weniger die Enttäuschung als vielmehr die Distanz, die Ablehnung. Vielleicht noch ein Schuss Hochachtung vor der künstlerischen Unbedingtheit Domnicks, denn der Ausdruck *Der Domnick war ein Wahnsinniger* hat den Beiklang von verdrängter Bewunderung.

Für den Zeitpunkt des Konflikts, als Vesely Domnicks Drehbuch 'umarbeitete', lassen sich Motive dieser Ablehnung rekonstruieren, sieht man sich den Status von Domnicks Drehbuchs zu dieser Zeit an. Es handelte sich sehr wahrscheinlich noch nicht um das letzte, das sogenannte *Original-Drehbuch*, sondern um das davor liegende mit der Bezeichnung *Titel, Trick.*

Tatsächlich ist an ihm noch sehr viel "Ruttmann" zu erkennen, aus der Perspektive von 1956 also *derrière-garde.* Die Dialoge sind sehr wortreich, im sprachlichen Duktus konventionell – aus Veselys Sicht *ziemlich antiquiert.* Noch ist nichts von Hans Magnus Enzensbergers kühler, ironisch-sarkastischer Sprache zu ahnen, die Bilder gibt es nur in Ahnungen und von der modernen Film-Musik ist bestenfalls in Ansätzen die Rede.

Und auch Domnicks Bildvorstellungen scheinen zu Veselys Auffassungen eher konträr gewesen zu sein, was durch einen Brief bekräftigt wird, den Greta Domnick, rückblickend über die Zusammenarbeit mit Vesely, als undatierte Kopie in ihre Nachlass-Mappe gelegt hatte. Auch wenn man daraus nicht unbedingt auf Domnicks völlige Übereinstimmung mit ihrem Urteil schließen muss, ignorieren lässt sich diese Darstellung seiner Frau nicht. Zunächst der Brief an Vesely:

---

85 Susanne Fuhrmann und Heinrich Lewinski im *Gespräch mit Herbert Vesely* in : *filmwärts* H. 27. Sept. 1993. S. 5–17.

N/D 23.5.56

Herrn
Herbert Vesely
M ü n c h e n

Lieber Herr Vesely!

Dieser Brief an Sie fällt mir schwer. Ich möchte Ihnen auf der einen Seite nicht weh tun, ich weiss, dass Sie ein sensibler und feinnerviger Mensch sind, auf der anderen Seite geht es aber um ein künsterlisches Problem, an dem wir ja alle arbeiten und unser bestes geben wollen.

Ich habe Ihr Drehbuch gelesen. Erschüttert stehe ich an der Bahre meines Drehbuches. Was ist daraus geworden! Dann las ich es nochmals und ich verstehe weder die Psychologie Ihrer Überarbeitung noch sehe ich überhaupt irgend einen Sinn. Es ist ein Drehbuch geworden, ohne Spannung, ohne Sensibilität, mit ungeschicktem Dialog. Alles was bei mir zwischen den Zeilen stand und auch so gespielt werden sollte, ist weg.

Dann zweifelte ich an meinem strengen Urteil wieder etwas, weil ich dachte, bielleicht bin ich zu sehr von meiner eigenen Arbeit beeinflusst und kann mich nicht auf neue Gedanken umstellen. In diesem Moment rief Graf mich an. Er fragte nach dem Stand des Filmes und erkundigte sich nach Ihnen, er bat zu kommen. Ich war froh, dass ich überhaupt jemanden hatte, dem ich nun dieses Drehbuch zeigen konnte. Er nahm es gestern abend um 10 Uhr mit und las es in der Nacht. Heute früh ruft mich Fräulein Bohaty an, die mit Herrn Graf sprach. Sie las auch das Drehbuch und alle sind entsetzt. Weder Herr Graf noch Fräulein Bohaty haben überhaupt Lust, diese Rollen zu spielen.

Es ist für mich ein zweiter schwerer Schlag, den ich hinnehmen muss und trotzdem muss ich immer wieder Kraft finden, um weiter zu machen oder neu anzufangen. Erst mit Herrn Rutten und nun mit Ihnen. Verstehen Sie mich recht: ich mache Ihnen keinen Vorwurf, jeder gibt sein bestes. Sie denken und sehen anders als ich und dieser Film hat nur eine Konzeption und nur so kann es sein. Was ich jetzt mache, weiss ich noch nicht. Ich muss mich erst etwas fangen. Morgen kommt meine Frau aus Berlin zurück, ich werde mit ihr nochmals das Drehbuch sorgfältig durchlesen und werde Ihnen am Freitag nochmals Nachricht geben. Aber Sie können sich vorstellen, dass ich ziemlich erschüttert bin, wenn nicht verzweifelt, denn ich dachte, wir wären uns in der Drehbuchidee viel näher. Ich habe Sorge, wenn Sie diese Drehbucharbeit gut finden, da wir uns dann nacher in der Regie auch nicht verstehen und das wäre dann eine furchtbare Situation für mich. Jetzt habe ich alles noch in der Hand und kann es dirigieren und korrigieren. Aber wenn wir erst beginnen, dann nicht mehr.

Dabei habe ich nach wie vor Zutrauen zu Ihnen. Doch wurde mir schon von zwei Seiten gesagt, dass Sie in den Drehbucharbeiten nicht zu Hause seien, dass Sie aber, was Einstellung und Optik angeht, Gutes leisten. Radvanyi, Pewas und Rutten waren bei mir, ich weiss nicht, an wen ich mich sonst noch wenden sollte. Ich weiss nur, dass mein Urteil über dieses neue Drehbuch nicht isoliert ist.

Herr Graf war von meinem Stoff so engagiert, dass er sagte: "es ist die schönste Rolle meines Lebens" und so haben die anderen auch empfunden und jetzt möchten sie sich fast zurückziehen, weil der Stoff weder logisch aufgebaut ist, noch die Rolle überzeugend ist.

Nehmen Sie mir diese Zeilen bitte nicht übel, aber ich muss offen mit Ihnen sprechen können. Es geht um die Sache und persönliche Dinge müssen zurücktreten. Für mich ist die Enttäuschung noch viel grösser, als für Sie vielleicht in diesem Moment. Sie hören am Freitag abend wieder von mir. Bis dahin hoffe ich, einen Weg gefunden zu haben, wie ich mir nun die Realisierung vorstelle. Wir kommen in Terminschwierigkeiten und alles ist über den Haufen geworfen.

Ich möchte 10 Tage Urlaub nehmen und mich irgendwo hinsetzen und das Buch schreiben. Und dann muss es so gemacht werden, wie ich mir das vorstelle.

Ich hatte Ihnen meine Bedenken Herrn Döries gegenüber schon geäussert und es ist nur eine Bestätigung meines Eindrucks. Dass ich nicht allein dastehe mit meinem Urteil, wird Sie hoffentlich überzeugen. dass meine Kritik berechtigt ist.

Es hat auch gar keinen Zweck, auf Einzelheiten einzgehen, das ganze ist in dieser Form nicht tragbar. Einzelheiten erfahren Sie am Freitag.

Trotzdem verbleibe ich mit herzlichen Grüssen und der Bitte, diesen Brief richtig zu verstehen
Ihr

Und hier die Notiz von Greta Domnick:

An der Auffassung vom Bild scheiterte ja nach einigen Wochen Drehzeit die Zusammenarbeit mit Herbert V. und seinem Team. Das zeigt schon der Unterschied zwischen dem überwiegend weissen Bild in 'nicht mehr fliehen' (welcher Film Domnick zu V.s Mitarbeit veranlasste) und dem vorwiegend dunkel-kontrastreichen Bild im JONAS. Ich erinnere an den Vorschlag von V. elegante helle Hochhäuser als Milieu des Druckereiarbeiters zu wählen statt, wie D., die Stuttgarter Altstadt gegenüber der Eingangs-Schnittfolge der technisierten Welt. Als Stammlokal eine helle "Milchbar" statt der Kneipe mit Stammpublikum. Undsoweiter.[86]

Aus diesen Hinweisen (*helle Hochhäuser*, *Milchbar*, damals für viele der Inbegriff städtischer Moderne) ergeben sich zusätzliche Anhaltspunkte für die unterschiedlichen Regie-Konzeptionen. Es lag also wahrscheinlich weniger am Zeitdruck – *in einer Woche in seiner drehfertigen Überarbeitung vorzulegen* – als an der Unvereinbarkeit der beiderseitigen Vorstellungen von dem, was Domnick mit der *regiemässigen Bearbeitung* seines Drehbuchs meinte.

Domnick übernahm somit die Regie. Am 6. August – die Dreharbeiten waren seit einer Woche im Gang – wurde in einer Unterredung zwischen *Herrn Dr. Ottomar Domnick und Herrn Herbert Vesely* folgendes vereinbart:

2. Herr Dr. Domnick übernimmt ab 6. August 1956 allein die Regie des Films "JONAS".

3. Herr Vesely übt bei den Dreharbeiten des Films lediglich eine beratende Funktion aus und übernimmt die organisatorische Betreuung.

In Veselys Handschrift steht darunter:

Im Vorspann wird Herbert Vesely unter "Regieberatung" genannt.

Im Nachlass gibt es folgende Schreibmaschinen-Notizen (von Greta oder Ottomar Domnick) mit dem Domnick-Briefkopf[87]:

---

86 Brief vom 21.1.1990. Siehe Mappe *Verwaltungsakten von Greta Domnick*.

87 Siehe Mappe *Verwaltungsakten von Greta Domnick*. Diese undatierte Notiz verweist auf die *Korr.[espondenz] über seine Drehbuch-Korrektur*, von der jedoch, bis auf Domnicks Brief vom 23.5.1956, im Nachlass nicht aufzufinden ist.

sammlung domnick oberensinger höhe 7440 nürtingen telefon (07022) 51414

Nach dieser Vertrags-Korrektur ging die Zusammenarbeit rasch zuende vorwiegend durch die Störmanover von Herrn Braun und den "Autoschlüssel", derpenetrant jeden Abend zu abendlichen Feiern angefordert wurde. Auf einer Fahrt zum "Erbprinzen" Karlsruhe (damals Nobellokal) gingdas Betriebs-Auto in Brand (kein grösserer Schaden, nur einige Tage Arbeitsausfall wegen Reparatur).Wegen der abend lichen Feiern kamen die jungen Leute meist morgens zu spät zum Dienst, was de nkorrekten Domnick störte. Auch wurde Zeit zum Einkauf von Pullovern benötigt (die damals in Mode kamen).
So führte eine abendliche Auseinandersetzung über den "Autoschlüssel" schliesslich wenige Tage nach Vertrags- Korrektur zur endgültigen Trennung.
("Gib mir den Autoschlüssel" wurde dann zum Thema GINO!!)

Im Grunde ging die Tennung von Vesely aus, der vom Film - nichts mehr hielt (vgölauch Korr. über seine Drehbuch-Korrektur) und heilsfroh war, aus dem Vertrag herauszukommen, zumal mit voller Gage.
Umso erstaunter dann die Reaktion bei den Berliner Filmfestspielen und auf einmal die Betonung allerseits, beim Film mitgeabrbeitet zu haben.

Herr Braun war, laut Vertrag, *1. Aufnahmeleiter, verantwortlich für die Kalkulation des Films.* Als *Assistent* wurde der Mitunterzeichner des Oberhausener Manifestes von 1962 Raimond Rühl[88] engagiert, der, wie Braun, mit Vesely befreundet war.

Domnick schrieb im Absage-Brief an Vesely: *Ich habe nach wie vor Zutrauen zu Ihnen.* In seiner Autobiografie fasste er das klippenreiche Verhältnis so zusammen: man habe sich *nach kurzer Drehzeit freund-*

88 Raimond Ruehl (1932-1965), Dokumentarfilmer.

schaftlich getrennt (S. 250). Der erwähnte Brief von Greta Domnick (21.1.1990) bestätigt diese Haltung mit den Worten:

> Bis schliesslich in gegenseitiger(sogar freundschaftlicher, wenigstens mit Herrn Vesely und 2dem"kleinen Rüehl") Vereinbarung der Vertrag nach einigen Wochen (unter vollem Honorar) gelöst wurde, weil die stilistischen Auffassungen, auch die Vorstellungen von Arbeitsdisziplin auseinandergingen, die unkonventionelle improvisatorische Arbeitsweise Domnicks unter Verzicht auf den sorgfältigen Drehplan von Herrn Rüehl die Mitarbeiter irritierte und vor allem , (wie mir persönlich ein von V.zugezogener Herr Kähny, Jurastudent bei Auszahlung der Gage äusserte) "wegen der zu geringen Filmerfahrung des Herrn Domnick". Ein Vertrag, bei dem beide Partner über die Lösung erfreut waren. Umso grösser dann das Erstaunen bei den Berliner Filmfestspielen, e9nem "misslungenen' Film wiederzubegegnen. Psychologisch einfühlbar,dass man sich ein Stückchen von dem Ruhm aneignen wollte. Mit allen Folgerungen......

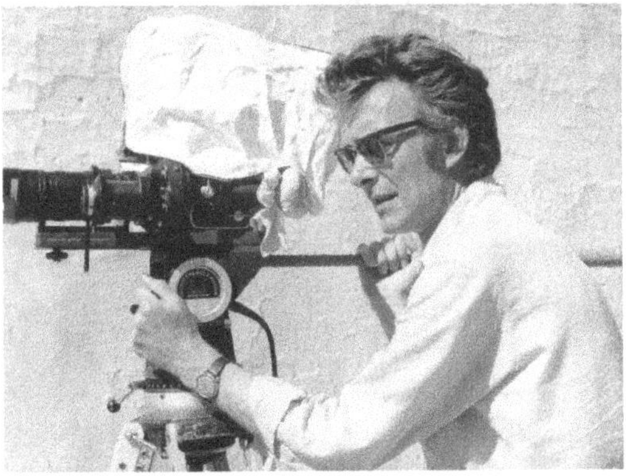

(16) Herbert Vesely (1931-2002).

3. »Original-Drehbuch«

Konzeption

Die abschließende Straffung und Korrektur vollzog Domnick in der nächsten und zugleich letzten Umarbeitung des Drehbuchs. In den Nachlass-Mappen liegt eine als *Original-Drehbuch* bezeichnete Kopie im Umfang von 67 DIN-A4-Seiten plus einige Ergänzungen, mit von 1-191 durchnummerierten Szenen/Einstellungen. Zahlreiche Szenenbeschreibungen sind teilweise wörtlich aus dem vorangehenden Drehbuch-Entwurf übernommen. Auch in diesem Drehbuch sind die genauen Stuttgarter Drehorte angegeben, als endgültige Anweisungen für den Drehplan.

Rückblickend vom fertigen Film her lässt sich annehmen, dass dieses Drehbuch ohne wesentliche Veränderungen die Grundlage der im Juli 1956 beginnenden Dreharbeiten war. An zahlreichen Stellen gibt es handschriftliche Zusätze, seien es Hinweise für die Kamera (Fahrt, Überblendung etc.) oder verändernde bzw. zusätzliche Regieanweisungen. Außerdem sind schematische Skizzen zum Set (Positionen der Personen etc.) eingetragen.

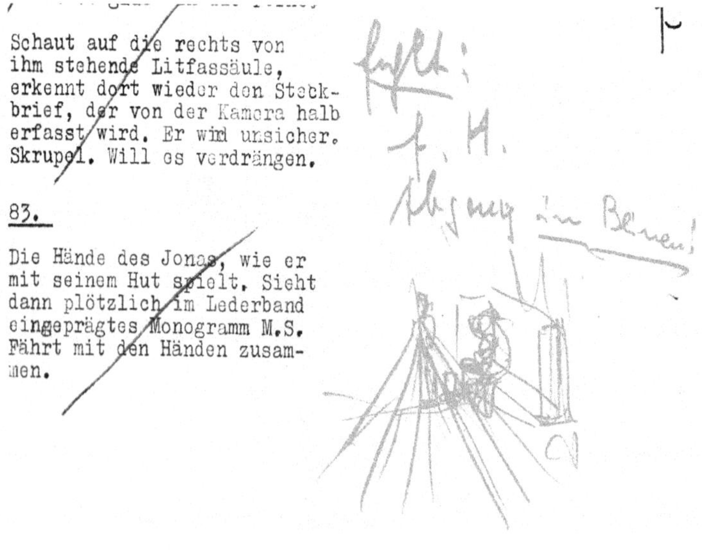
Schaut auf die rechts von
ihm stehende Litfassäule,
erkennt dort wieder den Steckbrief, der von der Kamera halb
erfasst wird. Er wird unsicher.
Skrupel. Will es verdrängen.

83.

Die Hände des Jonas, wie er
mit seinem Hut spielt. Sieht
dann plötzlich im Lederband
eingeprägtes Monogramm M.S.
Fährt mit den Händen zusammen.

~~b~~) ~~Nanni legt~~ Jonas aufs Sofa, daneben ein kleines Abstelltischchen ~~mit Telefon und Lampe. Nanni macht die Lampe an und deckt ein Tuch darüber um das Licht ab zuschirmen. Jonas ist zunehmend ängstlicher. Nanni setzt sich zu ihm aufs~~ Sofa, streicht ~~ihm über das Gesicht~~ und über ~~das Haar~~. Schaut ihn fest an. Sie beruhigt ihn mit leisem Streichen über die Hand. ~~Es ist eine stille Szene.~~

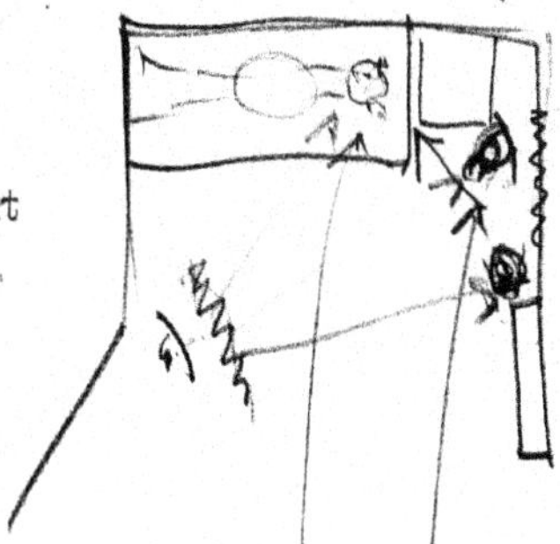

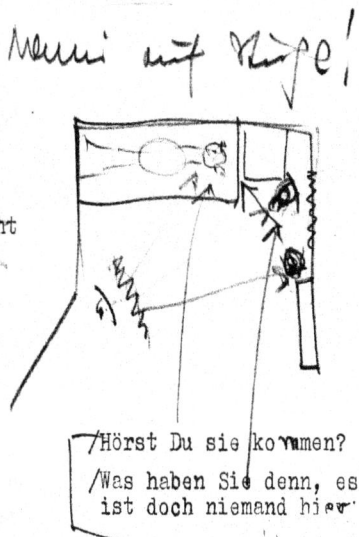

c) Plötzlich richtet Jonas sich auf und sagt mit ängstlichem Blick:	/Hörst Du sie kommen?
Nanni angesteckt, fragend:	/Was haben Sie denn, es ist doch niemand hier.

Eine kleine Anspielung auf Veselys Erfolgs-Film NICHT MEHR FLIEHEN von 1955 findet sich mitten im Dialog Nanni – Jonas aus der *Original-Drehbuch*-Fassung:

h) Forts.

Nanni:	/" Zu welcher Tat?"
~~Jonas: (leise)~~	~~/"... die nicht geschah...~~
Nanni:	/"Was heisst das?"
Jonas:	/"Wir mussten fliehen..."
Nanni:	/"Vor wem?"
Jonas leise und resigniert:	/"Vor wem ... vor wem?..." Nicht mehr fliehen... Schon vor der Tat begann die Flucht ... seitdem bin ich immer auf der Flucht ... Angst ... Angst .... die mir keine Ruhe lässt ... Immer hör ich seine Stimme: Hol mich Jonas."

Stadtbild und Ton

Der Vorspann greift die Idee mit dem Fernsehturm und seinen über das Bild bzw. die Köpfe der Darsteller wandernden Scheinwerfern wieder auf. Dieses über der nächtlichen Stadt kreisende Lichtbündel wird abgelöst vom Hubschrauber-Blick auf die erwachende Stadt.

Immer noch schwingt in dieser semidokumentarischen Annäherung an die Stadt das traditionelle Verfahren mit: die mit einem Eisenbahn-Zug oder Flugzeug verbundene Kamera-Annäherung an den städtischen Schauplatz. Dass Domnick diese Sequenz tatsächlich gedreht hat, lässt sich nur vermuten (siehe Kapitel *Dreharbeiten*).

Das von Anfang an beibehaltene Motiv der erwachenden Stadt wird durch eine *Gebäude- und Strassenmontage* weitergeführt. Damit ist die in der Endfassung realisierte Idee der Stadt-Montage gefestigt, allerdings immer noch nicht mit der Radikalität durchgeführt, die der Film dann zeigt.

Gebäude- und Strassenmontage.

7.

Hauptbahnhof Turm von unten.
b) Rathausturm von unten.
c) Hochhaus von unten.(Max-
Kade-Haus).
d) Massige Wohnblöcke von unten,
(Eisenbahnersiedlung,
Giebelsiedlung).
e) Degen Ritter am Schloss
f) Baukräne nach oben ragend
ausser Betrieb.
g) Radioturm mit Schalen.
h) Leerer Verkehrsturm. /Ende Sirene

In der Sequenz *Zimmer Jonas* fällt auf, dass geplant war, dies im *Atelier Baumeister* zu drehen. Der Maler Willi Baumeister, der am 31. August 1955 gestorben war, hatte sein Atelier in der Nachbarschaft der Domnicks in der Stuttgarter Gerokstrasse. In diesem Zusammenhang erscheint der Drehbuch-Satz *so wohnen Menschen* einigermaßen erstaunlich, denn erstens dürfte Baumeisters Atelier eher untypisch für eine Durchschnittswohnung der Zeit gewesen sein und zweitens erinnert dieser Hinweis von fern an den 1930er Dokumentarfilm von Slatan Dudow WIE DER BERLINER ARBEITER WOHNT, mit dem Domnicks JONAS nichts gemeinsam hat.

Zimmer Jonas. 4

15.

Grossaufnahme Jonas im Spiegel, rasiert sich. Leichtes Grimassieren wie bei jeder Rasur. Seife und Apparat, Schaumreste. Halb angezogen, im Trikot.

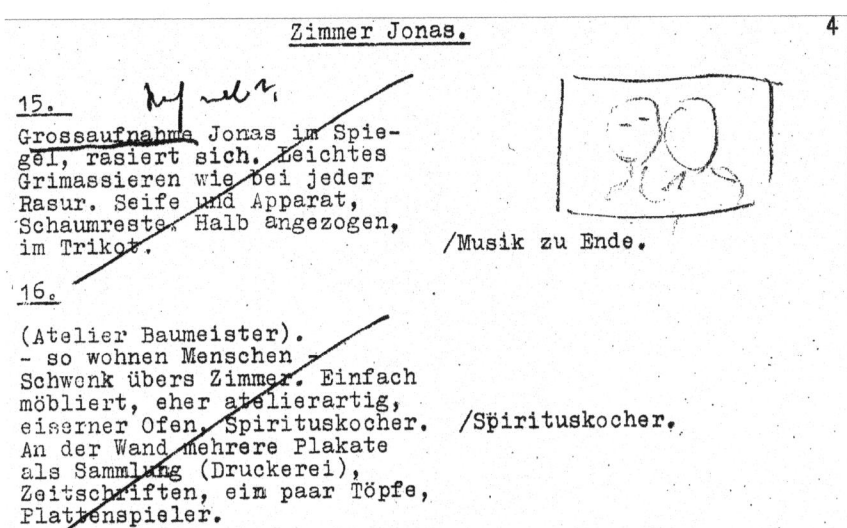

/Musik zu Ende.

16.

(Atelier Baumeister).
- so wohnen Menschen -
Schwenk übers Zimmer. Einfach möbliert, eher atelierartig, eiserner Ofen, Spirituskocher. An der Wand mehrere Plakate als Sammlung (Druckerei), Zeitschriften, ein paar Töpfe, Plattenspieler.

/Spirituskocher.

Wie schon im vorangehenden Drehbuch-Entwurf ist auch hier als eine der Geräuschquellen der *Bosch-Hammer* vorgesehen, d.h. der für die Jahre des Wiederaufbaus zur Redensart gewordene Preßlufthammer. Domnick suchte bis zuletzt nach dem passenden Geräusch, um aus den auf Jonas eindringenden Tönen dessen zunehmend panische Angst erkennbar zu machen. So heißt es beispielsweise in der Einstellung 177 (Szene im *Hutladen* vor dem Ende): *Überdeutliche Geräusche*. Erst mit der Komposition von Winfried Zillig wird dieses Motiv in konkrete Musik umgestaltet und durch die Komposition auf eine neue Qualitätsstufe gehoben.

Ab der zweiten Einstellung gibt es den *Blues* von der Duke Ellington-Platte und etwas später *Jazz-Musik, lebhaft*. Wie schon angedeutet, hatte es zunächst den Anschein, als wollte Domnick aus der gesamten *Liberian Suite* nur diesen Eingangs-Blues mit dem Song *I like the sunrise* auswählen. Auch mit dem letzten Drehbuch hat sich daran nichts geändert, denn es heißt zur Einstellungsfolge 167-171 lediglich: *Gleiche Melodie wie nachmittags* oder *Melodie voller, sinnlicher*.

Dieser *Blues* markiert Sequenzen der Beruhigung (Jonas allein oder im Tanz mit Nanni) und steht damit im Kontrast zu all jenen Sequenzen, in denen die Musik dynamisiert oder laute Geräusche dominieren (Stimmen, Maschinen, Verkehr, Bosch-Hammer, Sirene usw.). Außer

Orgelmusik und Gesang in der Kirche (mit dem Bibel-Text vom Propheten Jona) bleibt in diesem Drehbuch die Frage der Musik also noch immer offen.

Schluss

Falls die aus dem vorhergehenden Drehbuch übernommene Einstellung 190 mit Nanni im *Wartesaal* überhaupt gedreht wurde – im Film kommt sie nicht mehr vor. Stattdessen steht Jonas im Halbdunkel der Bahnhofsmauern hinter einem das Bild beherrschenden Eisengitter. Dort findet ihn Nanni.

Wartesaal

190

Nanni irrt im Wartesaal umher. Sie geht durch Stuhlreihen, an Tischen vorbei, wo Halbstarke Karten spielen, Frauen, schlafende Kinder auf dem Schoss haltend, Männer starr vor ihrem Bier sitzen und am Bierdeckel spielen. Wo müde Kellner herumstehen. Das ganze ist muffig, schläferig. Nanni geht durch den Wartesaal, schauend, suchend. Lang ausspielend: (Schlemmerfiguren, Mac Zimmermann)

Wieder, wie schon mit seinem Fotobuch, suchte Domnick für bestimmte Einstellungen Bild-Anregungen auch aus der Kunst. Die Verweise auf die in der letzten Zeile genannten Namen beziehen sich auf die Figurendarstellungen des Bauhauskünstlers Oskar Schlemmer (1888-1943) und des Malers und Grafikers Mac Zimmermann (1912-1995), den Domnick persönlich kannte.[89]

Die im Drehbuch vorgesehenen Einstellungen, in denen Jonas in der Schluss-Sequenz die Strasse entlang geht und in die Kamera schaut, wurden entweder nicht gedreht oder im fertigen Film herausgeschnitten: Weder sieht man *seinen merkwürdig gespannten Blick*, noch schaut er *kurz in die Kamera*, und auch seine Gesicht wird nicht *angestrahlt*. Alle

---

89 In seinem Avantgarde-Buch hatte Domnick auch (Max) Mac Zimmermann vorgestellt..

diese auf Gesicht und Augen von Jonas fokussierten Kamera-Einstellungen fallen weg zugunsten des Verschwindens dieser Figur im Dunkeln der Stadt. Er ist eingetaucht in die von der Kommentar-Stimme zuvor evozierte Anonymität des Jedermann.

191. Strasse nachts.

Jonas bleibt stehen und schaut
mit dem Kopf nach der Sirene
um, man sieht seinen merkwürdig gespannten Blick, er
schaut kurz in die Kamera,
bleibt stehen. Sein Gesicht
wird angestrahlt von dem
Scheinwerfer der hinter
ihm herkommenden Polizei-
streife. Die Streife fährt

Im Vergleich zur vorhergehenden Drehbuch-Fassung (*Titel, Trick*) gibt es für den Film-Schluss Änderungen im Hinblick auf das Zeitmaß der Bewegungsabläufe – alles wird verlangsamt mit Anweisungen wie *Lang ausspielend* oder *Sehr langsames Ausklingen* bis hin zu *verschwindet sehr langsam im Dunkel der nächtlichen Strasse*.

Düstere, öde Strasse, etwas
nebelig. Jonas geht langsam.
Kamera sieht ihn von hinten.

Die Streife verschwindet
rasch. Jonas dreht sich
wieder um und geht weiter
und weiter und verschwindet
sehr langsam im Dunkel der
nächtlichen Strasse.

Mit diesen Texten ist die lange Drehbuch-Geschichte, nicht aber die Geschichte der Film-Texte, d.h. der Dialoglisten, abgeschlossen. Für die Dreharbeiten mussten vor allem den Schauspielern, auch dem Team, die endgültigen Dialoge ausgehändigt werden.

Es gibt im Nachlass drei Konvolute mit Dialoglisten. Die erste mit der Bezeichnung

- *Original-Text und Dialoge Domnick* wurde für die Dreharbeiten hergestellt, die zweite mit der Bezeichnung
- *Jonas Original-Manuskript Enzensberger* enthält dessen nachträglich produzierte Sprecher-Kommentare in der ersten Fassung, und die dritte mit der Bezeichnung
- *Dialogliste für den Dokumentar-Spielfilm Jonas* beinhaltet den definitiven Text, also die endgültige Zusammenstellung aus Domnicks Dialogen und Enzensbergers Sprecher-Kommentaren für die abschließenden Sprach-Aufnahmen.

Wieder, wie schon bei der schrittweisen Erarbeitung des Drehbuchs, wurden also auch die endgültigen Text-/Sprache-Partien von Domnick erst nach und nach in jene Form gebracht, von der er träumte und die er nur in einem langwierigen Prozess von Versuch und Irrtum herauskristallisieren konnte.

Da sich durch die Zusammenarbeit mit Hans Magnus Enzensberger und mit Winfried Zillig eine neuartige Text- und Ton-/Musik-Spur ergab, wodurch auch der größere Teil der beim Drehen lippensynchron gesprochenen Dialoge ersetzt wurde, konnten die abgedrehten Sequenzen ohne weiteres für den (Roh)Schnitt verwendet werden.

Stenoblock

Zu erwähnen ist ein im Nachlass deponierter DIN-A5-Stenogrammblock, der aus inhaltlichen Erwägungen in diese letzte Drehbuch-Phase gehört. Seine 22 schwer, oft nur annähernd zu lesenden einseitig beschriebenen Blätter enthalten vor allem (fragmentarische) Dialog-Szenen zwischen den Figuren *Jonas*, *Nanni, der fremde Herr*, und *Martin*.

Auf einer der letzten Seiten sieht man eine Kritzel-Zeichnung um die Worte *Hol mich!* des von *Jonas* zurückgelassenen Freundes *Martin*. In die Zeichnung hineingeschrieben erkennt man den Namenszug *Domnick*. [90]

---

90 Natürlich ist diese Konstellation verwunderlich. Sie erscheint wie nebenbei, hingekritzelt. Und doch ließen sich von einem genauen Biografen spekulativ Relationen herstellen, die in unbewusste oder in unbeschriebene Zusammenhänge führen könnten. Fundierte Hypothesen im Kontext von Domnicks Kriegserfahrungen bedürften eingehender Untersuchungen. Ob ihn eigene Erlebnisse verfolgten, wissen wir nicht. Domnick hatte im Breslauer Lazarett hirnverletzte Soldaten neurologisch/psychiatrisch zu versorgen. Dies

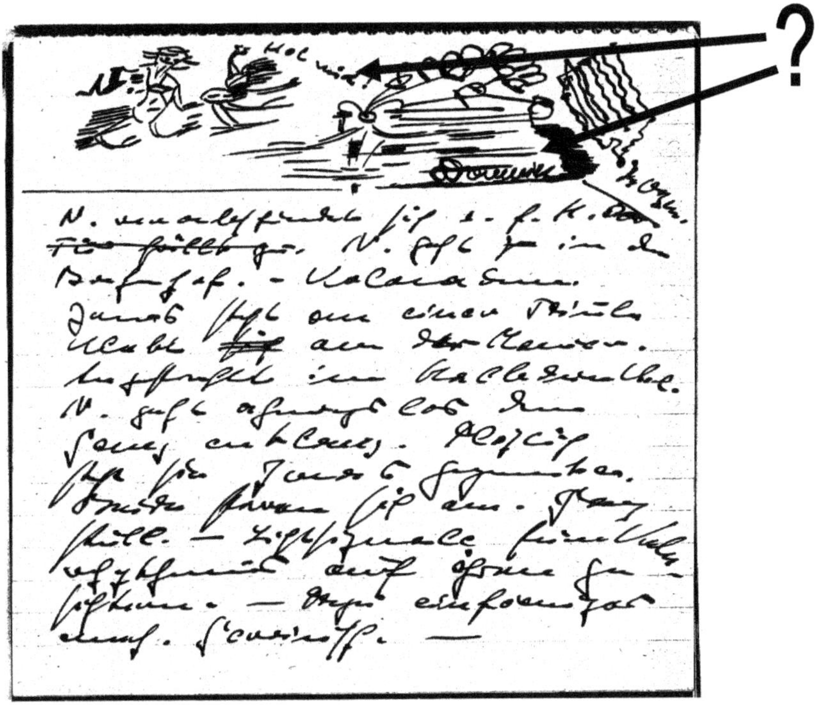

(17) Seite aus dem Stenoblock DIN-A5. (Pfeile und Fragezeichen d. Verf.). Der darunter stehende Text beginnt mit den Worten: *N. (=Nanni) verabschiedet sich v. f. H. (= von fremdem Herrn). Die Tür fällt zu. N. geht zu in den Bahnhof. – Kolonnaden (?) Jonas steht an einer Säule Klebt an der Mauer. Angestrahlt im Halbdunkel. N. geht ahnungslos den Gang entlang. Plötzlich steht sie Jonas gegenüber. Beide schauen sich an. Ganz still. – Lichtsignale funkeln (?) [...] auf ihren Gesichtern.*

---

legt Erfahrungen mit Traumatisierten nahe. In seinen autobiografischen Entwürfen zu *Hauptweg und Nebenwege* finden sich auffallende Sätze zu damals verdrängten Bereichen (*ich konnte nicht darüber sprechen*).

»Original-Text und Dialoge Domnick«

Dialog 3 1007

~~Jonas/Sprecher~~ Sekretärin.

58

Sekretärin:	/"Ein Herr wartet ~~im Nebenzimmer~~ auf Sie !"
Jonas:	/"Wer ?"
Sekretärin:	/"Er ~~Nannte nicht seinen Namne~~."
Jonas:	/"Ich kenne hier niemanden."
~~Geht in das Wartezimmer~~,	/"Da ist aber niemand."
Sekretärin sieht nach:	/"Der Herr war eben noch da."
Jonas:	/"Das ist sicher eine Verwechslung ~~gewesen~~."
Sekretärin:	/"Entschuldigen Sie bitte."

Jonas allein

61	Ich kenne hier niemand.
88	Forciertes Atmen
(flüstern):	Martin Hat's Dich erwischt, Martin ?
157 (wie im Traum):	Lutherstr.11, 2.Stock zu Martin Sailer.

Die mit dieser Überschrift bezeichnete Text- und Dialogliste mit ihren 36 DIN-A4-Seiten brauchte Domnick für die Dreharbeiten.

Die Anordnung und Abfolge der Dialog-Zusammenhänge erfolgte entsprechend den jeweiligen Dreh-Terminen für die Schauspieler und Sprecher. Es handelte sich dabei um Textpartien für einzelne (teilweise anonyme) Sprecher aus dem Off (z.B. *Sprecher allein*) sowie um Texte der Hauptfiguren und verschiedener Nebenfiguren (z.B. *Zeitungsjunge*).

Die rund 25 Einzel-Dialoge beinhalten zum größten Teil die langen Gespräche zwischen *Jonas* und *Nanni*. Hinzu kommen kürzere Wortwechsel zwischen *Jonas* und seiner *Zimmerwirtin*, *Jonas* in der Druckerei, in seiner Stammkneipe sowie auf der Polizeiwache, dann die Dialoge zwischen *Nanni* und dem *Fremden Herrn* sowie zwischen *Nanni* und *M.S.* vor dessen Wohnung. Ebenso die kleinen Szenen der Nebenfiguren. Wie die ersten zwei Seiten zeigen, hatte Domnick die Sprecher zumindest teilweise als Off-Stimmen vorgesehen und damit eine Vorgabe gemacht, die dann in der Zusammenarbeit mit Enzensberger zum Stilprinzip für den gesamten Film ausgebaut wurde.

Durchgehend sind Korrekturen, Streichungen oder Ergänzungen eingetragen. Etliche Dialog-Passagen betreffen den *Fremden Herrn* und seinen Geschäftspartner, ein Handlungselement, das Domnick zuerst relativ deutlich ausgestaltet hatte, es bis zum endgültigen Drehbuch aber wieder etwas mehr zurücknahm. Die längsten Dialog-Teile haben natürlich die beiden Hauptfiguren Nanni und Jonas. Im Vergleich zu den vorhergehenden Dialog-Fassungen ist auch hier eine deutliche Verkürzung und Verdichtung erreicht. Jonas sinniert nur noch in wenigen Sätzen über *die Menschen* und auch diese Passagen (1048 und 1050) wurden teilweise wieder gestrichen.

Domnick drehte im Juli/August 1956 nach dieser Dialogliste. Damit war, bis auf wenige später folgende Nachdreh-Tage, die Drehbuch-Vorgabe realisiert – "im Kasten". Aus dem damit vorliegenden Material fertigte Domnick mit seiner Cutterin Gertrud Petermann im November 1956 eine vorläufige Fassung an. Doch zunächst zu den Dreharbeiten.

Beginn der Dreharbeiten Ende Juli 1956

Mitarbeiter, Darsteller

Nach der Herstellung des endgültigen Drehbuchs und der Textliste musste Domnick die Frage der Mitarbeiter und der Darsteller entscheiden. Wie schon erwähnt, hatte er am Anfang, zusammen mit seiner ersten Filmskizze, als mögliche Schauspieler die folgenden Namen, in zwei Fällen mit knappen Bewertungen, notiert:

> *Oskar Werner – Wien. Werner Kinsky* [sic!] *– Berlin. Kurt Meisel – München. Horst Caspar (gest.). Wiemann zu alt und seriös. O.W. Fischer: zu eitel und Frauentyp.*

Bei Kinsky handelte es sich wahrscheinlich um den 1926 geborenen Klaus Kinski. Diese Namen wurden bald durch andere ersetzt. So vermerkte er mit der Fertigstellung des ersten Drehbuch-Entwurfs für den NRW-Antrag zu Beginn eine Stabliste mit folgenden, oben schon erwähnten Personen: Kurt Meisel [mit Bleistift durchgestrichen], Ashley[91] [mit Bleistift Fragezeichen], Majewski – Ellington, Pewas [mit Bleistift durchgestrichen]. Für die Musik blieb Duke Ellingtons Platte und als Komponist war der in Theater, Film und Hörspiel-Musik damals sehr erfolgreiche Hans-Martin Majewski vorgesehen.[92]

Offen war immer noch die Frage der Regie. Im Brief vom 4.5.1956 an seinen Bruder Hans hatte Domnick über zwei in Erwägung gezogene Regisseure und über mögliche Mitarbeiter recht selbstbewusst geschrieben:

> *Ich habe mit Radvanyi verhandelt, aber nach 2 Stunden wusste ich, dass das nicht gut gehen kann. Ich habe auch Herrn Rutten nach 10-tägiger Zusammenarbeit am Drehbuch und bei der Motivsuche wieder entlassen. Ich habe überhaupt die ganze erste Garnitur wieder nach Hause geschickt (ohne dass ich finanzielle Einbusse erlitt!) und teste so lange meine Mitarbeiter und meine Schauspieler, bis ich das richtige Team beieinander habe, mit dem ich arbeiten kann. [...]*
>
> *So wie ich Herrn Radvanyi und Herrn Rutten wieder nach Hause schickte, so habe ich auch Herrn Meisel abgeschrieben und mir andere*

---

91 Auf der Innenseite des Hefters steht *Kamera Helmuth Ashley.* (siehe dazu Anm. oben).

92 Siehe dazu: http://www.magazine-music.de/html/majewski01.htm.

Leute genommen, von denen ich das Gefühl hatte, dass sie meinen Stoff, meine Idee und mich verstehen.

Mit dem Abschluss des Drehbuch-Schreibens und dem Näherrücken der Dreh-Termine klärten sich auch die Überlegungen zu den Darstellern. Am 6.7.1956 hieß es im Brief an den Bruder:

Ich habe ein ganz junges Team beieinander, alle sind noch nicht 25 und bei diesen jungen Menschen brauche ich nicht viel zu reden, sie verstehen, was ich meine und sind von sich aus durch ihre Jugend modern. [...]

Im selben Brief teilte er mit, bis zum 11.7.1956 sei das Drehbuch *definitiv fertig* und *ebenso die Kalkulation, die Dispositionen und der Drehplan*. Anschließend listete er das oben schon genannte Team auf, das jedoch an zwei wichtigen Stellen – Regie und Kamera – noch einmal geändert wurde.

1. Regie:	Domnick - Vesely (München)
2. Assistenz:	Rühl (Göttingen)
3. Aufnahmeleiter:	Braun (Heidelberg)
4. Kamera:	Wolf Wirth
5. Darsteller:	
Jonas	Robert Graf (Kammerspiele München)
Nanni	Elisabeth Bohaty (Staatstheater Stuttg.)
M.S.	Heinz-Dieter Eppler (" ")
Fremder Herr	Willy Reichmann (" ")

Nachdem er sich entschieden hatte, die künstlerische Leitung selbst zu übernehmen, heißt es, er könne sich nicht mehr vorstellen, dass er dieses Drehbuch nun jemandem anderen zur Realisierung übergeben müsste.

Auffällig in dieser Stabliste ist der Name des später hoch geschätzten Kameramanns Wolf Wirth (1928-2005), der Domnick sehr wahrscheinlich vom Göttinger "Filmaufbau" empfohlen worden war. Der neue und definitive Kameramann Andor von Barsy, der mit dem Dokumentarfilm DOOD WATER (Regie: Gerard Rutten, Niederlande) bei den Filmfestspielen in Venedig 1934 den Kamera-Preis erhalten hatte, danach häufig auch als Co-Kameramann beschäftigt wurde, fand in der Zusammenarbeit mit Domnick eine ideale Herausforderung und Bestätigung seines Könnens.[93]

Die beiden Hauptdarsteller, Robert Graf und Elisabeth Bohaty, holte Domnick vom Theater. Sie hatten zuvor noch keine Filmrollen.

Robert Graf (geb. 18. Nov. 1923, gest. 4. Febr. 1966), als Soldat im Zweiten Weltkrieg verwundet, gehörte zu den herausragenden Schauspielern im Nachkriegs- und Wiederaufbau-Deutschland und verkörperte seit seinem Debüt mit JONAS bis zu seinem frühen Tod charakteristische deutsche Film-Figuren.[94] Für Domnicks Titelfigur war die Besetzung mit Robert Graf ein Glücksfall. Sein Spiel, sein unvergessliches nuancenreiches Gesicht, seine unverwechselbare Stimme lassen jede andere Besetzungsmöglichkeit vergessen.

Leider gibt es im Domnick-Nachlass nur wenig Material zu dieser Besetzung. In einem undatierten DIN-A4-Blatt liest man unter der Überschrift *Robert Graf als Jonas im Film* JONAS:

> *Die Titelrolle des Jonas war nicht einfach zu besetzen. Sie verlangte einen sensitiven Menschen mit etwas gehemmter Motorik, der von seiner Physiognomie her schon eine unbestimmte Angst ahnen lässt, ohne dass diese erst grob gespielt werden muss. [...] Robert Graf spielte in den Münchener Kammerspielen in Pirandellos Stück "Sechs Personen suchen einen Autor" den Sohn. Obgleich er sich meist abseits mit dem Rücken zum Publikum zu bewegen hatte, schien er in seiner gespannten Motorik, seinen dynamischen, aber immer verhaltenen Affektausbrüchen als der voraussichtlich ideale Interpret des Jonas, was sich dann auch bestätigte.*
>
> *Graf erhielt in diesem Film* JONAS *seine erste Filmrolle. Vorher war er schon im Fernsehen tätig, wo er u.a. in Cocteaus "Die schöne Gleichgültige" eine eindrucksvolle Studie gab. Während der ganzen Sendung hatte er kein Wort zu sprechen, war aber immer "da". Auch im Jonas hat er auf weite Strecken ein stummes Spiel zu beherrschen, das er mit starkem Ausdruck bewältigt.*

---

93 von Barsy war auch in Domnicks nächstem Spielfilm GINO an der Kamera. 1938 gehörte er zu den zahlreichen Kameramännern in Leni Riefenstahls OLYMPIA-Filmen.

94 Zu Robert Graf und seiner ersten Film-Rolle in JONAS gibt es den von seinem Sohn Dominik Graf zusammen mit Michael Althen gedrehten Film DAS WISPERN IM BERG DER DINGE (1996/97). Er ist die ideale Ergänzung und Kommentierung zu JONAS. – Eine filmwissenschaftliche Würdigung Grafs bietet Knut Hickethiers oben erwähnter Beitrag *Grenzsituationen spielen*.

Von der Regie her gab es überhaupt keine Schwierigkeiten. Dieser intelligente und sensitive Schauspieler, der Beziehungen zur modernen Literatur und abstrakten Malerei hat, verstand kleinste Hinweise und arbeitete selbst anregend mit. Ihm lag die Rolle von Natur aus. [...].

In seiner Autobiografie schrieb Domnick lapidar:

Ich fand in Robert Graf einen bewundernswerten Jonas (S. 250). [...] *Robert Graf* [...] *verkörperte die Rolle so ideal, daß bei der ausverkauften Uraufführung, kein Mensch sich rührte, kein Flüstern aufkam, kein Bonbonpapier knisterte.* (S. 245).

Ein Schreiben des Produktionsleiters Heiner Braun an Robert Graf nannte, neben Angaben zur Garderobe, als seinen ersten Drehtag den 1. August 1956:

Sehr geehrter Herr Graf!

Im Auftrag von Herrn Dr.Domnick möchte ich Ihnen mitteilen, dass für die Hauptrolle des Films "JONAS" folgende Garderobe erforderlich ist:

ein einfacher gebrauchter Strassenanzug, nicht besonders elegand, Farbe indifferent (etwa grau),

Kombination: einfache Hose (Manchester - oder Flanellhose), Sport-Jackett, ebenfalls nicht so elegant,

ein farbiges und ein weisses Hemd

ein weisses Trikot (für die Waschszene)

Krawatten zu Anzug und Kombination

Halbschuhe

Sommermantel.

Die ersten Drehaufnahmen mit Ihnen werden wie vorgesehen am 1.8. beginnen. Wir dürfen Sie dann im Laufe des 31.7.56 in Stuttgart erwarten.

Mit freundlichen Empfehlungen

DOMNICK-VERLAG

i.A.

(Heiner Braun)

Auch zu Elisabeth Bohaty findet sich ein undatiertes DIN-A4-Blatt im Nachlass, worin es zu ihrer Rolle als Nanni heißt: [...] *Es ist eine Rolle, die sich der Hauptrolle des Jonas weitgehend unterzuordnen hatte, nur Resonanz war für seine Problematik. Ein junges Mädchen, etwas scheu, gehemmt, dabei natürlich und unkompliziert, doch bereits mit mütterlichen Zügen.*

Für Domnick hatte sie einige Stichworte zu ihrem Werdegang geschrieben. Demnach stammte sie als geborene Berzobohaty aus Wien (geb. 12.2.1938), wurde nach dem Besuch einer Klosterschule als 16-Jährige am Max Reinhardt Seminar in Wien angenommen und kam im 2. Jahrgang an das Staatstheater Stuttgart (1955-56). Es ist anzunehmen, dass Domnick in Stuttgart auf sie aufmerksam (gemacht) wurde. Zusammen mit seiner Anfrage hob er die Bedeutung ihrer Rolle hervor, offensichtlich um den noch zögernden Vater der gerade 18-jährigen Schauspielerin von ihrer ersten Filmrolle zu überzeugen. *Nanni*, so heißt es da, *[...] fängt ganz naiv kokett und kindlich an und zeigt eine schöne Entwicklung zu einem verstehenden Menschen. [...] Hoffentlich hat der Papa nichts dagegen.* Als Gage werden 2.000 DM vereinbart. Im Antwortbrief schrieb Elisabeth Bohaty an Domnick:

> *Hurrah, hurrah ich habe es geschafft! Ich habe meinem Vater so lange ein Loch in den Bauch geredet, bis er es erlaubt hat. Ich habe ihm erzählt, daß mein Herzblut an dieser Rolle hängt und daß es eine Chance für mich ist [...]. Bitte, bitte schicken Sie mir sobald es möglich ist das Drehbuch [...].*

Wenige Tage später hielt sie das Drehbuch in Händen und war begeistert.[95] Sie bedankte sich für diese Rolle und die damit gebotene Möglichkeit: *So schön habe ich sie mir nicht vorgestellt.*[96]

Die übrigen Schauspieler holte Domnick vom Staatstheater Stuttgart.

Dreharbeiten

Ein genaues Datum für den Beginn der Dreharbeiten ist aus der Liste der Drehkosten zu entnehmen. Demnach sollten sie am 21. Juli 1956,

---

95 Brief vom 13.7.1957 an OD. Am 5.9.1956 schrieb OD an Elisabeth Bohaty: [...] *Ihre Gage....DM 500, -- ... die restlichen DM 1.500,-- habe ich überwiesen.*

96 Von 1956-58 spielte Elisabeth Bohaty am Residenztheater in München. Danach beginnt sich ihre Spur immer mehr zu verlieren. Die folgenden Angaben sind, aufgrund negativer Auskünfte bei Sendern und Theatern, aus verschiedenen Quellen zusammengesucht: 1959 spielte Elisabeth Berzobohaty in dem österreichischen Film PANOPTIKUM 59 (auch: KORA UND DIE SIEBEN SÜNDEN). Im Oktober 1997 ist Elisabeth Berzobohaty in einer Rolle am Theater Die Tribüne in Wien für ein Stück "Kuckuck und Kognak" von Kurt Huemer eingetragen. Und für den 497. Tatort·TÖDLICHE TAGUNG (gesendet am 14.04.2002 im ORF) in der Regie von Robert A. Pejo wird die Rolle der Magda Schickl von Elisabeth Berzobohaty gespielt..

einem Samstag, beginnen. Eine geringe Variante der Datierung zeigt der sogenannte *JONAS Meterplan*. Es handelt sich dabei um den auf doppelt DIN-A1-Millimeterpapier eingetragenen *Drehplan der jungen Mitarbeiter, der aber nie eingehalten, vielmehr improvisiert wurde*. Dieser Hinweis aus einer Nachlass-Notiz enthält auch noch den folgenden Zusatz: *Die erste Arbeitswoche ging dafür drauf (verloren).*

Man kann daraus erkennen, dass Domnick seine Drehplanung nicht einer derart peniblen Disposition unterwerfen wollte. Eine andere Notiz (ob von Ottomar oder von Greta Domnick ist nicht zu erkennen), mit auffallend kritischen Reminiszenzen zu einzelnen Mitarbeitern, vermerkt für die Drehtage die Zeit vom 23. Juli bis zum 26. August 1956:

> dr. med. ottomar domnick 7 stuttgart 1 gerokstrasse 65 telefon (0711) 24 06 28 postscheck stuttgart 270 01-709 deutsche bank stuttgart 11/32 158
>
> **domnick verlag + film**
>
> JONAS Drehtage: 23.07.-26.08.1956
>
> In der ersten Woche :"Drehplan" aufgestellt , der nie benutzt wurde. (Karton (1)
> vgl.Korr.V: Vesely
>
> am Anfang August Beginn Dreharbeiten,mit dem von Vesely zugezogenenHerrn Kähny (Jurastudent aus Freiburg) und Herrn Braun (ohne Beruf) als "Produktionsleiter" (völlig unfähig, nur Störfaktor, später Gage unterschlagen etc.) wodurch die Arbeit gestört wurde.
> Nur Herr Ruehl warordentlich und tüchtig (Ertrank später im Walchensee).
>
> Alle Mitarbeiter wurden trotz nur 14 Arbeitstagen voll ausgezahlt.

Der *JONAS Meterplan* enthält links die Namen für die Regie (wobei hier noch Domnick zusammen mit Vesely genannt wird), die Kamera (v. Barsy), dann die Namen der Darsteller und ihre Rollen. Ferner sind Einzelheiten für die Aufnahmeleitung vermerkt, wie zum Beispiel:

Fahrzeuge: 1 Hubschrauber, 1 Mercedes 300, 1 Taxi.

Ob Domnick die schon im vorletzten Drehbuch geplanten Flugaufnahmen aus dem Hubschrauber drehte (im Film kommen sie nicht vor), ist unwahrscheinlich.[97] Der elegante Mercedes 300 (Domnick war ein Liebhaber von schnellen und exquisiten Autos) ist das Fahrzeug für den *Fremden Herrn*. Die Komparsen, maximal 25 Personen (für die Bahnhof-Szenen), sind jeweils am betreffenden Tag eingetragen.

(18) Domnick mit der Arriflex-Kamera auf der Drehleiter. (Foto: Adolf (bzw. Eta) Lazi; ADOLF LAZI ARCHIV - www.lazi.de).

Während der Dreharbeiten kam es zu einem eher anekdotischen Vorfall. In einem Antwortbrief vom 18.8.1956 auf eine scharfe Rüge des US-Generalkonsulats in Stuttgart entschuldigte sich Domnick, dass er ohne Drehgenehmigung einen amerikanischen Konsulatswagen gefilmt habe. Wieder einmal brachte Domnick als rechtfertigende Erklärung die

97 Dazu gibt es eine Schreibmaschinenkopie im Nachlass, von OD abgezeichnet:: *Bescheinigung 26.11.56. Herr Schmalzigaug, Inhaber der Schwaben-Filmproduktion, ist von mir beauftragt worden, als Kameramann die Flugaufnahmen für den Film JONAS entsprechend dem Schreiben des Innenministeriums Baden-Württemberg, vom 11.10.56, durchzuführen.* – Domnicks Kamera-Assistent Philipp Kepplinger erinnerte sich im November 2006 nicht an derartige Flug-Aufnahmen. (Telefonat mit dem Verf.).

Formulierung vom *avantgardistischen* Film und fügte gleich noch als Argument den Hinweis auf eine staatliche Unterstützung hinzu:

> *Da es sich um einen modernen avantgardistischen Film handelt, bin ich auf Unterstützung einiger Firmen angewiesen. Der Film wird vom Kultusministerium Nordrhein-Westfalen offiziell unterstützt.*

Doch das Konsulat war für eine solche Argumentation nicht zu haben. Am 21.8. gab es erneut eine Verbotsmitteilung: man beharre auf dem Herausnehmen der betreffenden Aufnahmen. Und so scheint es auch geschehen zu sein.

Am Montag, dem 23. Juli 1956, wurden die Dreharbeiten gestartet. Nach *Motivsuche* und *Techn. Vorbereitungen* waren dem Plan zufolge der 25. und 26.7. für *Probeaufnahmen* vorgesehen. Danach sollte durchgehend ohne Pause gedreht werden und zwar entsprechend einem tageweise aufgelisteten Drehplan[98]:

> *27.7.: Gebäude + Strassen / Montage \ 28.: Polizeistreife (Zwischenschnitte \ 29.: Verkehrssignale (Tag) / Weinsteige Strasse (Nacht) \ 30.: Hubschrauber \ 31.: Schauspieler Ankunft \ 1.8.: Vor Haus Jonas / in Druckerei /Grossstadtbetrieb \ 2.: Arbeitsweg Jonas / Strasse mit Unfall \ 3.: Brücke / Am Neckar \ 4.: Vor Haus M.S. / Strasse m. Taxi \ 5.: Jonas Umherirren / Nanni auf Strasse \ 6.: Fernmeldeturm / Vor Kirche /Fernsehturm \ 7.: Gartenlokal / Schaukel \ 8.: Druckerei Saal \ 9.: Zimmer Jonas \ 10.: Korridor Jonas / Polizeiwache / Postamt \ 11.: Kirche / Strassenbahn \ 12.: Druckerei /Büro /Gang \ 13. u. 14.: Bahnhof \ 15.: Fernsehturm /Treppe /Lift /Bar \ 16.: Vor (aus) Hutsalon \ 17.: Schulstrasse / Strassenkreuzung \ 18.: Gepflasterter Platz /Fernsehturm oben \ 19.-21.: Vor Stammlokal \ 22. u. 23.: Hutsalon \ 24. u 25.: Ladenstübchen \ 26.: Flucht \ 27.: Nachdrehtag / Wartesaal / Bar \ 28.: Vor Bahnhof / Umherirren /Ende \ 29.: Vor Hutsalon /Vor Fernsehturm \ 30. u 31.: Nachdrehtage*

Am 24.7.1956 bedankte sich Domnick beim Stuttgarter Polizeipräsidenten für die Zusage, *Polizeibeamte zu Absperrmassnahmen und zwei Motorräder mit Beiwagen für bestimmte Filmaufnahmen zur Verfügung zu stellen*.

Die Nachlass-Mappe *Original-Drehbuch* enthält drei Konvolute, darunter eines mit 20 Blättern (8 postkartengroß, 12 in DIN-A4): *Übersicht*

---

98 Philipp Kepplinger bestätigte die Nachlass-Notiz, es sei am Set oft improvisiert worden, Domnick habe verschiedene Alternativen ausprobiert. (Telefonat mit Philipp Kepplinger.)

über 12 restliche Drehtage. Darin liest man u.a. Ortsangaben wie *Neckar, Bahnhof, Original Fernsehturm, Erlaubnis vom Wirt einholen. Schein mitnehmen von Rundfunk. O.P. Direktion Turmgenehmigung*.

(19) -Abb. Links: Dreharbeiten am Neckar. (Foto: Adolf (bzw. Eta) Lazi; ADOLF LAZI ARCHIV - www.lazi.de). Rechts: Einstellung aus dem abgedrehten Film.

(20) V.l.n.r.: Scriptgirl (von Domnick in seiner Autobiografie irrtümlich als Gudrun Ensslin angegeben), Vesely, Graf, Kepplinger, v. Barsy, Domnick. (Foto: Adolf (bzw. Eta) Lazi; ADOLF LAZI ARCHIV - www.lazi.de).

Meist ist die Kamera nahe bei Jonas, so dass die Namen der Geschäfte wegfallen, was in den hier gedrehten Einstellungen deutlich zu erkennen ist.

(21) Dreharbeiten mit der 35mm-Debrie Parvo L. Von links u.a.: Vesely, v. Barsy (sitzend), Kepplinger, Bohaty und Graf, dazwischen sitzend Domnick. (Foto: Adolf (bzw. Eta) Lazi; ADOLF LAZI ARCHIV - www.lazi.de).

Während am realen Drehort lebhafter Stadtbetrieb herrscht, erwecken die Filmbilder den Eindruck der Menschen-Leere.

(22) Dreharbeiten an der Treppe. (Foto: Adolf (bzw. Eta) Lazi; ADOLF LAZI ARCHIV - www.lazi.de).

(23) JONAS: Die Einstellung auf der Treppe.

(24) Dreharbeiten (Jonas wird der gestohlene Hut nachgetragen). (Foto: Adolf (bzw. Eta) Lazi; ADOLF LAZI ARCHIV - www.lazi.de).

(25) Die entsprechende Einstellung im Film erfolgt nicht aus der Totalen, so dass die städtische Umgebung mit ihren konkreten Orten ausgeblendet wird.

(26) Dreharbeiten (Jonas flieht mit dem gestohlenen Hut). (Foto: Adolf (bzw. Eta) Lazi; ADOLF LAZI ARCHIV - www.lazi.de).

(27) Der Film zeigt den Drehort in Ausschnitten, wieder ohne definierbare Stadt.

Die folgenden skizzenhaften Notierungen betreffen den Punkt *Erlaubnis zum Drehen vorbereiten* und zwar für die Drehorte:

1. Fernsehturm: nachm. und abends

*2. beim Bahnhof**): *einen Tag Sonne mit Absperren und Licht. Herrn X. vorbereiten! Komparsen*

3. in Druckerei: Einteilung mit Arbeitszeit, da Saal teilweise leer sein muss

4. in Stammlokal: Komparsen besorgen (Fr. Hildebrand, Fr. v. Winterfeld boten sich an)

5. Bar Madeleine elegante Komparsen: Schwamberger? Schmohl? Herr X.

6. Breuninger? Rolltreppe Technik

7. Max-Kade-Haus? Lift

*) *Buchhandlung Wittwer hat die Bahnhofskioske gepachtet. Kunstinteressierter Herr, persönlich oberflächlich mit uns bekannt. H. Vesely am besten persönlich hingehen. Ist meist in Hauptgeschäft Königstr.*

Kosten

Am 31.8.1956 bedankte Domnick sich bei den Technischen Werken der Stadt Stuttgart für *die liebenswürdige Unterstützung bei den Dreharbeiten zu unserem Dokumentarfilm JONAS.* Warum er wieder und immer noch seinen Film mit diesem inzwischen offensichtlich unzutreffenden Genre-Begriff bezeichnete? Bis zuletzt verwies er auf die ihm von der Filmförderung vorgegebenen Genre-Auflagen. Gewiss spielte aber auch seine anhaltende Vorstellung vom realistischen Alltagsfilm eine Rolle, das Drehen an Originalschauplätzen in der Stadt. Vielleicht dachte er auch, eine solche Bezeichnung sei der Firma gegenüber günstiger, ging es doch immer auch um den Versuch, gestellte Rechnungen herunterzuhandeln....

Dabei hielten sich die Kosten durchaus im Rahmen seiner Kalkulationen bis ca. 300.000 DM. Am 30. August 1956 bezifferte er die bis dahin berechneten Gesamtkosten mit 272.086 DM.

In der Liste der laufenden Zahlungen während der Dreharbeiten erscheinen zunächst Pauschal-Kosten von DM 50.520 für Diäten und Gagen, während in der Liste *Zusammenstellung Jonas* die Gesamt-Summe der Gagen mit 55.600 angegeben ist.

Laufende Zahlungen während der Dreharbeiten

19.7.	Diäten und Gagen	60,-
	Sonstiges	160,-
21.7.	Diäten und Gagen	820,-
	Sonstiges	5.800,-
28.7.	Diäten und Gagen	5.670,-
	Sonstiges	4.800,-
4.8.	Diäten und Gagen	2.170,-
	Sonstiges	3.400,-
11.8.	Diäten und Gagen	4.670,-
	Sonstiges	6.600,-
18.8.	Diäten und Gagen	21170,-
	Sonstiges	4.100,-
25.8.	Diäten und Gagen	1.800,-
	Sonstiges	2.200,-
31.8.	Gagen	4.500,-
	Sonstiges	1.600,-
		50.520,-

Hinzukommen:

Übernachtungskosten	2.130,-	
Regisseur	6.000,-	+ 1.500,-
Versicherungen	4.000,-	
Zahlungen bis 31.8.1956:	62.650,-	

Zahlungen bis 31.8.1956:	62.650,-
Überschreitungsreserve	5.000,-
	67.650,-
Zahlungen bis 18.7.1956:	9.350,-
	77.000,-
Musikrechte	10.000,-
	87.000,-
Restzahlungen ab 1.9.1956:	50.000,-
	137.000,-

3/

"JONAS"

Fälligkeit der übrigen Kalkulationsposten

21.7.	25.	Kamera Parvo L	1.300	
	28.	Sonstige Aufnahmegeräte	200	
	29.	Lampen und Kabel	~~1.250~~ 1.2	1250.-
	32.	Strom	200	
	34.	Baumaterial	500	
	35.	Requisiten Kauf	400	
	36.	Requisiten Leih	300	
	44.	Reisekosten	400	
	45.	Pkw	150	
	46.	Kleinbus	750	
	47.	Versandkosten	50	
	58.	Telephon, Porto	100	
	59.	Kleine Ausgaben	200	5.800
28.7.	22.	Kleine Rollen	200	
	23.	Komparsen	1.000	
	27.	Kamerawagen mit Schienen	100	
	29.	Lampen und Kabel	1.250	
	31.	Sonstige Beleuchtungsgeräte	150	
	32.	Strom	200	
	33.	Schminkmaterial	100	
	34.	Baumaterial	500	
	35.	Requisiten Kauf	500	
	42.	Löhne für Hilfskräfte	300	
	45.	Pkw	150	
	46.	Kleinbus	100	
	47.	Versandkosten	50	
	50.	Photomaterial	100	
	59.	Kleine Ausgaben	200	4.800
4.8.	17.	Standphotograph	150	
	18.	Maskenbildner	250	
	22.	Kleine Rollen	500	
	23.	Komparsen	750	
	28.	Sonstige Aufnahmegeräte	200	
	32.	Strom	200	
	33.	Schminkmaterial	100	
	36.	Requisiten Leih	200	
	42.	Löhne für Hilfskräfte	300	
	45.	Pkw	150	
	46.	Kleinbus	100	
	47.	Versandkosten	100	
	50.	Photomaterial	100	
	51.	Photomaterialbearbeitung	100	
	59.	Kleine Ausgaben	200	3.400
11.8.	17.	Standphotograph	150	
	18.	Maskenbildner	250	
	22.	Kleine Rollen	500	
	23.	Komparsen	500	
	29.	Lampen und Kabel	1.250	
	30.	Lichtwagen	500	
	31.	Sonstige Beleuchtungsgeräte	150	
	32.	Strom	200	
	33.	Schminkmaterial	100	

11.8.	34.	Baumaterial	300	
	35.	Requisiten Kauf	100	
	37.	Raummieten und Abfindungen	1.500	
	42.	Löhne für Hilfkräfte	400	
	45.	Pkw	150	
	46.	Kleinbus	100	
	47.	Versandkosten	50	
	51.	Photomaterialbearbeitung	200	
	58.	Telephon, Porto	100	
	59.	Kleine Ausgaben	200	6.600
18.8.	17.	Standphotograph	150	
	18.	Maskenbildner	250	
	22.	Kleine Rollen	500	
	23.	Komparsen	1.000	
	32.	Strom	200	
	33.	Schminkmaterial	100	
	37.	Raummieten und Abfindungen	1.000	
	42.	Löhne für Hilfskräfte	300	
	45.	Pkw	150	
	47.	Versandkosten	100	
	50.	Photomaterial	50	
	51.	Photomaterialbearbeitung	100	
	59.	Kleine Ausgaben	200	4.100
25.8.	17.	Standphotograph	150	
	18.	Maskenbildner	250	
	22.	Kleine Rollen	500	
	23.	Komparsen	500	
	30.	Lichtwagen	500	
	42.	Löhne für Hilfskräfte	200	
	59.	Kleine Ausgaben	100	2.200
31.8.	29.	Lampen und Kabel	1.250	
	42.	Löhne für Hilfskräfte	100	
	47.	Versandkosten	50	
	58.	Telephon, Briefporto usw.	200	1.600

Es bedürfte genauerer Einblicke und Vergleichsmöglichkeiten, um die hier aufgelisteten Kosten im einzelnen einschätzen zu können. Was besagt beispielsweise eine Gesamtsumme von 3.750 für Komparsen?

Übrigens: aus der Kostenangabe für die Leih-Kamera bestätigt sich die von Philipp Kepplinger erinnerte Debrie Parvo L Motorkamera.

~~Stuttgart~~ Zusammenstellung JONAS

Position	Kostenvoranschlag DM	Bisherige Kosten DM	Zu erwartende Kosten DM	Endbetrag DM
I. Rechte u. Manuskripte	46.220	212	46.000	46.212
II. Gagen				
a) **Produktionsstab**	11 300	3.400	2.900	11. 300
b) **Regiestab**	42.600	18.530	21.740	40.300
c) **Baustab**				
55.600 d) **Sonstiger Stab**	1.900		1.000	1.000
	9.500	7.500	2.000	9.500
e) **Darsteller**	2.700	1.105	200	1 305
III. Musik ~~und Mischung~~	17.600		17.600	17.600
IV. Atelier u. Ausrüstung	22.700	533	17.669	18.202
V. Außen	22 900	16 406	4 280	20. 686
VI. Auswärtsentschädig.	9.700	850	2.700	5.555
VII. Filmmaterial und Bearbeitung	31 500	5.872	24.353	30. 225
VIII. Versicherungen	2.500	1.359	672	2.031
IX. Allgemeine Kosten	22 270	7.145	15 130	22 275
Herstellungskosten	243.390	62.932	166 254	229.186
X. ~~Handlungsunkosten~~	23.230		23.230	23.230
Gesamtkosten	266.620	62.932	189.484	252.416
Eigene Handlungsunkosten				13.670
				222.086

[illegible] 20.8.72

Material zum Schnitt

Weitere Materialien im Nachlass enthalten vor allem detaillierte Auflistungen und Tabellen, die im Zusammenhang mit dem Filmschnitt entstanden sind:

- In einem 11-seitigen maschinengeschriebenen Konvolut eine Aufstellung des Inhalts von 12 Filmrollen mit einer Gesamtlänge von 2.874 Metern. Hierin werden die Inhalte der 12 Rollen Einstellung für Einstellung skizziert. Man kann anhand dieser Angaben kleinste Details klären, die jedoch nicht unbedingt in die Endfassung aufgenommen wurden;
- einen *Sekundenfahrplan* (in drei Ausfertigungen, davon eine mit Enzensbergers Eintragungen) anhand von 9 Rollen;
- den *Musik-Plan JONAS* (I-T-Bänder). 9 DIN-A4-Seiten enthalten handschriftliche tabellarische Aufstellungen zu 9 Rollen; darin wird die Verteilung der Musik auf Ellington und Zillig notiert.

Aus den verschiedenen Produktionsphasen über die Prüf-Kopien bis zur Uraufführung und schließlich zur Kino-Auswertung ergeben sich folgende Film-Längen:

(1)	12 Filmrollen	2.874 Meter
(2)	9 Filmrollen	2.410 Meter[99]
(3)	1. Prüfung SPIO[100] 16.4.1957	2.375 Meter
(4)	2. Prüfung SPIO 26.8.1957	2.291 Meter

Zu diesen kontinuierlichen Kürzungen ist anzunehmen, dass sie den normalen Ablauf vom Ende der Dreharbeiten (12 Rollen) bis zum Rohschnitt (9 Rollen) und den beiden Kino-Fassungen darstellen.

Unmittelbar nach Abschluss der Dreharbeiten begann Domnick Anfang November 1956 mit dem Rohschnitt. Die heute verbreiteten Credit-Angaben vermerken selten, wer für den Schnitt bei JONAS verantwortlich war.

---

99 Rolle 1: 289 m; Rolle 2: 250 m; Rolle 3: 275 m; Rolle 4: 246 m; Rolle 5: 278 m; Rolle 6: 200 m; Rolle 7: 289 m; Rolle 8: 298 m; Rolle 9: 285 m.

100 Die Spitzenorganisation der deutschen Filmwirtschaft (SPIO) in Wiesbaden führt u.a. auch die Freiwillige Selbstkontrolle der Filmwirtschaft (FSK).

Schnitt "JONAS" 1956/57

5.11.56 - 10.11.56		Schnitt	(6 Tage)
12.11.56 - 17.11.56		Schnitt	(6 Tage)
19.11.56 - 23.11.56		Synchr.-Sprache	(5 Tage)
26.11.56 - 1.12.56		Schnitt	(6 Tage)
3.12.56 - 8.12.56		Schnitt	(6 Tage)
10.12.56 - 15.12.56		Schnitt	(6 Tage)
18.12.56		Ende Schnitt	(1 Tag)

1957

7.1.57	- 12.1.57	Sprache u.Musik anlegen	(6 Tage)
14.1.57	- 18.1.57	Sprache u.Musik anlegen	(5 Tage)
21.1.57	- 26.1.57	Dto.	(6 Tage)
28.1.57	- 2.2.57	dto.	(6 Tage)
4.2.57	- 9.2.57	dto.	(6 Tage)
11.2.57	- 15.2.57	dto.	(5 Tage)
16.2.57		Sprach-Nachaufnahmen	(1 Tag)
18.2.57	- 23.2.57	Sprache u.Musik anlegen	(6 Tage)
25.2.57	- 2.3.57	Mischung Göttingen	(7 Tage)
4.3.57		Kopie fertig	(1 Tag)
5.3.57		Wiesbaden (Spio)	(1 Tag)
21.3.57	- 23.3.57	Nach-Aufnahmen Göttingen	(3 Tage)
20.4.57		Filmaufführung Stuttgart	(1 Tag)
22.5.57		Berlin	(1 Tag)
26.6.57		Uraufführung Berlin	(1 Tag)

31 Tage f. Schnitt
40 Tage f. Sprache und Musik anlegen
5 Tage f. Synchr.-Sprache
1 Tag f. Sprach-Nachaufnahmen
7 Tage f. Mischung in Göttingen
3 Tage f. Nach-Aufnahmen in Göttingen

71 Tage: 2 ½ Monate

In dem erwähnten Brief vom 21. Januar 1990 schreibt Greta Domnick zur Mitarbeit der Cutterin Gertrud Petermann[101]:

Wie kommt es, dass im Titelvorspann als Cutterin Frau Gertrud Petermann erscheint. Den Schnitt, beim Jonas besonders wichtig, hat mein Mann getan, Frau P. hat das Material nach dem Drehbuch geordnet, der Rhythmus der Bildwelt stammt von Domnick.

Leider findet sich zu diesem wichtigen Thema kein weiteres Material. Auch zur Leistung des Kameramanns Andor von Barsy und zur Arbeit am Schneidetisch hat Domnick detaillierte Aussagen hinterlassen.

Aus einem Brief an den Komponisten Winfried Zillig vom 29.10.1956 geht hervor, dass Domnick ab 5.11.1956 die Schneidearbeiten *fortsetzt*(!) und damit in *ca. 3-4 Wochen* fertig sein will. Der Schnittplan *Schnitt "JONAS" 1956/57* bestätigt und präzisiert diese Datierung. Demnach beendete Domnick den Rohschnitt am 18. Dezember 1956.

Die Aufstellung *Schnitt Jonas 1956/57* gibt den gesamten Ablauf für Nov./Dez. 1956 und Januar bis Juni 1957 wieder. Domnick vermerkte handschriftlich die Gesamtdauer: *71 Tage 2 ½ Monate!* Das Ausrufezeichen deutet an, dass er auf diese Dauer besonders hinweisen wollte.

Die den Film abschließenden Sprache- und Musik-Mischungen wurden im Februar 1957 durchgeführt und Anfang März beendet. Die Mischung und Nach-Aufnahmen in Göttingen vermittelte ihm aus Gründen der Kostenersparnis sein dort arbeitender Bruder Hans. Wie in heutigen hochkomplexen Produktionen war auch unter den ungleich einfacheren Gegebenheiten diese Phase der Postproduktion ausschlaggebend. Domnick wusste dies. Aber auch diese Schritte und Entscheidungen hinterließen in den schriftlichen Zeugnissen keine Spuren.

---

101 Gertrud Petermann arbeitete vor 1956/57 als Cutterin für die Harald Reinl-Filme ROSEN RESLI (1954), SOLANGE DU LEBST (1955) und für AUF WIEDERSEHEN AM BODENSEE (Regie: Hans Albin, 1956). Auch für den Domnick-Film GINO (1960) wird sie, zusammen mit OD, als Cutterin genannt.

Musik (Nov. 1956 – Febr. 1957)

Musik gehörte zu Domnicks Leben seit der frühen Kindheit. Sein Vater initiierte zusammen mit den vier Kindern regelmäßig Hausmusik. Ottomar spielte Cello (und stiftete später einen Cello-Preis).[102]

Für seine beiden Kunstfilme NEUE KUNST – NEUES SEHEN (1950) und WILLI BAUMEISTER (1954) arbeitete er mit zeitgenössischen Musikern zusammen, zuletzt mit dem etwas jüngeren Komponisten Helmut Degen von der Trossinger Musikhochschule. In seiner Autobiografie beschreibt Domnick die für ihn seit seinem ersten Nachdenken über JONAS feststehende Trias, die *konkrete Substanz* aus *Musik, Fotobuch, Reportage*.[103]

Es ist also völlig klar, dass er während der Arbeit an den Drehbuch-Fassungen immer auch über das passende Arrangement nachgedacht hat: *Das Bild muß dem Thema, die Musik dem Bild entsprechen.* Unmittelbar vor der Herstellung der Filmmusik für JONAS schrieb er: *Selbstverständlich habe ich eine ganz konkrete Vorstellung von der Musik.*[104]

Soweit es sich aus dem Nachlass rekonstruieren lässt, nahm Domnick spätestens Ende September 1956 den Kontakt zu zwei zeitgenössischen Komponisten auf.

Die Verbindung zu dem Wiener Künstler Gerhard Rühm, vermittelt durch Herbert Vesely, wurde jedoch bereits am 2. Oktober wieder beendet. Rühm, Jahrgang 1930, Absolvent für Klavier und Komposition an der Wiener Musikakademie und Mitglied der "Wiener Gruppe" (um F. Achleitner, H.C. Artmann, K. Bayer, O. Wiener) hatte bereits 1952 die Musik für Herbert Veselys Kurzfilm AN DIESEN ABENDEN und für seinen frühen Erfolgsfilm NICHT MEHR FLIEHEN (1955) geschrieben.

Erstaunlich in seinem Brief an Rühm ist die Bemerkung, die Musik könne auch ohne die Platte von Duke Ellington komponiert werden. Wollte er darauf wirklich verzichten? Nach den immer wiederholten Hinweisen auf die Bedeutung gerade dieser *Blues*-Musik für sein JONAS-Projekt?

---

102 Siehe die entsprechenden Hinweise in *Hauptweg und Nebenwege* und in: *Mein Weg zu den Skulpturen*. Der Terminus *Reportage* steht für die ursprünglich dezidierte Absicht, einen Doku-Spielfilm zu drehen.

103 *Hauptweg und Nebenwege*. S. 251.

104 Die mehrfach in unterschiedlichem Kontext benutzte Formulierung *konkret* muss nicht in jedem Fall auf den Terminus der *musique concrète* verweisen.

N/D 20.9.56

Sehr geehrter Herr Rühm!

Von Herbert Vesely erfuhr ich Ihre Adresse. Es handelt sich um einen abendfüllenden Dokumentarfilm, den ich jetzt fertiggestellt habe, und zu dem ich eine Musik suche. Ich habe für die Duke Ellington-Platte "Liberian Suite" die Lizenz zur Verwertung in diesem Film erhalten.

Es besteht aber auch die Möglichkeit, ohne Verwendung dieser Platte eine eigene Komposition für diesen Film zu schreiben.

Da Sie mir am Telefon mitteilten, dass Sie im nächsten 1/4 Jahr nicht zur Verfügung stehen können, kommt wohl eine evtl. Mitarbeit Ihrerseits nicht in Frage. Ich wollte Ihnen nochmals den Sachverhalt schriftlich mitteilen.

Mit freundlicher Begrüssung
bin ich Ihr

Es ist demnach durchaus denkbar, dass bei einer entsprechenden Zusage Rühm der künftige Komponist von JONAS geworden wäre. Aber offensichtlich war Rühm so kurzfristig nicht zu haben. So kam es am 2.10.1956 zu der in der Anfrage schon angedeuteten Absage Domnicks:

Ich danke Ihnen für Ihre Bereitschaft zu helfen, aber ich glaube, es hat sich jetzt soweit erübrigt.

Inzwischen war nämlich der Kontakt mit Winfried Zillig zustande gekommen. Zillig (1.4.1905 – 18.12.1963), namhafter Komponist und Dirigent, Schüler und Freund von Arnold Schönberg, komponierte im Stil der Zwölfton-Musik und schrieb seit etwa 1933 auch zahlreiche Filmmusiken.[105]

Am 24. September 1956 ging im Auftrag von Domnick ein Schreiben an Zillig ab, worin es heißt:

Herr Dr. Domnick möchte im Oktober in Frankfurt mit Ihnen über die Musik zu seinem abendfüllenden avantgardistischen Dokumentarfilm "JONAS" sprechen. Wir wären Ihnen sehr dankbar, wenn Sie uns bald mitteilen könnten, wann ein solches Treffen in Frankfurt möglich wäre.

Am 29. Oktober 1956 schrieb Domnick an Zillig, er habe leider wegen seines Urlaubs Drehbuch und Band noch nicht versenden lassen kön-

105 Siehe dazu: http://www.schoenberg.at/1_as/schueler/berlin/Zillig.htm.

nen, müsse ihm aber, *ehe wir nun definitiv an unsere Arbeit gehen, [...] nochmals folgendes unterbreiten*. Es drehte sich um das Honorar. Die "Philips-Gesellschaft" hatte die Lizenz für die Duke-Ellington-Platte zum Preis von insgesamt DM 1.755 genehmigt:[106]

> *[...] ob Sie bereit sind, ein Entgegenkommen zu zeigen. Ich würde Ihnen ein Gesamthonorar von DM 4.000 vorschlagen, wobei allerdings die Spesenrechnungen gesondert abgerechnet würden. Wenn Sie damit einverstanden sind, würde ich Ihnen umgehend das Band von Südd. Rundfunk nach Lampoding [üb. Traunstein] übersenden, ebenso das Drehbuch.*
>
> *Ich setze am Montag, 5.11., die Arbeit am Schneidetisch fort und hoffe, in ca. 3-4 Wochen mit dem Schnitt fertigzuwerden.*

Zillig erklärte sich am 2. November mit diesem Vorschlag einverstanden. Wenige Tage darauf skizzierte Domnick in seinem Brief die Leitlinien dessen, was er sich unter der Film-Musik für JONAS erwartete. Man sieht auch darin, wie klar er sich über die Maxime seiner Arbeit war – *Steigerung* der Filmwirkung. Der Brief deutet das an, *die entscheidende Besprechung* wird es im einzelnen differenziert haben.

(28) Links Winfried Zillig (Quelle: http://www.schoenberg.at/1_as/schueler/berlin/Zillig.htm), rechts Duke Ellingtons Plattencover von 1947.

106 Die Ellington-Platte erschien bei Philips, die Rechte lagen bei Campbell & Connelly, London.

N/D 5.11.56

Lieber Herr Zillig!

Vielen Dank für Ihren Brief vom 2.11. Ich freue mich, dass Sie auch bei DM 4.000,-- mit mir zusammen arbeiten wollen. Ich habe keinen Zweifel, dass wir uns verstehen werden und da ich an keinen Ablieferungstermin mit dem Film gebunden bin, haben wir Zeit, alles sorgfältig und exakt zu machen.

Selbstverständlich habe ich eine ganz konkrete Vorstellung von der Musik. In meinem Haus steht jetzt der Schneidetisch und ich sitze jeden Tag mit der Cutterin am Film. Wir werden in ca. 14 Tagen soweit sein, dass ich Ihnen die Kopie am Schneidetisch zeigen kann und bei dieser Gelegenheit kann ich Ihnen dann auch sagen, in welcher Form ich mir die Musik vorstelle.

Diese Musik muss sich grundsätzlich unterscheiden von allen anderen Filmmusiken, die ich nur immer als "Untermalung" empfinde und nie als geschlossenes ganzes. Man blendet sie ab, wenn der Dialog kommt und man blendet sie auf, wenn leere Stellen im Bild sind.

Bei meinem Film will ich anders vorgehen. Erst muss das Bild hundertprozentig sein, dann kommt der Dialog und zum Schluss dann die musikalische Bearbeitung. Alles zusammen müsste im Idealfall fast einer Filmoper entsprechen oder einem Filmodram oder einem Filmolog. Bei den meisten Filmen geht man umgekehrt vor. Dialog und Musik decken Schwächen des Films zu, während hier durch Musik und Dialog noch eine Steigerung erreicht werden muss.

Deshalb müssen Sie auch, bevor Sie sich mit Ihrer Aufgabe befassen, den Film ansehen, den Text kennen und die Platte hören.

b.w.

Das können wir alles hier an Ort und Stelle machen. Zu diesem Zweck müssten Sie einen Tag vorher nach Stuttgart kommen, denn es ist unmöglich, in zwei Stunden diese entscheidende Besprechung zu führen.

Vielleicht ist es Ihnen möglich, bereits am 17.11. nach Stuttgart zu kommen. Wir können dann den ganzen Tag arbeiten und Sie können am 18.11. weiter nach Frankfurt fahren. Dann sind wir über wesentliche Dinge im klaren und wir werden uns so am besten und schnellsten verstehen.

Mit herzlichen Grüssen auch von meiner Frau und der Bitte um baldige Nachricht
bin ich Ihr

Und so machte sich Zillig an die Arbeit. Es ging, wie gesagt, um die Einbeziehung der Duke Ellington-Platte mit ihrem *Blues* in eine durchgehend moderne Filmmusik, von der Domnick sich – zusammen mit dem Dialog – jene schon erwähnte *Steigerung* erwartete. Die Komposition sollte die gesamte Tonspur, also auch die Geräusche, in sich verarbeiten.

Die seit ihrer Entstehung selten aufgenommene *Liberian Suite* hatte Ellington am 26. Dezember 1947 als Auftragswerk zum 100jährigen Bestehen der afrikanischen Republik Liberia in der Carnegie Hall uraufgeführt.[107] Der ganze Zyklus dauert rund 27 Minuten. Er beginnt mit dem Song *I like the sunrise*, gesungen von dem blinden Jazzsänger Al Hibbler, dessen Gesang Duke Ellington einmal als *tonale Pantomime* bezeichnet hatte.[108] Es folgen fünf *Dances*, mit Soloparts der Violine, der Klarinette, des Vibraphons, der Trompete (Trombone) und der Tympani (Doppeltrommel). Swing, Blues und freie Jazz-Rhythmen wechseln sich ab. Ellington charakterisierte seine Carnegie Hall-Serien als *music that was new both in its extended forms and its social significance.*[109]

Anfang Januar 1957, zur gleichen Zeit als Enzensberger seinen Kommentar-Text verfasste, trafen sich Zillig, der das Klavier, die Celesta und das Cembalo übernahm, und die Musiker in der Tontechnik des Süddeutschen Rundfunks Stuttgart zu den ersten Aufnahmen der von Zillig komponierten Filmmusik: 1 Flötist, 1 Solo-Pauker, 1 Schlagzeuger, 1 Saxophon-Spieler, 1 Hammond-Orgel-Spieler.

In einem Schreiben vom 10.1.1957 vereinbarte Domnick mit der Tontechnik vom Süddeutschen Rundfunk Termin und Techniker für die Aufnahme. Am Tag darauf feilschte er (wieder einmal) um die Rechnung. Den Betrag von DM 434,06 habe er überwiesen, die Gesamtrechnung bittet er zu überprüfen. Seinerzeit sei ihm ein *entgegenkommenderes Honorar* genannt worden. Und wieder die obligatorische Begründung: *Dürfte ich Sie höflichst bitten, da es sich um einen avantgardistischen Film handelt, der noch keinen Verleih hat, Entgegenkommen zu zeigen.*

---

107 Die LP, auf die Domnick sich bezog, ist im Nachlass nicht erhalten, war auch sonst nicht zu ermitteln. 1977 brachte Prestige Records eine Doppel-CD *The Duke Ellington Carnegie Hall Concerts December 1947* auf den Markt, die auf Disc 2 die *Liberian Suite* enthält. Im Booklet wird Ellington zitiert: *Die Suite bestand aus einer von Al Hibbler sehr dramatisch gesungenen Einführung »I Like the Sunrise« und fünf kontrastierenden Tänzen, deren Stimmung und Rhythmen dem entsprachen, was ich von Liberias Geschichte wusste*. Siehe auch: *Duke Ellington. Autobiographie*. München 1974. S. 142.

108 Zitiert nach: James Lincoln Collier: *Duke Ellington*. Berlin 1999. S. 359. – In seiner *Autobiographie* gibt es eine weitere Charakteristik: diesmal nennt er Al Hibbler einen Sänger, *der mit den Ohren sieht*. (Ebd. S. 161).

109 *Autobiographie*. S. 145.

Am 15.1.1957 reagierte der Süddeutsche Rundfunk mit einem ungehaltenen Brief, worin u.a. angedroht wurde, Domnick möge, wenn es ihm zu teuer sei, *sich mit einer Gesellschaft in Verbindung setzen, die die Vermietung von Studios gewerbsmäßig durchführt. Das würde auch für die Musikaufnahmen gelten, die Sie am 9.2.1957 zwischen 13.30 und 22.00 in einem unserer Studios durchführen wollen.*

Am 16.1. entschuldigte Domnick sich für ein mögliches Missverständnis; er habe *lediglich eine orientierende Anfrage* stellen wollen. Heute habe er den Restbetrag von DM 313,85 überweisen lassen. Er sei jedoch der Ansicht, die *Überspielung* seiner Platte werde ihm nicht *voll berechnet*, sie sei doch von Herrn Gessmann *gelegentlich* überspielt worden...

Bisher fand die Filmmusik in JONAS kaum die erforderliche Beachtung. Dabei ist sie der Bildebene gleichberechtigt. Domnick suchte auch hier eigene und neue Wege. Er wollte zwei sehr unterschiedliche Musikstile, um die widerstreitenden Gefühle in seiner Titelfigur Jonas zu verdeutlichen. Zillig lieferte genau das – Jazz, Soloinstrumente und elektronische Komposition. Durch Bearbeitung und Einspielung entsprechend erzeugter Geräusche wird die Tonspur samt ihren gesprochenen Stimmen zum Ersatz für nahezu alle O-Töne.[110] Im Berliner Programmheft zu JONAS betonte Zillig, dass die Musik auf keinen Fall Illustration im herkömmlichen Sinn sein sollte:

> *Die Musik zu dem Film JONAS stellt den Versuch dar, dem Grundprinzip dieses Films, das ein synthetisches ist, auf ihrer Ebene zu entsprechen. So wie der Film optisch eine Synthese ist von fotografierter Spielhandlung, Montage und Tricks, sprachlich eine Synthese von Dialog und Kommentar, ist die Musik eine Synthese von progressivem Jazz, dann einer Art von Kammermusik, die den seelischen Kurven des Films folgt, und schließlich einer organisierten Geräuschmusik, die sich der Effekte der "musique concrète" ebenso wie der Elektronik bedient, dabei aber ihre eigenen technischen Wege geht.*[111]

---

110 Im gleichen Jahr wie JONAS entstand Ingeborg Bachmanns Stadt-Hörspiel *Der gute Gott von Manhattan*, in dem das Motiv des „Weitergehens", vorgetragen von anonymen „Stimmen", eine wichtige Funktion hat (gesendet im Nordwestdeutschen Rundfunk 1958).

111 Als die Geburtsstunde der *musique concrète* gilt das Jahr 1948. Eine neue Ästhetik des Hörens sei entstanden, bzw. seien Anregungen aufgenommen worden, wie sie beispielsweise in Walter Ruttmanns Hörfilm WEEKEND von 1930 vorgegeben werde. Der

Gemeint war mit dem Hinweis auf *musique concrète* die Verwendung konkreter Materialien wie Geräusche, Klänge, Töne usw. Im Sinn seiner Konzeption der JONAS-Filmmusik schrieb Zillig weiter:

> *[...] Der progressive Jazz ist vertreten durch Duke Ellingtons »Liberian Suite«. Dieses große, in seiner Art sinfonische Werk des Jazz ist eine vollendete Entsprechung zu vielen Regungen des modernen Menschen. Es spiegelt seine Lebensangst, [...]. Es gibt in der Schönheit seiner Melodik, etwa des Blues, aber auch in der eigenartigen Groteske, mit der er stets wieder jeder scheinbaren romantischen Regung entgeht, etwas von der Seele unserer Zeit.*
>
> *In dem kammermusikalischen Teil ist versucht, bei äußerster instrumentaler Aussparung – nur Flöte, Saxophon, Cembalo oder Celesta sind hier beteiligt und sparsamstes Schlagzeug – die oft nicht ausgesprochenen seelischen Regungen der Hauptpersonen, des so seltsam scheuen Liebespaares, auf anderer Ebene als der Sprache anzusprechen, oder wenigstens auszudeuten. [...]*[112]

In einer 5-seitigen GEMA-Aufstellung der Zeitlänge für die Filmmusik (vom 4.11.1959) sind sämtliche Musikteile sekundengenau eingetragen, so dass man die Aufteilung der beiden Musik-Stile sehen kann.

Nach den Vorklärungen mit Zillig begann die eigentliche Zusammenarbeit während und nach den Textabsprachen mit Enzensberger. Aus Domnicks Brief vom 10. Januar 1957 lässt sich das Nacheinander der einzelnen Arbeitsschritte folgendermaßen datieren:

- am 9. Februar Musik-Aufnahme im Süddeutschen Rundfunk Stuttgart (Villa Berg)
- ab 17. Februar Text-Aufnahme Enzensberger
- ab 24. Februar Tonmischung.

Begriff *konkret* steht in unmittelbarem Wechselbezug zum Begriff des *Abstrakten. Die Musique concrète markiert den Anfang des modernen Soundsampling, den einer eigenständigen Radiokunst und des Sounddesigns. Mannigfaltige Anregungen sind von ihr ausgegangen.* Siehe dazu: Helga de la Motte-Haber in: http://www.kgw.tu-berlin.de/Studio/Motte-Vorwort.html.

112 Programmheft zu JONAS. Vorhanden in der "Sammlung Domnick". Siehe auch: Zillig, Winfried: *Variationen über neue Musik*, München Nymphenburger Verlagshandlung (1959) 283 S.

Herrn
Winfried Zillig

<u>M ü n c h e n</u>
Nymphenburgerstr.50

N/D. 10.1.57

Lieber Herr Zillig!

Hoffentlich sind Sie gut nach München gekommen und hoffentlich finden Sie genügend innere Ruhe und Zeit für Ihre Komposition zum JONAS. Sie wissen, wie ich an diesem Film hänge und wie wichtig die musikalische Bearbeitung des Filmstoffes ist. Ich habe Vertrauen zu Ihnen und glaube sicher, dass Sie es gut machen werden.

Was dieses Bar-Trio angeht, so könnten Sie vielleicht von dem süsslichen Akkord, den Sie für den Fremden Herrn dachten, ausgehen. Das wäre dann auch ganz sinnvoll. Jedenfalls sollte es etwas billige Tingel-Tangel-Musik sein.

Eben habe ich mit Frau Kissling vom Funk gesprochen und wir haben folgendes veranlasst: Am Samstag den 9.2. steht uns der Aufnahmesaal Villa Berg von 13.00 Uhr bis 22.00 Uhr zur Verfügung. Frau Kissling ist wie ich auch der Meinung, dass 9 Stunden für ca. 50 Min. Musik "massig" reichen würden. Selbstverständlich kann man auch noch einen Sonntag dazunehmen, aber wie ich Ihnen schon sagte, werden Nachaufnahmen am 2. Tag nie besser. Das ist nicht nur meine Auffassung sondern auch die von anderen.

Es wurden bestellt:

1 Flötist (Herr Glas)
1 Solo-Pauker (Herr Schad)
1 Schlagzeuger
1 Saxophon-Spieler
1 Hammond-Orgel (Herr Brändle)

Klavier, Celesta und Cembalo wollten Sie bespielen, die Instrumente stehen zur Verfügung.

Am Montag werde ich mit Herrn Dr.Enzensberger den angelegten Dialog mit Bild anschauen, sodass dann auch bis zum 15.Feb. Herr Dr.Enzensberger mit seinem Kommentar fertig sein wird, der dann in den nächsten Tagen danach in der Woche vom 17. bis 23. Febr. im Funkhaus auf Band gesprochen wird.

Wir hätten dann also Musikband, angelegtes Ellington-Band, Kommentar-Band und angelegtes Textband, sodass dann die Mischung in der Woche vom 24.2. - 2.3.57 fertig gestellt werden kann. Vielleicht in München, vielleicht in Göttingen, das müsste man noch besprechen.

Ich schreibe Ihnen diese Termine, damit Sie disponieren können.

Mit herzlichen Grüssen auch von meiner Frau
bin ich Ihr

Aus diesem Brief geht auch die Aufteilung der verschiedenen Tonspuren hervor. Domnicks Dialoge (*Textband*) und Enzensbergers Sprecher-Stimmen (*Kommentar-Band*) werden genau unterschieden.[113]

In Domnicks Korrespondenz mit Winfried Zillig war bereits mehrfach auf die zeitgleiche Zusammenarbeit mit Hans Magnus Enzensberger verwiesen worden. Im Januar/Februar 1957 fügte Enzensberger anhand des ihm vorliegenden Materials die neuartigen Sprecher-Kommentare hinzu. Damit wurden, wie erwähnt, verschiedene Dialogtexte von On- in Off-Stimmen umstrukturiert. Zusammen mit der von Zillig komponierten und arrangierten Filmmusik entstand die vorerst endgültige Form von JONAS.

---

113 Dem entspricht Greta Domnicks rückblickende Feststellung, mit der sie die später auftauchende pauschale Angabe *Text* im Titelvorspann differenzieren möchte in *Commentar* von Enzensberger und *Dialoge* von OD. In: Brief vom 21.1.1990 an Jürgen Berger, Filmmuseum Frankfurt am Main.

Enzensbergers Sprecher-Kommentar (Jan./Febr. 1957)

Hans Magnus Enzensberger ist einer der letzten unmittelbar Beteiligten, den man heute noch zur Entstehung von JONAS fragen kann. Aber – so seine Reaktion auf eine entsprechende Anfrage[114]:

> *[...] leider kann ich Ihnen wenig Konkretes zu „Jonas" sagen, da ich kein Archiv unterhalte. Das Problem bei dieser Arbeit war, daß der Film bereits gedreht, nur noch nicht geschnitten und gemischt war, als Domnick sich an mich wandte. Damit war ein autonom konzipiertes Drehbuch ausgeschlossen; ich mußte mich an Hand des Materials bewegen.*[115]

In seinem ersten einschlägigen Brief an Domnick (vom 6.1.1957) schrieb er von der *textierung von "jonas"*, womit eine neue Textform und auch die Einbeziehung von Dialogmaterial in diese Sprecher-Kommentare gemeint war.

Domnicks Kontakt mit dem damals 27-jährigen Hans Magnus Enzensberger (geb. 11. Nov. 1929) dürfte gegen Ende 1956 zustande gekommen zu sein.[116] Zu dieser Zeit arbeitete Enzensberger als Assistent und freier Autor in der Redaktion "Radio-Essay" von Alfred Andersch am Süddeutschen Rundfunk Stuttgart und als Gastdozent an der Hochschule für Gestaltung in Ulm. Es gab verschiedene Kontaktmöglichkeiten, Stuttgart war eine kulturelle Drehscheibe. Enzensberger bereitete seine erste Gedichtsammlung vor: *verteidigung der wölfe* (1957). Er war interessierten Hörern durch seine Rundfunkbeiträge aufgefallen. Aus all dem könnte Domnick auf ihn aufmerksam geworden sein.

In diesem Zusammenhang ist es nicht uninteressant, zwei Artikel zu erwähnen, die Enzensberger 1956 in damals führenden Literatur-/Kulturzeitschriften publiziert hatte. Unter der Überschrift *Dichtung und Film* brachte *Akzente* einen Beitrag mit dem Titel *Literatur und Linse und*

---

114 Mein Brief vom 10.2.2005.

115 Brief an den Verf. vom 10.3.2005. Die vorliegende Original-Kopie seines Kommentars zeigt, dass Enzensberger zu den einzelnen Kommentar-Blöcken die von ihm gemessene Sprech-Zeit notierte.

116 Wenn Enzensbergers Erinnerungen zutreffen, d.h. wenn der Film noch nicht geschnitten war, als Domnick den Kontakt zu ihm aufnahm, dann müsste dieser Kontakt, abgeglichen mit dem oben erwähnten Schnittplan für Jonas 1956/57, im November/Dezember 1956 entstanden sein.

Beweis dessen, dass ihre glückhafte Kopulation derzeit unmöglich[117], worin Enzensberger, wie andere auch, dem deutschen Film einen *chronischen künstlerischen Notstand* attestierte, um anschließend die *Funktion der Literatur im Medium des Films* zu skizzieren. Selbstbewusst behauptet er dabei, dass *auf der kompositionellen Ebene des Films, von seiner Ästhetik her gesehen, weder der Kameramann das letzte Wort hat, noch der Regisseur, sondern der epische Schriftsteller.*[118]

Das liegt nahe bei dem, was er dann für Domnick entwarf. Der zweite Text, erschienen in der von Alfred Andersch in Stuttgart herausgegebenen Zeitschrift *Texte und Zeichen*, ist eine knappe Polemik gegen die Verwendung des Begriffs *Experiment* für künstlerische Produkte. Enzensberger plädierte dafür, diesen Begriff, und er fügte ihm den der *vielberufenen Avantgarde* noch hinzu, *der Rumpelkammer zu überantworten.*[119]

Ob Domnick diese Texte kannte oder nicht, ist nicht zu beweisen. Die Verbindung kam zustande, und am 6. Januar 1957 (Datum des erwähnten ersten, der im Nachlass deponierten Briefe) schrieb Enzensberger an Domnick:

> sehr verehrter herr domnick, ich sende ihnen, wie vereinbart, einen teilentwurf zur textierung von "jonas". es hat sich gezeigt, daß die dimensionierung insofern schwierig ist, als ich die zeitdauer der einzelnen einstellungen nur sehr schwer abschätzen konnte. ein exaktes timing wäre nur durch intensive arbeit am schneidetisdh zu erzielen.

---

117 In: *Akzente. Zeitschrift für Dichtung*. Hsg. Von Walter Höllerer und Hans Bender. 3. Jg. 1956. S. 207-213. [Reprint bei *Zweitausendeins*. Frankfurt am Main 1975.

118 Ebd. S. 211.

119 H.M. Enzensberger: *Die Kunst und das Meerschweinchen oder: Was ist ein Experiment?* In: *Texte und Zeichen. Eine literarische Zeitschrift*. Hg. von Alfred Andersch. 1956. 2. Heft. S. 214f.

immerhin werden sie dem entwurf entnehmen können, ob meine auffassung der stimmenführung ihnen akzeptabel scheint. ich habe auch versuche mit einer kombinierten stimmführung gemacht und den imaginären dialog mit naturalistischen einsprengseln auf seine möglichkeiten geprüft. ein solcher kompromiß würde jedoch nicht klärend, sondern verwirrend wirken: er erschiene mir schriftstellerisch ganz uninteressant und dem film unangemessen.

ich werde mir erlauben, sie am montag abend anzurufen und bin gespannt, zu welchem urteil sie gelangen werden.

mit schönen grüßen

ihr sehr ergebener

stitzenburgstraße 1/9

22588

6 januar 1957

Es waren also entsprechende Vereinbarungen getroffen worden, die in sehr kurzer Zeit zum erwünschten Ergebnis führten. Enzensbergers Beitrag ist in seiner Bedeutung für JONAS kaum zu überschätzen.[120] Erst durch diese durchgehend tragenden Sprach-Elemente und durch die Komposition von Zillig entstand aus dem bis dahin von Domnick vorgelegten und abgedrehten Material wie auf einen Schlag ein vollkommen neuer Stil.

Nicht zuletzt darin liegt die Überraschung, die der Einblick in die Nachlass-Materialien bietet. Und hier findet man auch die Ansatzpunkte für Domnicks unerschütterlichen Glauben an einen *avantgardistischen* Film. Oder, wie er es in einem Brief an Winfried Zillig formuliert: *Erst*

120 Umso unverständlicher, dass Enzensberger in der Stabliste heutiger JONAS-Erwähnungen nicht selten ungenannt bleibt.

muss das Bild hundertprozentig sein, dann kommt der Dialog und zum Schluss dann die musikalische Bearbeitung.[121]

Er wusste also, so kann man alle Indizien zusammenfassen, dass sein Drehbuch und der danach gedrehte Film trotz einer hervorragenden Kamera- und Lichtführung immer noch zu einlinig war, fast eindimensional. Deshalb suchte er den Kontakt zu modernen Künstlern – Vesely, Rühm, Enzensberger, Zillig. Und er fand, was er suchte: Die verfremdenden Töne, den deutlich distanzierenden Duktus aus Kommentar und Musik. Man kann zusammenfassend sagen: Domnick wusste, was er wollte, aber er konnte es selbst nicht in der gewünschten Weise schreiben.

Was Enzensberger als *imaginären Dialog* bezeichnete, bezog sich auf die Sprecher-Stimmen, die Jonas direkt von außen (aus dem Off) anreden, deren Worte teilweise auch wie ein innerer Dialog anmuten.

sprecher 3: jonas, jonas, einer hat nach dir gefragt.

sprecher 1: irgendeiner. seinen namen? nein, seinen namen hat er nicht genannt.

so in deinem alter, jonas.

sprecher 3: was, du kennst niemand? du hast keine freunde?

Nach den Vorgesprächen mit Enzensberger fand erneut ein Treffen statt, worauf Domnick mit einem weiteren Brief reagierte (10. Januar). Interessant sind darin vor allem die folgenden Punkte:

Das betonte Vertrauensverhältnis, von Domnick immer wieder als Grundbedingung seiner Teamarbeit genannt, die Feststellung, *ein grosser Teil* seiner eigenen Dialoge bleibe erhalten, mit der er (wieder einmal) versuchte, das Honorar zu drücken und die Formulierung vom *avantgardistischen* Film, der ja keine hohen Einspielergebnisse erwarten lasse.

---

121 Brief an Winfried Zillig vom 5.11.1956.

Lieber Herr Dr.Enzensberger!

Ich freue mich, dass die Absprache gestern so harmonisch verlief. Ich habe Vertrauen in Ihre Arbeit und denke, dass es eine gute Zusammenarbeit wird.

Ich habe Ihnen einen Vertragsentwurf ausgearbeitet, wie er in der Filmbranche üblich ist. Sie werden hoffentlich Verständnis haben, wenn ich dass Honorar auf DM 2.000,-- reduzierte, wenn Sie berücksichtigen, dass in der Filmbranche für ein komplettes Drehbuch (Idee, Ausarbeitung und Text) DM 10.000,-- bezahlt werden. So glaube ich, dass DM 2.000,-- für die Ausarbeitung eines Kommentars ein angemessenes Honorar sind. Ausserdem handelt es sich hierbei wirklich um einen avantgardistischen Film, von dem man noch nicht sagen kann, ob er sein Geld überhaupt wieder einspielt. Nachdem nun auch ein grosser Teil des Dialogs erhalten blieb, werden Sie vielleicht Verständnis für diese Änderung haben. Die DM 3.000,-- waren ja seinerzeit von Ihnen wohl nur ein Vorschlag und keine Bedingung.

Wenn Sie mit allem einverstanden sind, darf ich Sie um Ihre Unterschrift bitten und würde Sie dann am Montagabend wieder erwarten, um Ihnen den angelegten Dialog mit Bild vorzuführen.

Wie angekündigt besprach Domnick am darauf folgenden Montag, dem 14. Januar, mit Enzensberger weitere konzeptionelle Leitlinien. Aus dem Brief vom folgenden Tag (15.1.1957) geht hervor, dass Enzensberger inzwischen den Film gesehen hatte (*Ich freue mich, dass Ihnen der Film gut gefällt*). Zudem sieht es so aus, als habe Enzensberger ihm zugesagt, für *Magnum einen Artikel über diesen Film* zu schreiben, also eine Art Vorbericht, allerdings nicht, wie üblich, von einem neutralen Filmjournalisten, sondern von einem der Autoren selbst. Wie man noch sehen wird, sollte sich ausgerechnet mit *Magnum* eine große Enttäuschung für Domnick ergeben.

Übrigens blieb es doch bei der ursprünglich vereinbarten Honorarsumme.

Ich habe entsprechend unserer gestrigen Abmachung den Vertrag dahingehend geändert, dass Sie bei Verleihabschluss ein weiteres Honorar von DM 1.000,-- erhalten werden. Darf ich Sie bitten, den Vertrag dann zu unterschreiben und mir ein Exemplar wieder zu schicken. Sobald das geschehen ist, werde ich Ihnen 1/3 der vereinbarten Summe überweisen lassen auf Ihr Konto.

Ich freue mich, dass Ihnen der Film gut gefällt. Heute habe ich an die Redaktion von "Magnum" geschrieben und angekündigt, dass Sie einen Artikel über diesen Film schreiben würden. Ich halte es für sehr wichtig, dass das geschieht. Eine Veröffentlichung in dieser Zeitschrift wäre für den Film sehr wesentlich.

Die Idee des Films ist Ihnen ja bekannt und auch über meine "optischen Ambitionen" habe ich mit Ihnen ja schon gesprochen. Sie kennen ja nach wiederholten Rücksprachen mein Anliegen.

Mit großer Wahrscheinlichkeit hatte Domnick mit Enzensberger inzwischen mehrfach über seine *optischen Ambitionen* gesprochen. Sie waren ja der ständige Ausgangs- und Bezugspunkt der ästhetischen Grundlinie. Nach dem der Film bereits abgedreht war, wurden diese Gespräche (auch) im Hinblick auf die Enzensbergersche Textkonzeption geführt. Domnicks konzeptueller Anteil an Enzensbergers Kommentar ist also zumindest angedeutet.

Bestätigt wird eine solche Annahme im nächsten Brief (16. Januar), worin Domnick aus seiner psychiatrischen Praxis den Begriff der *Erwartungsneurose* im Zusammenhang mit der *ängstlich-unheimlichen Atmosphäre* benutzte, um auf einen wesentlichen Reiz des Films hinzuweisen und damit Enzensberger anzuraten, diese Situation nicht nur *weiter zu unterstützen*, sondern sie zu *steigern*.

Schließlich forderte er ihn auf, den satirischen Ton auch für die Anfangssequenz(en) zu nutzen: *Am Anfang können eher spritzig-sarkastische Bemerkungen fallen, um den Zuschauer zu dynamisieren.* Als Beispiel für das Gemeinte verwies er auf die Musik im DRITTEN MANN: *Ein musikalisches Thema läuft der Situation voraus.* D.h. Domnick sah und hörte in der einleitenden Textpassage so etwas wie eine Sprachmelodie, die sich motivisch/motivierend durch den Film ziehen sollte.

N/D 16.1.57

Lieber Herr Enzensberger!

Vielleicht noch eine kleine Anregung, damit wir uns richtig verstehen: ein wesentlicher Reiz des Films die etwas ängstlich-unheimliche Atmosphäre mit erwartungsneurotischen Zügen. - Ihr Kommentar sollte diese Situation weiter unterstützen und steigern. Auch hier sollten aber vielleicht nur "Tupfen" ge[illegible]t werden. Am Anfang können eher spritzig-sarkastische Bemerkungen fallen, um den Zuschauer zu dynamisieren.

Situation im "Dritten Mann": Ein musikalisches Thema läuft der Situation voraus.

Es hängt viel davon ab, wie Sie die Sache aufziehen. Sie nehmen es mir nicht übel, wenn ich einige Gedanken äussere.

Es wäre für den Film vielleicht gut, wenn Sie zwischenzeitlich nochmals mit mir sprechen würden, sobald Sie Ihre Disposition haben und sich über den Kommentar im klaren sind oder schon etwas geschrieben haben.

Mit freundlicher Begrüssung
bin ich Ihr

Schon am nächsten Tag (17.1.) schrieb Domnick einen weiteren Brief, worin er die geplanten Termine nannte – bis zum 20./21. Februar sollte der Film mit Musik, Sprecher-Texten und Dialogen fertig gemischt sein, einer späteren Auflistung der Schnitt-Termine zufolge war es dann tatsächlich der 25 Februar 1957. Ein Samstag.

Diese Terminplanungen zeigen, wie die Arbeit der beiden neu hinzu genommenen Mitarbeiter Zillig und Enzensberger auf einander abgestimmt wurde. Die Überspielung auf ein perforiertes Tonband (das sogenannte Perfo-Band) diente zur Herstellung einer mit der Film-Rolle völlig gleichlaufenden Tonband-Spule.

N/D 17.1.57

Lieber Herr Enzensberger!

Einige Termine:

Am 8. Febr. kommt Zillig mit seiner Partitur und den ausgeschriebenen Stimmen nach Stuttgart.

Am 9. Febr. 13.30 Uhr bis 22.00 Uhr wird die Zillig'sche Musik in der Villa Berg auf Perfo-Band überspielt.

Am 11., 12. und 13. Febr. wird Herr Zillig zusammen mit Frau Petermann die Musik anlegen.

Am 15. Febr.(Freitag) ist Ihr Ablieferungstermin. Sollte dies schon am Donnerstag, den 14.Febr., der Fall sein, dann könnten wir am Freitag im Funk die Stimmen aufnehmen lassen und ebenfalls auf Perfo-Band überspielen lassen und das Band dann am 16./17.Febr. anlegen.

Am 18.Febr. würde ich dann mit Herrn Zillig nach Göttingen zur Mischung fahren, die 2 Tage in Anspruch nimmt, sodass wir dann am 20./21. mit dem Film fertig wären.

Frage: Wir müssten uns rechtzeitig um die Sprecher bemühen. Ich müsste beim Funk auch einen entsprechenden Raum zur Verfügung haben.

Alle diese Fragen wollte ich mit Ihnen noch besprechen. Vielleicht rufen Sie mich dann an.

Mit freundlicher Begrüssung
bin ich Ihr

Ende Januar, den nahen Abschluss vor Augen, wandte Domnick seine Aktivitäten der Propagierung von JONAS zu, in die er den jungen Journalisten und Schriftsteller unbedingt einbeziehen wollte. Wieder ist von der Zeitschrift *Magnum* die Rede, außerdem von den beiden konkurrierenden Illustrierten der 50er Jahre, *Quick* und *Stern*, für die Domnick selbst eine *eigene Film-Analyse* beisteuerte.

N/D 28.1.57

Lieber Herr Enzensberger!

Die Illustrierten "Quick" und "Stern" interessieren sich für unseren Film. "Quick" will am Mittwoch nachmittag von mir ein kurzes Exposé haben und zwei Seiten bringen, ebenso der "Stern".

So wurde ich gewissermassen von aussen gezwungen, eine kleine kurze Filmanalyse bekannt zu geben, die übrigens auch verarbeitet im "Magnum" erscheinen soll, was Herr Gölz übernimmt.

Ich gebe Ihnen zu Ihrer Orientierung einen Durchschlag. Vielleicht ist meine eigene Film-Analyse für Sie ganz interessant. Jedenfalls sehen Sie daraus, wie ich mir das vorstelle. Hoffentlich kommt das im Film nun auch deutlich heraus. Ich bin mir im klaren darüber, dass von Ihrem Kommentar viel abhängt und ich glaube, diese Auffassung teilen Sie auch.

Mit freundlicher Begrüssung
bin ich Ihr

Die Beiden verstanden und ergänzten sich in ihren Auffassungen. Endlich hatte Domnick einen Autor für das, was ihm immer vorschwebte, gefunden.

Wie sah nun der Text aus, den Enzensberger in blauer Schreibmaschinenschrift und in konsequenter Kleinschreibung vorlegte?

»JONAS Original-Manuskript Enzensberger«

Das mit dieser Titelüberschrift versehene Nachlass-Konvolut enthält das Typoskript Enzensbergers mit den durchnummerierten und von ihm handschriftlich korrigierten Seiten 1-15 und 23 sowie 2 Seiten *Ergänzungstexte und Korrekturen (siehe Dialogliste)*. Die Seiten 16-22 fehlen.[122]

Dieses *Original-Manuskript* verarbeitete die in Domnicks Drehbuch mehr und mehr abstrahierten Stadtbezüge (Stadt als anonyme Öffentlichkeit von Menschen, Reklamen, Schlagzeilen, Gesprächsfetzen etc.), die Bibel-Zitate zum Propheten Jona, Fragmente der Dialoge zwischen den Haupt- und Nebenfiguren und des Verhörs auf der Polizeiwache.

Enzensberger benutzte diese Texte als Sprachmaterial und übertrug sie in völlig eigenständige Stimmen-Kommentare, die sich auf Jonas direkt beziehen, ihn anreden und ihn ins Selbst-Gespräch zu bringen scheinen, die aber auch über ihn hinweg seine Denken und Handeln kommentieren – distanziert, ironisch, bedauernd.

Aus den Vorgaben Domnicks machte Enzensberger eine in ihrer Form (Duktus, Ton) oft hörspielartige[123], in der Aussage existentialistisch-satirische Parabel. Dem entspricht bereits die vor Beginn des Prologs vermerkte Regieanweisung: *gleichmäßig, ohne pathos*. Und dieser Ton vermittelt in der Konsonanz und Dissonanz mit Winfried Zilligs Musik-Arrangement im deutschen Film der Zeit eine neuartige Hörerfahrung.

Das Ergebnis dieser Zusammenarbeit von Domnick und Enzensberger war mit einem neuen Text auch eine zusätzliche filmische Dimension. Domnicks Satz, *Ich bin mir im klaren darüber, dass von Ihrem Kommentar viel abhängt*, stellt diesen Qualitätssprung heraus. Im anonymen Stimmen-Kommentar werden öffentliche Vorgänge (*Man trägt wieder Hut*) und individuelle Ängste (*was, du kennst niemand? Du hast keine Freunde?*) formuliert und zugleich fungiert dieses Sprechen in

---

122 Vermutlich aufgrund der nachträglichen Überarbeitung für die Kino-Aufführungen fielen diese Seiten wegen der Kürzungen weg. Heimo Bachstein, der eine Kopie dieses Originalmanuskripts besitzt, bestätigte mir, dass auch in seiner Kopie diese Seiten fehlen.

123 Enzensberger an den Verf. am 6.3.2005: *Sicherlich kam mir bei der Arbeit meine Radio-Erfahrung zugute. Daß die Tonspur Hörspiel-artige Züge aufweist, hängt also mit der Entstehungsgeschichte des Films zusammen.*

Modulationen über den Bildern und damit in und gleichsam auch über dem filmischen Geschehen.

Die im vorangehenden Konvolut *Original-Text und Dialoge Domnick* noch jeweils den verschiedenen Figuren (z.B. *Büroangestellter* oder *Hutverkäufer* usw.) zugeordneten Sätze sowie die meisten Dialoge (*Zimmerwirtin*, *Sekretärin*, *Kellner*, aber weithin auch die Dialoge zwischen Jonas und Nanni) werden nunmehr als anonyme Stimmen aus dem Off eingesprochen.

Enzensberger führte vier Off-Sprecher ein[124], die er in einem handschriftlichen Eintrag auf seiner Textliste folgendermaßen charakterisierte:

Sprecher 1: pro Jonas : Typ: warm + dunkel

Sprecher 2: Ansager Jonas : Typ: interessante Meldungen, hell

Sprecher 3: contra Jonas : Typ: kalt + scharf + hell

Sprecher 4: Ansager abstrakt : Typ: weniger bedeutungsvoll + indiff.

Eine definitive Kontur erhielt insbesondere die Titel-Figur. Erinnern wir uns an jene frühe Charakterisierung – *Ein Durchschnittsmensch unserer Zeit, aber ein Sonderling*. Jonas wird durch Enzensbergers Kommentar-Text – und hier muss man vorausgreifend auch den nach der Uraufführung geänderten Schluss hinzunehmen – in seiner Außenseiter-Rolle zugleich zu einem modernen Jedermann. Im letzten Satz heißt es: *Jonas ist irgendeiner von uns*.

Diese dem Alltag der 50er Jahre zugeschriebene Ambivalenz verkünden die den Film einleitenden Morsestreifen, die Wohlstand und Wirtschaftsblüte in einem Atemzug nennen mit Selbstmord, Schwermut und

---

124 Auf einem Nachlass-Blatt werden den Sprechern die folgenden Namen zugeordnet: *Spr. 1: Wendt , 2: Fuss, 3: Haars, 4: Tamin*. OD erwähnt den Namen *Haars* in einem Brief an Bernhard Minetti vom 26.7.1956. Offenbar hatte er Minetti um sein fachmännisches Urteil zu den Sprechern gebeten, denn er bedankt sich bei ihm zunächst für die *anregenden Stunden* in Stuttgart und erwähnt dann, dass er *den Film in drei Tagen umgeschnitten* habe und jetzt hoffe, d*ass diese Änderung nun auch Ihren Beifall finden wird. Ich habe den Text durch einen anderen Schauspieler, Herrn Haars, sprechen lassen, nach meinem Gefühl still und nicht pastoral, ohne Manirismen [sic!] 'so ganz nebenbei'*.

Angst, eine Statistik, deren Aktualität ein halbes Jahrhundert nach JONAS nicht geringer geworden ist.

Insert:

Meldung ... 10. August 1957
mehr Selbstmorde als Verkehrsopfer
täglich gehen 30 Personen freiwillig aus dem Leben
Tag für Tag das gleiche Schicksal
trotz Wohlstand
trotz wirtschaftlicher Blüte
Grund: Schwermut
47 % der befragten Bevölkerung äusserte:
Angst .....

Dieser Ambivalenz entspricht in Enzensbergers Text der Auftakt in den städtischen Alltag. Es ist eine *leere*, *ausgestorbene* Stadt, aber Jonas *begrüßt den Morgen*. Eine gewisse Zweideutigkeit oder zumindest Uneindeutigkeit verhindert, dass von vornherein entschieden ist, wie die Geschichte enden soll. Und gleichzeitig dominiert in ihr von Anfang an diese *Angst*.

sprecher 1: (gleichmäßig, ohne pathos, mit ziemlich langen pausen, die durch / angedeutet sind)

in dieser stadt / in ihren türmen / ihren riesigen wabenkörben / zwischen signalen und maschinen / in dieser stadt wohnen keine götter / und keine helden. / die stadt schläft. / in ihren kabinen schlafen viele / sie schlafen in ihren ~~kabinen~~ zellen / im stahlskelett / sie schlafen hinter den chiffren / und den fassaden. / nur in den kellern regen sich / schlaflos / ~~ragen sich~~ die maschinen. / die stadt ist leer / sie hat keine bäume / und kein gelächter, / sie ist ausgestorben / wenn der morgen graut. / wenn der morgen graut / und du suchst einen / irgendeinen / einen mann namens jonas / zwischen den schildern und fronten / mußt du hinter die fassaden sehen / hinter die kalten / schlafenden ziegel. // seine welt ist mit zeichen vernagelt / die maschinen laufe tag und nacht / aber jonas / jonas steht an einem fenster / irgendeiner / an irgendeinem fenster / und begrüßt den morgen.

1'6"

Enzensbergers Regieanweisung *ohne pathos, mit ziemlich langen pausen* wird sich wegen der damit erreichten Kontraste für die sehr schnell geschnittene Stadt-Montage als überaus wirksam erweisen.

Mit diesem Prolog erhält alles folgende eine unverwechselbare Prägung. Durch die unterschiedlichen Tonlagen der vier Sprecher kommt in den gesamten Kommentar eine differenzierte Modulation. Sie übernimmt bis auf einzelne Jonas-Nanni- und Nanni-M.S.-Dialoge alle anderen ursprünglich vorgesehenen On-Dialoge.

(X) 10

einstellung 13-20: musik ellington

einstellung 21-22: musik ellington, darüber kommentar (nah)

sprecher 3: jonas, jonas, einer hat nach dir gefragt.

sprecher 1: irgendeiner. seinen namen? nein, seinen namen hat er nicht genannt.

~~so in deinem alter, jonas.~~

sprecher 3: was, du kennst niemand? du hast keine freunde?

sprecher 1: es hat aber einer nach dir gefragt. ~~irgendeiner~~. keine angst, er

soll ~~wird~~ wieder kommen, ~~er will was von dir~~ jonas. 21"

~~einstellung ... musik ellington, darüber ... (fern)~~

~~sprecher 2: weitergehen nicht stehenbleiben.~~ sprecher 2: weitergehen nicht stehenbleiben (2x!)

einstellung 31-42: zunächst kommentar, dann flötenthema

sprecher 2: (groß, über lautsprecher) bahnsteig 10: ~~vorsicht an der bahnsteigkante~~, F 154

tauernexpreß zur weiterfahrt nach wien ~~westbahnhof~~ belgrad bucarest

fährt soeben ein. 9" gefahren bahnsteig 12: vorortzug P 137 ~~...~~ 13"

sprecher 1: seriöser verhandlungspartner, hochqualifizierte persönlichkeit,

sprecher 3: gründliche erfahrung in menschenführung und kalkulation,

sprecher 1: überdurchschnittlich repräsentativ,

sprecher 3: ist entschlossen, frühzeitig und auf weite sicht zu disponieren,

sprecher 1: erst mal vorfühlen, die lage sondieren,

Die vorliegende Typoskript-Kopie enthält Korrekturen sowohl in der Handschrift von Enzensberger (alles klein geschrieben) als auch in der Domnicks (v.a. S. 3-5, mit seinen typisch wechselnden Schriftbildern).

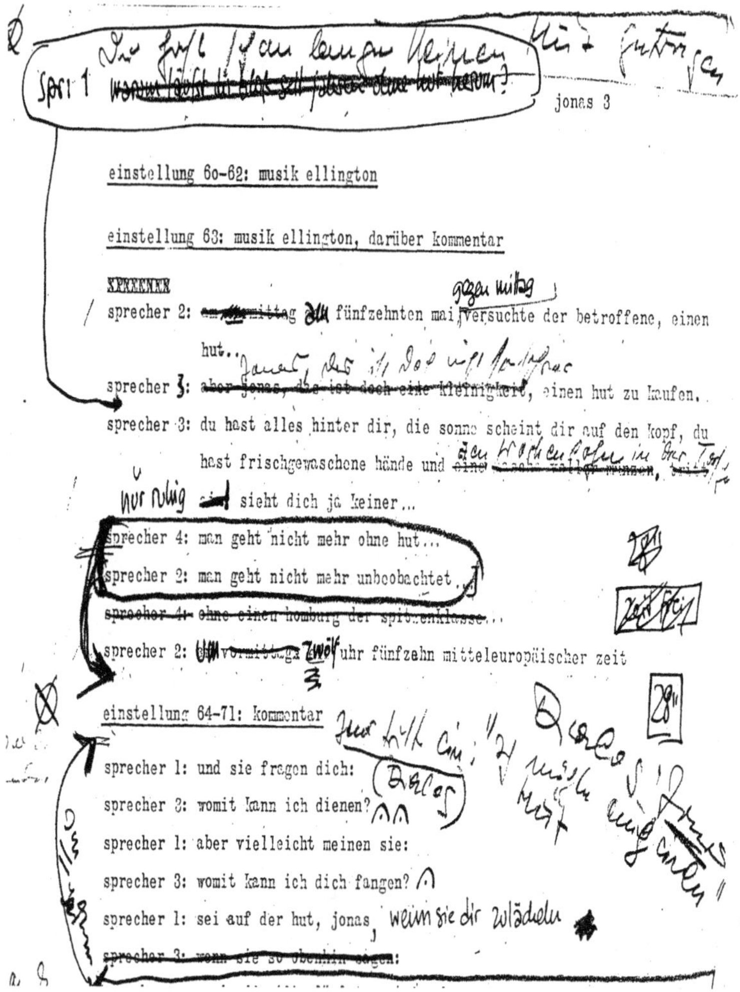
jonas 3

einstellung 60-62: musik ellington

einstellung 63: musik ellington, darüber kommentar

sprecher 2: am mittag am fünfzehnten mai versuchte der betroffene, einen hut..

sprecher 3: aber jonas, das ist doch eine kleinigkeit, einen hut zu kaufen.

sprecher 3: du hast alles hinter dir, die sonne scheint dir auf den kopf, du hast frischgewaschene hände und eine … sieht dich ja keiner...

sprecher 4: man geht nicht mehr ohne hut...

sprecher 2: man geht nicht mehr unbeobachtet.

sprecher 4: ohne einen homburg der spitzenklasse...

sprecher 2: um vormittags zwölf uhr fünfzehn mitteleuropäischer zeit

einstellung 64-71: kommentar

sprecher 1: und sie fragen dich:

sprecher 3: womit kann ich dienen?

sprecher 1: aber vielleicht meinen sie:

sprecher 3: womit kann ich dich fangen?

sprecher 1: sei auf der hut, jonas

sprecher 3: wenn sie so obenhin sagen:

Für die Tonaufnahmen wurde eine sekundengenaue Aufstellung gemacht (siehe zum Download bereitgestellte Dokumente und Materialien unter www.ibidem-verlag.de/downloads/9783838212371.zip), von der auch Enzensberger eine Kopie erhielt, um seine Texteinspielung zeitlich exakt einzupassen. In die Kopie trug er an den entsprechenden Stellen ein: *text E*. Darüber hinaus notierte er den Einsatz der Musik, der Geräusche oder der Sprechbetonungen wie z.B. *trommeltoccata*, *paukentoccata*, *silbenschnitt*, *sprachkonfetti*, *wortkonfetti*. (Diese Auflistung enthält einige Einstellungen, die zuletzt weggekürzt wurden.)

Enzensberger

Effekte
Ellington
Zeller

J O N A S   Sekundenfahrplan

Handschrift Enzensbergers

Rolle 1

Fernsehturm	morsezeichen	
dunkel		18"
Jonas	hutparade	19"
dunkel		28"
M.S.	pfiff	31"
dunkel		41"
Nanni	blues	45"
dunkel		56"
Fremder Herr	kitsch-hammond	59"
Titel	ellington indikativ	1'07"
Ende		1'35"

Montage Stadt		
Totale Fernsehturm	~~eur~~ text: fassade	
Hochhaus		
anderes Hochhaus		
Antenne von unten		
Baugerüst	steigender ton	
Sirene		
Druckereimaschinen		~~Xx~~7 1/2 "
Haus mit Wolken		10 1/2 "
Non-Stop-Zeichen		
Antenne		
Balkone wandern nach oben		14 "
Verkehrszeichen		20 1/2 "
Hausbrand		
Druckereimaschinen		23 "
Haus		24 1/2 "
Hausfront		
Hausfront mit Balkonen		
Hausfront von unten		
Hausfront		
Steine gehäufelt		30 "
Hausfront		
Verkehrszeichen mit Haus		
Verkehrszeichen		
Hochhaus		
Hochhaus		
Druckereimaschinen		
Hochhaus		38 "
Hochhaus		40 "
Verkehrszeichen		
Verbotsschild		
Hochhaus		
Hochhaus		
Mauern		
Verkehrszeichen		
Mauernischen		
Steine		
Gräber	} necropolis	50 "
Gräber		54"
Gräber		
Schild A C		
Schluss der Montage		59 "

»Dialogliste für den Dokumentar-Spielfilm Jonas«

So lautete die Überschrift für die endgültige *Dialogliste*, die Domnicks Vorgaben sowie die Text-Entwürfe von Enzensberger durchgesehen und überarbeitet enthielt. Mit einer vom Durchschlagpapier angefertigten Kopie hat man nahezu identisch den Text von JONAS, der nach den Dreharbeiten für die Endmischung neu eingesprochen wurde. Einige Teile wurden bei der Ton-Aufnahme wieder gestrichen oder einzelne Wörter hinzugefügt, womöglich spontan.

Aus der Kenntnis des fertigen Films ergeben sich für einzelne Dialog-Szenen Lippenbewegungen ohne Ton oder eine leichte Asynchronität zwischen Ton und Lippenbewegung. Auf einem im Rückblick geschriebenen DIN-A5-Zettel mit dem Domnick-Briefkopf heißt es dazu:

> *Der Film Jonas wurde mit Dialogen fertig geschnitten und, da nicht genügend abstrahiert, mit Commentar von Enzensberger versehen.*
>
> *Die Lippenasynchronität durch dieses Verfahren ist fast als Kunstmittel aufzufassen, wie vieles in der Kunst sich durch Zufall – ein grosses Thema – ergibt.* [...]

Das gleich zu Beginn angeführte Datum liegt nahe zum Datum der tatsächlichen Uraufführung von JONAS, ein Indiz für Domnicks präzise Planung (erinnert sei an die Drehbuch-Fassung *NRW-Antrag*, die zu Beginn das Datum *Frühjahr 1956* enthielt).

Schon die erste Seite zeigt, wie Domnicks Vorgaben aus seinem letzten Drehbuch mit Enzensbergers Kommentar kombiniert und weiter entwickelt wurden. So erscheinen die Morsezeichen aus dem *Original-Drehbuch* jetzt in ausformulierten Schlagzeilen, die ihrerseits in ihrem pessimistischen Ton von Enzensbergers Prolog-Sätzen aufgenommen werden.

Der Mix aus Sprecher-Kommentar und Stadt-Montage evoziert eine anonyme kalte Stadt. Und obgleich der Kommentar sich wie ein Sachtext liest, ist er nicht analytisch, sondern emotional. Dem kontrastiert die Bild-Montage, die das Starre und Chiffrenhafte des Textes verstärkt.

Die nach dem Prolog aus dem Off gesprochene und bis in die Schlussszene hinein wiederkehrende Polizei-Parole *Weitergehen, nicht stehen bleiben!* gehört mit zu den Sätzen, die Domnick bereits seit seinen frühen Entwürfen beibehalten hat. Auch sie repräsentiert die ambivalente Haltung des Films; denn einerseits gehört es zu seiner Thematik, dass Jonas nicht innehalten will, um sich seiner Angst zu stellen, und andererseits soll er darin nicht verharren.

Die Liste ist – ohne ersichtliche Logik – eingeteilt in 4 Akte, wobei der (nicht als solcher nummerierte) 1. Akt mitten in der Druckerei-Sequenz endet, der zweite von hier bis zur ersten Hutladen-Sequenz reicht, der 3. Akt mit dem Betreten des Stammlokals beginnt und der 4. Akt in Minute 32 beginnt, wenn Jonas zum ersten Mal die Kirche betritt und wieder verlässt; einen 5. Akt gibt es nicht.[125]

2. Akt

Druckerei:

Spr. 3 Einer wartet auf dich im Zimmer 17, Jonas, einer hat nach dir gefragt.

3. Akt

Stammlokal:

Spr. 1 Wie die Leute dich anschauen, - strahlend ... ein neuer Hut ... Typ Roayal im Königsformat ... ein

4. Akt.

Strasse mit Kruzifix

Spr. 2 Und Jonas floh vor dem Herrn, seinen Gott bis ans Ende der Welt und der Herr verfolgte ihn in seinem Zorn

125 Die vollständige Liste ist dokumentiert unter: www.ibidem-verlag.de/downloads/9783838212371.zip.

Interne Aufführung April 1957

Am 4. März 1957 hatte Domnick die erste Kopie in der Hand, so dass am 5. März die Zensur-Abnahme bei der Freiwilligen Selbstkontrolle in Wiesbaden beginnen konnte. Damit war der Weg frei für die nächsten Aufgaben. Dazu gehörte vordringlich die Frage, welche Verleihfirma sich für Jonas engagieren würde. Am 11.3.1957 schrieb Domnick wieder an seinen Bruder:

Stuttgart, den 11.3.57

Lieber Hans !

Ich war am Samstag in München bei Constantin und habe meinen Film vorgeführt.Auch hier wieder ein überraschend gutes Echo, aber Constantin ist zu groß, der sich für diesen differenzierten Film nicht sorgfältig genug einsetzen kann. Ich muss also jetzt weiter verhandeln mit Prisma oder Pallas. Ich gebe Dir sofort Nachricht, sobald ich etwas Luft habe. Ich bin zur Zeit selbst finanziell, wie Du Dir vorstellen kannst, stark engagiert. Am Donnerstag habe ich die Schlußabrechnung mit Nordrhein/Westfalen. Die Herren kommen hierher. Es ist also allerhand Trubel hier, ausserdem habe ich am Samstag die Hartung-Ausstellung in der Staatsgalerie. - Am 22./23.März habe ich noch eine kleine Nacharbeit in Göttingen vorzunehmen und am 28.März liegt der Film dann zur Prädikatisierung in Wiesbaden vor. Von diesem Prädikat hängt auch etwas ab.

Mit freundlichen Grüssen auch an Trudel
Dein

Die Schritte sind darin klar abgesteckt: Außer der Verleih-Frage – von den genannten Firmen war es schließlich der Pallas-Verleih, der JONAS übernahm[126] – musste der im Schreiben des NRW-Kultusministeriums vom 25.7.1956 geforderte Nachweis über die Verwendung der Förderung (Landeszuschuss) bis zum 30.4.1957 eingereicht werden. Offensichtlich war eine diesbezügliche Besprechung schon vorzeitig angesetzt worden. Und: die für die Kinoauswertung wichtige Vergabe eines Prädikats (*wertvoll*) stand bevor.

Am 20.4.1957 zeigte Domnick in einer internen *Nachtvorstellung* in Stuttgart den Film seinen Mitarbeitern. Ein Nachlass-Typoskript enthält dazu den folgenden Redetext:

126 Am 9.7.1957 schrieb Domnick an das Pressebüro: *Ich habe inzwischen nun auch einen Verleih gefunden – Pallas – und ich glaube auch, dass ich dort gut aufgehoben bin. Die Auslandsrechte möchte Transocean übernehmen.*

Liebe Mitarbeiter!

Dieser Film ist kein Unterhaltungsfilm und deswegen auch nicht in der Kategorie "Spielfilm" einzuordnen. [...] Dieses Thema kann man so und so behandeln. Mir aber lag daran, nicht eine Handlung zu zeigen, vielmehr einen Zustand zu schildern. Es ist ein 'statischer' Film trotz seiner Dynamik. Den Zustand des modernen, vereinzelten, kontaktgestörten Menschen. Und zur Schilderung des Zustands habe ich mit der üblichen Schnitt- und Dialogform nicht auskommen können. Es war mir alles zu direkt, zu konkret, nicht abstrakt genug. Ich fand eine neue geistige Ebene im Film mit dem Commentar von Enzensberger, der in Form von vier verschiedenen Stimmen den 'Jonas' begleitet. Diese Stimmen haben oft Entfremdungscharakter, sie sind hämisch, spöttisch - oder mitleidsvoll, sie sind teils rein distanziert commentarhaft von betont sachlicher Formulierung ohne Affekt, teils geben sie die einander widerstrebenden Gedanken des Jonas wider: führend, treibend, fordernd, retardierend. In der griechischen Tragödie hatte der Chor eine ähnliche Funktion.

Das gleiche habe ich mit der Musik angestrebt: Duke Ellington mit seinem progressiven Jazz [...] wozu Zillig den Gegenpart bildet. [...] Wir haben im ganzen Film keine Geräusche, alles ist musikalisch übersetzt, um den Naturalismus zu überwinden.

Denn ich habe versucht, mit Ihnen allen einen Film zu gestalten, der bewusst neue Formen der Bild-Ton-Aussage vermittelt, wobei die einzelnen Elemente spezifisch sich der künstlerischen Aussage unterordnen bzw. sie steigern, sie verdeutlichen, sie versinnbildlichen.

So könnte daraus eine Einheit entstehen, in der Bild, Sprache, Musik sich gleichwertig der künstlerischen Idee zur Verfügung stellen. Einheit entsteht immer da, wo zwingend Einzeldisziplinen zusammenwachsen. Das ist in der Malerei genau so wie im künstlerischen Film. Der Film als Gattung ist ein komplexes Gebilde von hoher Aussagefähigkeit und, sofern er von Niveau ist, von einer spezifischen Grammatik des optischen Wortschatzes und des filmischen Satzbaus.

Ob mir das Experiment gelungen ist, darüber entscheiden andere. Man kann nur seine Arbeit zur Kritik stellen und das Echo abwarten. Jeder stellt seine Arbeit zur Kritik, zur Diskussion. Der Erfolg seiner Arbeit ist nie vorausschaubar (Sonst gäbe es ja ein Rezept).

Trotz aller Dynamik, die meinem Temperament entspricht, ist dieser Jonas ein stiller Film und trotz allen darin angeschlagenen menschlichen Problemen ein Film ohne Pathos. Meine Darsteller haben mir geholfen, das zu verwirklichen und alle meine Mitarbeiter haben mich unterstützt.

Ich danke Ihnen allen für Ihre treue Mitarbeit und freue mich, Ihnen nun endlich den Jonas zu präsentieren. Ich wünsche Ihnen für anderthalb Stunden eine gute Antenne.

Nimmt man den letzten Satz wörtlich, so handelte es sich hier um eine Kopie mit der Länge von 2.410 m, was der erwähnten 9-Rollen-Länge entspricht.

Für die Herstellung einer *besonders schönen Kopie* in Göttingen – zur Uraufführung – verfasste Domnick mit Datum vom 24.5.1957 eine weitere kurze Inhaltsangabe des Films:

Der Film JONAS ist ein statischer Film. Er hat keine Handlung im üblichen Sinne, sondern will einen psychischen Zustand aufzeigen. Jonas ist ein Durchschnittsmensch unserer Zeit.: bedrängt von den anonymen Signalen, den Schlagworten, dem Betrieb der modernen Zivilisation, - vereinsamt und kontaktschwach, - belastet von seinem Gewissen und unfähig, mit einer alten Schuld fertig zu werden, die er zu verdrängen sucht. Die Story ist betont abstrahiert: Durch eine Bagatelle, die Verwechslung eines Hutes, an dem sich die alte Schuld symbolisiert, wird J. in eine Gewissenskrise hineingetrieben, die trotz menschlicher Anteilnahme eines Mädchens zur Katastrophe führt. Aus der Schuld, die ihn verfolgt, entwickelt sich eine psychotische Verwirrung, aus der es nur den Ausweg in eine ungewisse Zukunft gibt.

Der Film arbeitet mit Mitteln der modernen Literatur, insbesondere dem inneren Monolog, mit einem lyrischen Kommentar und Verfremdungseffekten, die auch durch den Schnitt ausgedrückt werden.

Es ist erstaunlich, dass er in dieser kurzen Annonce mit keinem Wort auf die Musik eingeht. Und erstaunlich mag es anmuten, wenn Domnick den Film erneut als *statisch* kennzeichnet und zugleich von der *Gewissenskrise* spricht, in die Jonas *hineingetrieben* wird und die *zur Katastrophe führt*, hier allerdings mehrdeutig pointiert als *Ausweg in eine ungewisse Zukunft*. Der Eindruck verstärkt sich, er wollte die schon früh von ihm verwendete Formel vom *Zustand* (als dem Gegensatz zu *Handlung* und *Story*) immer wieder untermauern, um sich damit deutlich von populären Handlungs-Filmen abzugrenzen.

Uraufführung Juni 1957 und Nachbearbeitung

Am Mittwoch, 26. Juni 1957, um 18.00 Uhr wurde JONAS im Rahmen der Berliner Filmfestspiele im Zoo-Palast uraufgeführt. Domnick ließ *3000 Einladungen* verschicken: *Welt-Uraufführung des mit dem Prädikat wertvoll ausgezeichneten Films* JONAS. EINE FILMSTUDIE UNSERER ZEIT.[127]

Mit diesem Untertitel waren auch die Filmplakate versehen. FILMSTUDIE hatte 1926 der Avantgarde-Filmer Hans Richter seinen abstrakten Minutenfilm genannt.[128] Es liegt nahe, dass Domnick, der in der *Halluzinose*-Sequenz mit Mehrfach-Überblendungen arbeitete wie sie auch bei Richter zu sehen sind, sich von dessen FILMSTUDIE hatte anregen lassen.

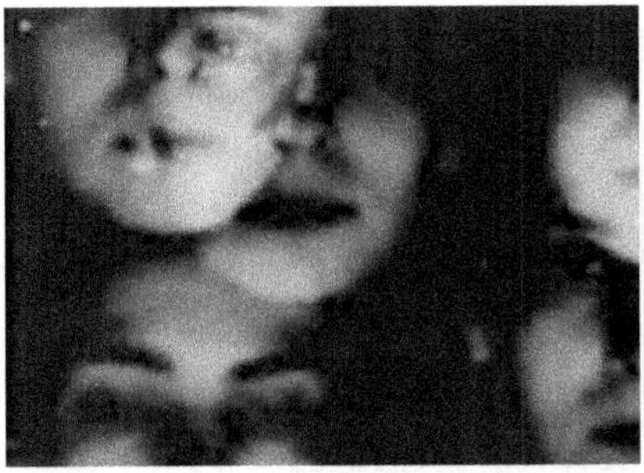

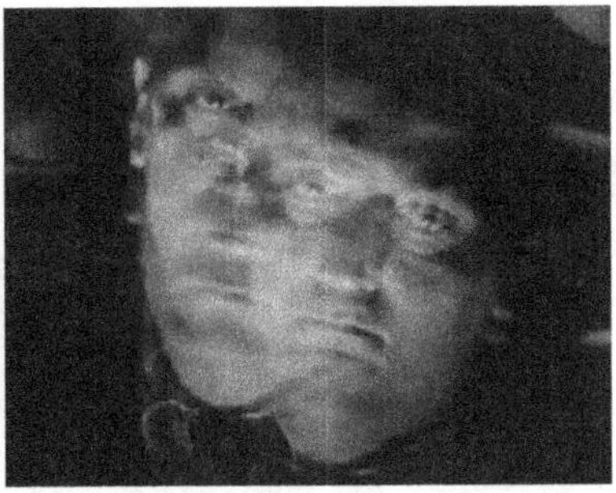

(29) Links: Aus Richters FILMSTUDIE, rechts aus JONAS.

An Robert Graf, Elisabeth Bohaty und an die anderen Mitglieder des Teams erging die Einladung bereits am 7. Juni 1957: Zur Aufführung im Zoo-Palast 18 Uhr mit Pressevorführung (400 Presseleute) und um 21 Uhr in der Filmbühne Wien.

In seiner Autobiografie lieferte Domnick zu den zustimmenden und ablehnenden Publikumsreaktionen die folgenden lapidaren Erinnerungs-Splitter: *Nachdenken. Besinnen. Ein anderer Schluß? Vielleicht. Diskussionen.*[129]

---

127 Im *Entwurf* zur Autobiografie (in: Nachlass-Mappe *Prosa. Hauptweg und Nebenwege. Entwürfe. Korrigiertes Typoskript* S. 179) schrieb Domnick: *Ich war mein eigener Reklamechef und brachte selbst die Plakate in Berliner Geschäften und Hotels an. Selber machen, dann weiss man, das es stimmt.*

128 Siehe dazu: http://video.google.com/videoplay?docid=9156164151430755006.

129 *Hauptweg und Nebenwege* S. 254.

Offensichtlich hatte sich die Hauptkritik gegen den zu langen Schlussteil gewandt. In der WELT schrieb der Kritiker, der Film quelle am Ende auf *zu endlos optischen Assoziationsfolgen, qualvoll lästigen Photostudien, zu schwarzweißem Seelenquark.*[130]

Domnick nahm diese Kritik im Kern ernst. In einem 3-Seiten-Brief vom 6. Juli an Enzensberger kam er ausführlich auf Änderungsabsichten zu sprechen – *im letzten Drittel* bzw. *im letzten Viertel.* Es waren dies jene dialogarmen Partien des Films, die von der Komposition Zilligs bestimmt wurden.

Wie gesagt: Domnick ließ sich auf diese Kritik nicht nur ein, er machte sie sich in ihren Konsequenzen sogar teilweise zu eigen. *Man missversteht zweifellos meine filmischen Tendenzen, aber vielleicht ist doch etwas dran.* Und: *Auch mir fallen gewisse ziehende Längen auf.* Und: Die *Idee* müsse noch etwas *verdeutlicht* werden. Kürzungen und ein zusätzlicher Kommentar von Enzensberger sollten das bewirken. Der Brief stellt in verschiedener Hinsicht auch einen Höhepunkt der langen, selbstkritischen Arbeit des Filmemachers dar:

Lieber Herr Enzensberger!

Dank für Ihren Brief. Jonas wurde von Berlin und von Bonn für die Filmfestspiele Berlin ausgewählt und lief als deutscher Beitrag neben "die letzten werden die ersten sein" CCC Brauner Berlin. Wie zu erwarten, fand Jonas zwiespältige Aufnahme. Die einen finden ihn grossartig und kritisieren mit Superlativen, so u.a. die Frankfurter Allg. Zeitung mit Karl Korn, die andern finden dieses Experiment misslungen. Aber Berlin erlebte durch Jonas am 6.Tag einen Höhepunkt und Diskussionsthema war seitdem Jonas. Ich schicke Ihnen einige Kritiken, die ich doppelt habe, ausserdem meinen Prospekt.

Der Film erhielt das höchste Praedikat "besonders wertvoll" und zwei Bundesfilmpreise für die Musik und die Bildgestaltung. Ich bin also mit Orden nach Haus gekommen und Verleih-Verhandlungen bahnen sich an. Die Reaktion im Publikum war gut. Man war aufmerksam, durch das Bild gebannt und von der Musik beeindruckt.

130 Georg Ramseger. Zitiert nach: *Der Spiegel* vom 10. 7. 1957.

Und doch möchte ich jetzt, nachdem 3.000 Menschen den Film sahen und ich mit vielen sprach, noch einiges ändern. Ich glaube, dass wir die Idee noch etwas verdeutlichen müssen und dass wir im letzten Drittel, wenn der Commentar aufhört, Commentar bringen sollten. Denn die Kritik ist über Thema und Gestaltung in einmütiger Begeisterung. Alle kritisieren das Nachlassen im letzten Viertel, d.h. Ladenstübchen Jonas/Nanni und Spiegelbild Jonas solo. Man empfindet verliebte Einstellungen, l'art pour l'art im Bild, zu wenig Aussage und ziehende Tendenzen. Das Tempo in den ersten Dreivierteln des Films wird als spannend empfunden, während es im letzten Drittel nachlässt. Der Höhepunkt sei überschritten, der Film falle ab. Man zitiert: Domnick und Enzensberger geht der Atem aus. Man missversteht zweifellos meine filmischen Tendenzen, aber vielleicht ist doch etwas dran.

Ich bin bereit zu kürzen im Ladenstübchen Nanni/Jonas und bei Spiegelszene Jonas. Aber man kann natürlich nun auch mit einem Commentar diese Szenen aktivieren. Dass würde bedeuten, dass Sie noch einmal Platz nehmen und Ihren klugen Kopf trotz tropischer Hitze etwas bemühen. Ob erfolgreich oder nicht. Ich möchte, nachdem ich so einen glänzenden Start in Berlin hatte und ich die grösste Presse auf dem Festival hatte, es nun auch an der letzten Korrektur nicht fehlen lassen. Ob ich einen Fehler mache? Ich glaube nicht. Auch mir fallen gewisse ziehende Längen auf und man sprach geradezu von einem Seelenkrampf.

Thematisch kam zur Sprache, dass ich als Arzt keine Therapie gegeben hatte, worauf ich erwiderte: es sieht dunkel genug aus und ich hätte keine therapeutischen Vorschläge. Man könnte natürlich Jonas durch die Hölle, durch das offene Meer laufen lassen und ihn als andern nach dem Du- Spiegelmonolog in die Zukunft schreiten lassen, aber ich bekomme Gänsehaut, wenn ich an eine geläuterte Seele oder an ähnliches denke.

Sie sind moderner und gescheiter als ich. Ich wüsste schon, wie, aber kann es schlecht formulieren. Anregung: Jonas im Zwiegespräch im Spiegel. Das muss aber aktiv werden. So wie: den Hut bist du nun los. So wie eine Schlussapotheose. Man könnte es auch analytisch deuten. Man wirft mir nihilistische Tendenzen vor, aber Nihilismus ist ja auch eine Lebenseinstellung. Vielleicht ist eher am Schluss zu viel Pathos drin! Der Film wird am Ende schwer erträglich und das könnte ihm Abbruch tun. Deswegen müssen Sie noch mal ran. Aber natürlich mit Lust und Liebe, sonst wird es nichts. Bitte keine Schulaufgabe.

Der schöne Prospekt wird Sie anregen und die Kritik von K.K. und Ramseger auch.

Mein nächster Film wird eine sarkastische Komödie. Der Spiegel ausgerechnet der Spiegel bringt einen Aufsatz über Jonas, die Sensation von Berlin. Man sieht, die Welt ist rund und der Spiegel bringt uns beide wieder in die Spiegelung.

Alles eilt sehr, da der Film, sofern er die Änderungen bringt, Anfang Sept. in den Einsatz soll und für die Biennale Venedig im August gemeldet ist.
Anliegend noch eine Liste mit Vorschlägen.

Klippen des Films und Vorschläge

1.) Nach 1.Rückblende Litfassäule

Es wird nicht deutlich, dass es sich um die Vergangenheit handelt. Daher evtl. auf Plakatkleber, der den Steckbrief zuklebt (nur 7 Sek.) einen Text des Inhalts: als Fahndungsprotokell: "Eine Schuld gegenüber seinem auf einer Flucht verschollenen Freund MS konnte dem Betroffenen nicht nachgewiesen werden, da er sich im Notstand befand"

Dann geht es weiter: Er hat das Monogramm gesehen....

Dann etvtl. auf die Strassenfeger kurzer Text, die hinter Jonas mit Besen hergehen.

2.) Tanz ist zu lang. Evtl. Original-Dialog.

3.) Abends Nanni/Jonas bei Döderlein
Die Bibelstelle kommt zu unvermittelt, da niemand sie kennt. Vorher Jonas:"Er floh vor seiner Schuld". Dann sollte kurze Einleitung kommen, dem Sinne nach: Er floh vor seiner Aufgabe, er kam in den Bauch des Walfisches, er betete.

4.) Die 3 Commentare Döderlein- fremder Herr, Döderlein-Theke und Strassenkreuzung folgen etwas dicht aufeinander. Evtl. Strassenkreuzung kürzen.

5.) Ladenstübchen

Ratloses Umhergehen Nanni wird nicht ertragen, zu lang. Dort evtl. tropfende Worte. Oder kontrastierend zu langsamem Bild treibender Commentar wie Hutdiebstahl. Diese Szene muss eigentlich der Höhepunkt sein.

6.) Spiegelszene

Es wäre zu überlegen, ob man am Schluss nicht in Form eines Monologes oder eines Spiegel- Du- Gespräches (dem Bild entsprechend) eine Verdeutlichung der Film- Idee bringen sollte. Der Film sollte dax, wie es mir ja auch optisch vorschwebte, das Ende hochziehen bis zum Lachen, dann ist das Anhängsel: Weitergehen, nicht stehenbleiben, der endgültige Schluss.

Am Dienstag kommt Herr Andersch (Texte und Zeichen) und möchte etwas in seinen Heften über Jonas bringen.

In Anbetracht der bevorstehenden Hmarbeitung und des Einsatzes bei der Biennale und in Edinburgh wäre eine rasche Bearbeitung erforderlich.

Generell war Enzensberger von der Kritik positiv überrascht und daher auch an deren Einwänden interessiert. Vorsichtigen Text-Änderungen bzw. -Kürzungen stimmte er zu, im Hinblick auf das ebenfalls kritisierte offene Ende wollte er sich auf keinen Kompromiss einlassen. Er antwortete am 15. Juli, jetzt nicht mehr aus Stuttgart, sondern aus Norwegen:

Lieber Herr Domnick,

vieln Dank für Ihren Brief. Die Aufnahme von Jonas hat meine Erwartungen weit übertroffen, ich habe unsere Kritik und das Publikum doch unterschätzt, wie ich sehe. Ich danke Ihnen auch für die sehr faire Art, mit der Sie Ihre Mitarbeiter im Prospekt und anderswo zu Wort kommen ließen.

Die Kritik am letzten Viertel des Films kommt mir nicht ganz unerwartet, und ich glaube, daß sie teilweise berechtigt ist. (Die anderen Korrekturen, 1-4 in Ihrer Liste, sind Kleinigkeiten.) Frage: Was ist zu machen? Ich glaube nicht, daß der Text bei einem Film wie diesem ein Allheilmittel sein kann. Die Offenheit des Ausgangs darf auf gar keinen Fall beseitigt oder überkleistert werden, und im Grunde ist <u>sie</u> es, die die Kritiker plagt. Ich würde jedenfalls zunächst zu Kürzungen raten, vor allem im Ladenstübchen, eventuell auch in der Halluzinose. Diese ist virtuos gefilmt, aber es läßt sich fragen, ob der ästhetische Genuß, das artistische Vergnügen nicht auf Kosten der Glaubwürdigkeit gehen (vom Durchschnittsbetrachter aus gesehen jedenfalls).

Das soll nicht heißen, daß ich keine Möglichkeiten für einen Text sehe. Ich werde mich gern daranmachen. In drei Tagen können Sie mit einem Kommentar-Vorschlag rechnen - schneller geht es leider nicht.. Ich glaube, allzuviel dürfen wir uns nicht davon erwarten. Mir fehlt hier ein Sekundenplan und vor allem die ständige Erregung durch das Bild - ein sehr wichtiges Arbeitselement.

In drei Tagen also melde ich mich wieder -
Mit herzlichen Grüßen
Ihr

Schon am nächsten Tag (16. Juli) wurde der angekündigte Brief geschrieben, der auch die Text-Ergänzungen mitlieferte. Wie daraus hervorgeht, war man sich einig – es ging vor allem um die Hutladen-Szene. Sie war zu lang und zu sehr ausgespielt.

lieber herr domnick, hier das ergebnis tagerlager überlegungen. es ist nicht viel, ich habe alles andere in den papierkorb wandern lassen.
die korrekturen 1, 3 und 4 sind kein problem.
gegen den einwand 2 möchte ich protestieren. ich halte ihn für ganz unbegründet. die tanzszene ist eine der stärksten des films, es ist nicht zu verantworten, daß man hier die musik zerreißt: sie ist dichter als jedes mögliche wort. hier macht sich der konsumgeschmack breit, der zwei wortlose minuten nicht ertragen will. ich würde da keine konzessionen machen. verschließen sie ihr ohr!
nun zu (5) ladenstübchen. ich habe die textbasis etwas vergrößert, mit einer andeutung von erotik (der mund des mädchens, ich erinnere mich an das bild). die zerstörung des fast gelungenen kusses muß akustisch verdeutlicht werden. ich schlage also vor, den liebesmonolog nannis durch morsezeichen zu durchlöchern. im übrigen glaube ich, daß diese szene schnitte verträgt. sie ist länger als ihre aussage, und es wäre falsch, einfach text nachzufüllen.
das schwierigste problem ist (6) halluzinose. ich war immer der meinung, daß die szne stumm ablaufen sollte, und glaube daran auch jetzt noch. aber vielleicht überfordert das den zuschauer. ich habe allerdings den verdacht, daß man sie dazu zwingen will, eine lösung, ganz egal was für eine, anzugeben, damit die leute beruhigt nach hause gehen können (entweder jonas kommt in die klinik, dann haben wir ihn vom hals: ein medizinischer fall - oder jonas wird gerettet, darauf will mostar hinaus, warum dann nicht als schlußbild eine birke im wiesengrund und kuß in großaufnahme? auf derartiges lassen wir uns keinesfalls ein. die wahrheit ist, daß es am schluß des filmes nichts mehr zu sagen gibt, die handlung ist nicht weiterzutreiben. daher der eindruck der länge: die leute sind nicht bereit, sich ihre absolut präzise beschreibung eines zustandes (der keine handlung im dramatischen sinn mehr ist) anzuschauen. ich habe es mit einem dialog jonas/spiegelbildjonas versucht, aber die psychische verfassung des "helden" erlaubt im grunde kein solches

gespräch mehr. die einzige alternative zur stille ist dehalb ein epischer, rekapitulierender text, ein epilog in analogie zu dem prolog, mit dem der film beginnt, etwas derartiges habe ich nun versucht. ob es so geht, können sie nur an hand des bildes entscheiden. der text ist ziemlich kurz, aber es hat keinen sinn, weitschweifig und wortselig zu werden. Eventuell könnten wir mit harten Echos, akustischen Übersetzungen der Spiegelwirkung arbeiten, jedenfalls an den rot unterstrichenen Stellen. ich habe ungefähr acht seiten text geschrieben, aber alles wieder gestrichen, es kommt hier auf äußerste knappheit der worte an, mein vorschlag enthält eher zuviel als zu wenig. bedenken sie, daß das kleinste zuviel am ende alles verderben kann.

ich hoffe, daß ihre und meine mühe trotzdem nicht umsonst war. viel glück für venedig und edinburgh! ich wünschte, ich wäre dabei.

haben sie schon einen neuen stoff? es sollte mich wundern, wenn sie nun film film sein ließen. eigentlich wäre jetzt eine ganz harte und rücksichtslose komödie fällig, à la Swift.

herzliche grüße
ihres

Enzensbergers Aussage war eindeutig: Keine Konzessionen an den *konsumgeschmack*. Die Kritik an der *wortlosen* Tanzszene lehnte er ab.

Der neue, zusätzliche Text (auf 2 DIN-A4-Seiten) nummerierte die einzelnen Partien von 1-6, so dass sie Domnicks Auflistung zugeordnet werden konnten. Der wichtigste Punkt betraf die Sequenz mit Nanni und Jonas im Hutladen (*Ladenstübchen*). Enzensbergers Vorschlag, *daß diese szene schnitte verträgt*, wurde offensichtlich realisiert (Kürzung um ca. 3 ¼ Minuten), ebenso folgender Text-Mix aus Dialog und Sprecher-Kommentar:

(5) Aber was haben Sie denn, es ist doch niemand hier!
Viel ist hier, was das Mädchen nicht hört
Viel geht im Schatten und überall sind die Stimmen
und die Sirenen
und du kannst die Vorhänge zuziehen und die Tür versperren

Enzensbergers Sprecher-Texte umspielen die Situation, in der ein Wachmann das unverschlossene Gitter vor dem Hutladen beanstandet und im *Ladenstübchen* Nanni versucht, Jonas zu beruhigen. Nannis Monolog aus Domnicks Text-Vorgabe lautete:

So schön tanzten wir heute nachmittag . . .
Ich war glücklich mit Ihnen . . . mit Dir . . .
Dann verlor ich Dich . . . Du liefst weg . .
und ich freute mich so auf den Abend mit Dir . .
und dann warst Du fort . . bis ich Dich fand . .
im Bahnhof . . .

Jetzt liegst Du neben mir und ich kann Deinen
Herzschlag hören . . . Du bist bei mir . .
ich habe Dich ganz für mich . . Du bist
nicht allein . . .

Sag doch etwas ! . . ! Jonas bitte !

(30) Einstellung aus JONAS, auf die Enzensberger anspielte.

In diese Szene hinein fallen Enzensbergers Sprecher-Kommentare mit folgenden Passagen:

zu (5) Das Patentsicherheitsschloß Efka 33 bietet Ihnen absolute Einbruchsicherheit bei größtem Komfort und niedrigstem Preis. Warum unruhig schlafen? Ekfa bedeutet Sicherheit - auch für Sie!

Aber zwischen deinem Mund, Jonas, und ihrem

So nah ihr Mund

brechen die Stimmen ein, die Stimmen pfeifen wie ein Gezwitscher

von rasenden Vögeln

wie ein Sturm pfeifen die Stimmen

(Morsezeichen auf Kurzwelle, verschiedene Tonhöhen: dumpfe und schrille Signale. Der nun folgende Monolog Nanni (So schön tanzten wir....bis ...Jonas, bitte) wird von den Morsezeichen durchlöchert, deren Intenisiät sich steigert; gegen Ende brechen sie plötzlich ab.)

Auch in den Überlegungen zur *Halluzinose* beharrte Enzensberger auf Sparsamkeit des Textmaterials und insgesamt auf einem kompromisslosen offenen Ende. Die in diesem Zusammenhang angesprochene Lösung *Jonas wird gerettet* (in Mostars[131] Beitrag aus dem Programmheft der Uraufführung) quittierte Enzensberger mit unverhohlenem Spott (*warum dann nicht als schlußbild eine birke im wiesengrund und kuß in großaufnahme?).*

Am liebsten hätte Enzensberger die *Halluzinose* als *stumme Szene* gesehen. Domnick wollte aber, zusammen mit einer Kürzung dieser Sequenz, einen Sprecher-Kommentar dazu. Enzensberger berichtete von verschiedenen Textversionen – eine Art Dialog zwischen Jonas und seinem Spiegelbild, acht Seiten Text und alles wieder gestrichen –, um

131 Gerhart Herrmann Mostar (1901-1973) war zu dieser Zeit *Deutschlands bekanntester Gerichtsreporter* (v.a. in der Süddeutschen Zeitung), aber auch ein beliebter Unterhaltungsschriftsteller. Mostar hatte geschrieben: *Die Schuld des modernen Jonas in Domnicks Film ist gering, so gering daß sie nur vor ihm selbst Schuld ist: sie wäre juristisch überhaupt nicht faßbar, moralisch kaum verurteilbar. Aber sie verfolgt ihn, solange er sie nicht erkannt hat; sie hindert ihn, in Ruhe zu leben, in Freude zu lieben; sie hetzt ihn, sie ruft ihn mit drohenden Stimmen, sie macht ihn krank, sie wird zum Verfolgungswahn. Ihr Entstehen, ihr Verlauf, der Kampf gegen sie wird mit den einfachsten, fast einfältigen Mitteln dargestellt – die Erlösung von ihr wird nur als Möglichkeit der Zukunft eben angedeutet.*

schließlich den Einfall eines *Epilogs* zu realisieren, in seinen Worten *ein epischer, rekapitulierender text*. Er lautet:

Wenn Sie nachts durch die Ladenstraßen gehn, zwischen erloschenen Schaufenstern, durch ausgestorbene Passagen, denken Sie daran! Denken Sie daran, daß hinter den dunklen Gläsern, zwischen den Spiegeln und Magazinen, ein Mann steht, einer, der nicht weiß woher und wohin, ein Mann am Ende seiner Kraft, irgendeiner an irgendeinem Abend, ein Mann namens Jonas. Ein Mann ohne Hut in einem Inferno von Hüten. Seine Schatten haben ihn eingeholt. Er ist allein mit seinen Schatten. Sie tanzen vor ihm in den Spiegeln, viele Schatten, manche von ihnen grinsen, manche bedrohen ihn. Sie betteln und schreien, sie äffen ihn nach, sie beschimpfen ihn und lachen ihn aus, und sie heißen alle Jonas wie er. Welcher von uns bin ich? fragt Jonas. Welchen von uns wird die Nacht fortschwemmen, welcher von uns wird verschellen im Bauch der Hölle, welcher von uns kann beten, welcher von uns wird gerettet werden und erlöst und welcher in eine Kiste gelegt und verscharrt und welcher nicht und welcher wird weitergehen und welcher stehenbleiben in einem finsteren Spiegel?
Die Stadt schläft, sie hat keine Antwort für Jonas. Jonas, das ist irgendeiner, ein Mann ohne Antwort. Es gibt Hüte genug für alle seine Schatten, aber der größte, der feierlichste Hut ist nicht schwarz genug, um ihre Stimmen zu ersticken. (Bild mit Zylinder, Gelächter) Jonas ist irgendeiner von uns: ein Mann ~~ohne Antwort~~ mit vielen Schatten, ein Mann ohne Antwort.

Enzensbergers Vorschläge wurden von Domnick umgehend eingearbeitet. Sein Brief vom 31.7. verwies auf die bereits durchgeführte Mischung und die vorgenommenen Kürzungen. Für die Kino-Auswertung wurde eine Kopie hergestellt mit einer Länge von 2.291 Meter (= 84 Minuten), anstelle der 2.375 Meter (= 87 Minuten) vom März 1957. Sie lag, wie bereits erwähnt, am 26.8.1957 der Prüfstelle in Wiesbaden vor.

N/D 31.7.57

Lieber Herr Enzensberger!

Vielen Dank für Ihren Brief und Ihren Entwurf. Ich finde, dass Sie es wieder sehr gut gemacht haben, und aus diesem Grunde haben wir nun auch am Wochenende in Göttingen die neue Mischung durchgeführt. Drei Szenen habe ich etwas gekürzt: Druckerei - Nanni und Jonas im Abendlokal - Ladenstübchen, wo der neue Kommentar raufgenommen wurde. Das Ende mit der Spiegelszene wurde mit Ihrem Epilog besprochen.

Ich glaube, dass die ziehenden und quälenden Längen des Films beseitigt sind und dass man vor allen Dingen den Schluss des Films wieder etwas angezogen hat. Ich bekomme heute die neue Kopie und bin neugierig, wie sich das ganze im Ablauf macht. Ich werde Ihnen dann wieder schreiben.

Am Samstag, den 3.8., kommt der Pressechef von Pallas-Filmverleih GmbH., mit der ich ja nun einen Verleihvertrag abgeschlossen habe. Somit werden auch für Sie weitere DM 1.000,-- fällig, die ich Ihnen überweisen lassen möchte. Bitte geben Sie mir deshalb Ihr Konto an. Am 11.10.57 ist dann der Start in Hamburg, Frankfurt, Stuttgart und München. Das Echo werden Sie ja aus der Presse hören.

Eine kleine, aber niedliche Groteske: Der Huteinzelhandel interessiert sich für JONAS und startet nun von sich aus eine entsprechende Propaganda: "Man geht nicht mehr ohne Hut."

So viel für heute.

Mit herzlichen Grüssen auch an Ihre Frau
bin ich Ihr

Der Briefwechsel mit Enzensberger ging weiter, auch noch nachdem die dringenden JONAS-Fragen erledigt waren. Die Vermutung, Domnick habe sich die beratende, wenn nicht die tätige Mitarbeit dieses jungen Talents auch für künftige Absichten erhalten wollen, lässt sich nicht von der Hand weisen.

Umgekehrt war auch Enzensberger an Domnicks weiteren Plänen und Ideen interessiert. Im Brief vom 3.8.1957, also zwischen der Uraufführung und der Kino-Auswertung, ging er noch mal auf den Epilog ein und dessen Bedeutung für die Balance des kritisierten Schlussteils:

lieber herr domnick,

sehr schön, daß die paar akzente, die ich noch setzen konnte, der sache genützt haben. selbst wenn der epilog in sich kein chef d'oeuvre ist, so wird er vielleicht helfen, die balance der teile herzustellen, damit die sache nicht kopflastig wirkt.

[…]

die gute erfahrung, die sie mit "jonas" gemacht haben, deutet, wie ich glaube, auf eine veränderung in der haltung der filmidustrie überhaupt hin. in deutschland hat sich nur noch nicht herumgesprochen, daß es mit dem alten kintopp langsam, aber unwiderruflich zu ende geht. ich war auf meiner amerikareise zehn tage lang in hollywood und habe mit einer anzahl der wichtigen leute sprechen können. der trend geht dort unverkennbar in folgender richtung:

1. schluß mit luxusmileus, künstlicher und kolportagehafter handlung, konzentration auf reale themen, wirkliche milieus (als beispiel etwa "marty" oder der ausgezeichnete "twelve angry men")
2. größere unabhängigkeit der produktiven kräfte, der regie, der autoren, sogar der schauspieler gegenüber den produktions- und verleihkolossen.
3. das emporkommen unabhängiger produzenten, die zunächst "umsonst" arbeiten, sich dann am erlös des films beteilige n lassen.

das fand ich doch sehr interessant, es ist genau der weg, den sie mit jonas der industrie in deutschland demonstriert haben. wahrscheinlich wird man dem fingerzeig nicht folgen und weiter groschenfilme machen; dann ist die deutsche fimindustrie in spätestens sechs jahren vollkommen geliefert. nur außergewöhnliche filme haben dem fernsehen gegenüber eine chance.

nun, ich weiß ja, daß sie nicht daran denken, ein professioneller filmproduzent zu werden; dennoch dachte ich, die problematik würde sie interessieren: schließlich ist es die problematik des außenseiters.

Enzensbergers Trendbeschreibung aus Hollywood als Indiz für Domnicks richtigen Weg gegenüber der deutschen Filmindustrie wird er nicht ungern gelesen haben. Auch der Hinweis auf *die problematik des außenseiters* wird ihm gut getan haben.

Und so auch der nächste Brief (vom 25.12.1957), in dem Enzensberger u.a. betonte, wie lehrreich für ihn die Mitarbeit war und wie positiv die letzten Erfahrungen mit dem Film JONAS:

Lieber Herr Domnick, als ich im Oktober in Stuttgart war, konnte ich Sie leider nicht erreichen. Auch ein Anruf in Bühl fruchtete da nichts. In Frankfurt sah ich noch einmal Jonas in seiner endgültigen Fassung, und vielleicht darf ich es sagen: ich war sehr beeindruckt, das timing, wohl das Schwierigste am ganzen Film, saß jetzt sekundengenau. Offenbar bahnt sich auch ein erträglicher finanzieller Ausgang des Wagestückes an. Das ist wohl nicht zuletzt der Kritik zu verdanken, die gerade dort, wo die besten Köpfe sprachen, sehr verständnisvoll gewesen sein muß. Groll in München soll sich geradezu hymnisch geäußert haben: ich bin neugierig auf seine Kritik und wäre Ihnen sehr dankbar für eine Kopie davon.

Für mich war die Mitarbeit an dieser Sache sehr lehrreich und jedenfalls fruchtbarer als die viele Mühe, die ich auf Funkdinge verwenden mußte. - Mein erstes Buch ist in diesen Tagen erschienen; wenn Sie es noch nicht zur Hand haben, schicke ich Ihnen gern ein Exemplar.

Ich würde mich sehr darüber freuen, wenn Sie mir etwas über Ihre künstlerischen Pläne für das kommende Jahr schrieben; ich werde immer an Ihren Arbeiten mit großem Interesse teilnehmen, und wäre es nur als Zuschauer.

ich war sehr beeindruckt – für solche Formulierungen war Domnick seinem so anhaltend kooperativen Text-Autor sicher mehr als dankbar, auch wenn er sich im folgenden Antwortbrief, wie es wohl seiner Art entsprach, mit einer knappen Formulierung begnügte. Eher schon im Attribut vom *lieben Brief* kommt etwas von emotionaler Nähe zum Ausdruck. Und: er betonte erneut den Anteil Enzensbergers am Erfolg von JONAS. [132]

132 Der Hinweis auf das Buch "Wölfe" meinte Enzensbergers soeben erschienenen ersten Gedichtband *verteidigung der wölfe*.

30.12.57.

Lieber Herr Enzensberger!

Heute früh erhielt ich Ihren lieben Brief aus Norwegen. Weihnachten habe ich im Krankenhaus verbracht und diesen Brief diktiere ich vom Bett aus. Ich bin nun endlich meine Gallenblase los und hoffe, dass damit auch meine Krankheitsphase abreisst. Ich war im Sommer nach Berlin schwer krank und bin nun froh, dass ich alles soweit hinter mir habe. Morgen werde ich entlassen und gehe anschliessend auf die Bühlerhöhe.

Von Ihrem Buch "Wölfe" las ich eine Rezension in der FAZ. Schön, dass Sie "die erste Schlacht gewonnen haben". Ich habe dieses Buch noch nicht und würde mich freuen, wenn Sie es mit einer kleinen Widmung mir auf die Bühlerhöhe schicken würden.

Für Ihre anerkennenden Worte zu meinem JONAS danke ich Ihnen. Es ist unglaublich, welchen Wirbel dieser Film in der Presse gemacht hat. Die Kritik von Gunter Groll lege ich Ihnen bei. Ebenso die von Karl Korn. JONAS läuft in München allein 4 Wochen. Ich hoffeund wünsche, dass dieser Film nicht an Boden verliert. Er wird ein Spätblüher und wird länger leben als die aufgedonnerten.

Während meines Krankenlagers kamen wir auch Gedanken über weitere Pläne. Bisher hatte ich immer alles zurückgestellt und sehnte mich nur nach Ruhe. Aber im innern wird es wieder unruhig, wenn man die äussere Ruhe hat. Da ich ein Augenmensch bin, und zudem Psychiater, werden Sie verstehen, dassmich der Film immer wieder lockt. Ich habe noch gar keine konkrete Vorstellung, aber so eine merkwürdige unheimlich- unausgesprochene Situation mit filmischer Detailarbeit, Personenverwechslungen und paranoiden Reaktionen etc. wäre so die Grundidee. Alles spielt nur in einem Hause sich ab und immer wird man im dunkeln gelassen, was eigentlich passiert. Dabei ganz trocken, unsentimental und nicht, wie im Jonas, so viel Affekt. Die Bilder sehe ich alle vor mir und ich arbeite ja, wie Sie wissen, umgekehrt, d.h. aus den Bildern entwickelt sich die Erzählung und so entsteht ein Gerippe, Ddas allmählich Assoziationen erhält. Ich würde in diesem Falle mit noch weniger Filmfachleuten arbeiten. Je kleiner das Team, umso besser.

Auch für Sie freut mich der JONAS-Erfolg, dennSie haben entscheidenden Anteil, wofür ich Ihnen immer dankbar bin. Brune E.Werner schrieb mir aus Washington, dass dieser Film seit 25 Jahren der modernste Film in Deutschland sei. Jonas erhielt bisher 8 Auszeichnungen.

Im Brief vom 7. Januar 1958 berichtete Domnick in zurückhaltender Sprache von der vielleicht größten Enttäuschungen aus dem Bereich der JONAS-Kritiken.

Lieber Herr Enzensberger!

Ich schicke Ihnen heute eine kleine, dumme Kritik des Pamphletisten B e c k e r , die - und das ist eigentlich das betrübliche bei der Sache - ausgerechnet im MAGNUM-Heft erschien. Ich kenne Herrn Dr. P a w e k persönlich und kann offen gestanden gar nicht verstehen, daß eine so affektierte Schmähschrift dort erscheinen musste. Aber immerhin, die guten und bedeutenden Kritiken überwiegen und JONAS wird so oder so seinen Weg machen, nachdem jetzt auch das Ausland Interesse zeigt. Vielleicht finden Sie eine frische Erwiderung, die vielleicht von anderer Seite kommen könnte und von Ihnen sicher mit scharfer Feder geführt werden könnte, jedenfalls würde ich es begrüssen.

Aus Washington schreibt mir Bruno E. Werner, daß JONAS endlich nach 25 Jahren wieder ein moderner Film sei.

Die Operation habe ich gut überstanden. Ihnen persönlich wünsche ich alles Gute. Schreiben Sie mir bitte einmal.

Mit freundlichen Grüssen, auch von meiner Frau, an Sie beide

bin ich

Die *kleine, dumme Kritik des Pamphletisten Becker* [...] *eine so affektierte Schmähschrift* (siehe dazu das folgende Kapitel *Kritik*) stellt tatsächlich ein Musterbeispiel verfehlter Filmkritik dar. Domnick erhoffte sich zunächst von Enzensberger eine *frische Erwiderung*, aber dazu ist es, wie der weitere Briefwechsel zeigt, nicht gekommen. Zunächst reagierte Enzensberger nicht postwendend und außerdem erhielt Domnick von verschiedenen Seiten Lob und Anerkennung für seinen JONAS, so dass die Sache im Sand verlief.[133]

---

133 Zum *Magnum*-Chefredakteur und Herausgeber Karl Pawek (1906-1983) siehe: http://science.orf.at/science/news/108638. - Bruno E. Werner (1896-1964), Autor von *Die deutsche Plastik der Gegenwart* (1940), spielte mit seiner Bemerkung *nach 25 Jahren wieder ein moderner Film* auf das Ende der Weimarer Erfolgsepoche des deut-

Intensiver befasste er sich mit der Auslandsverwertung des Films, die im nächsten Brief an Enzensberger angesprochen wurde. Dessen USA-Aufenthalt bot dafür eine günstige Voraussetzung.

Herrn
Dr.Hans-Magn. Enzensberger

S t r a n d a /Norwegen

Stuttgart, 14.1.1958
D/Bn.

Lieber Herr Enzensberger!

Das neue Jahr beginnt gut. Eben habe ich den Verleihvertrag von Amerika und Canada bekommen - wer hätte das gedacht - , aber ich glaube, sie geben dem "JONAS" eine Chance. In München läuft er die 6. Woche.

Sie waren in Amerika und können beurteilen, daß unser europäisches Problem nicht das der Amerikaner ist. Mr. Green hat vor, sich eines bekannten Literaten und Werbebüros zu bedienen um alles einzufangen, was Sie an Werbetexten einbauten. Man kann es ja nicht übersetzen, sondern nur sinnvoll übertragen.

An Herrn Dr.Bruno E. Werner, Washington, früher Chefredakteur der neuen Zeitung, schrieb ich, da er sich für "JONAS"in New York rührend einsetzte und eine Vorführung im Goethehaus machen will.

Ich hätte nichts dagegen, wenn Sie von sich aus Herrn Green schreiben würden, wie Sie sich Ihren Kommentar übersetzt vorstellten. Es könnte sein, daß man den ganzen Film in Amerika zurechtstutzt und unser künstlerischer Impuls wegfällt.

Schreiben Sie mir bitte kurz. Hoffentlich erreicht Sie der Brief noch in Stranda, den ich heute per Luftpost schicke.

Mit herzlichen Grüssen bin ich
I h r

Im Brief vom 22. Januar 1958 (aus Norwegen) ging Enzensberger einleitend auf die von Domnick entschieden betriebene Synchronisation (ins Italienische, Französische und Englische) ein. Wieder bezog er seine us-amerikanischen Erfahrungen auf JONAS, diesmal allerdings in kritischer Absicht. Jahre vor den in Westdeutschland vor allem auch aus den USA rezipierten kultur- und gesellschaftskritischen Theorien plä-

---

schen Films an. Um seine Bemerkung kritisch einschätzen zu können, müsste man Werners Kunstbuch von 1940 einbeziehen.

dierte er für das *Gesellschaftliche* (*nicht ausklammern*, nicht noch weiter *in die Richtung des Privaten* gehen).

Lieber Herr Domnick, haben Sie schönen Dank für Ihre beiden Briefe. Weil ich verreisen mußte, kann ich erst heute darauf antworten. Zunächst zu der erfreulichen Nachricht, daß Jonas synchronisiert werden soll. Ich halte es durchaus für möglich, daß er in den USA gut ankommt, wenigstens bei dem nicht unbeträchtlichen Publikum der Großstädte und der zahllosen colleges. Die Thematik wird dort noch schärfer wirken als bei uns, weil die Kontaktlosigkeit dort ungleich offener zutage liegt als in Europa. Sie ist ja der große Albtraum des Amerikaners: er hat vor nichts mehr Angst als davor, allein zu sein - eben weil das dort, zumindest in den Städten, auf eine fürchterliche Weise der Fall ist. Günstig wird sich auch auswirken, daß das Schuldthema mehr symbolisch entwickelt ist, also nicht auf einen spezifisch europäischen Fall festgelegt.

[...]

Dann zu dem Ausfall von Rolf Becker im Magnum. Ich würde entschieden davon abraten, darauf einzugehen oder überhaupt zu reagieren. Es ist nämlich eine absolut unvermeidliche Begleiterscheinung des Erfolgs, daß so etwas in der Debatte mitläuft. Debatte bedeutet ja nicht Zustimmung. Das Überhitzte des Tons beweist ja nur, daß man den Film ernstnimmt. Auf Spatzen wird nicht mit Kanonen geschossen. Glauben Sie mir, im Endeffekt schadet so etwas nicht, ja ich möchte fast behaupten, daß es nützt. Den Widerspruch wollen wir gelassen den Zuschauern und Kritikern vom Schlage Grolls überlassen.

Wenn ich Ihre Andeutungen über Ihre nächsten Pläne kommentieren darf, so möchte ich bereits jetzt, solange es noch Zeit ist, eine Warnung aussprechen. Nämlich die Warnung davor, die gesellschaftliche Seite unserer großen Themen auszuklammern. Sie sollten, glaube ich, nicht noch weiter in die Richtung des Privaten, der vier Wände gehen. Die Außenaufnahmen zu Jonas schienen mir doch fast das gelungenste, jedenfalls ein absolut unentbaehliches Element: eben die Leute, die Straßen, die Nicht-Schauspieler, die so großartig eingefangen wurden. Isolieren Sie die Vorgänge nicht! Im Gegenteil, werfen Sie nach dem Thema des Vereinzelten das der Vielen auf. Ich weiß nicht, wie sich das mit Ihren psychiatrischen Interessen vereinbaren läßt, aber es gibt ja doch auch die Psychose der Menge, denken Sie nur an einen Ausverkauf im Warenhaus, an den Run auf die Züge vor den Feiertagen. Und daß der Einzelne, wenn man es so ausdrücken will, "krank" ist, liegt doch nicht nur, wie Freud meinte, an seinen intimen individuellen, sondern noch viel mehr an den gesellschaftlichen Verhältnissen. Hier bliebt auch im Jonas-Film viel ungesagt: denn das Lager, die Flucht, der Betrieb, das sind ja nicht Phänomene, für die der kleine Jonas allein verantwortlich ist, im Gegenteil, er ist ihnen ausgeliefert, und dieses Ausgeliefertsein an die großen Verhältnisse ist ein kardinales Thema. Ein Mann wie Jonas spricht oft von "ihnen". "Sie" fangen Kriege an, "sie" geben Brotmarken aus, "sie" zahlen eine Rente. Diese anonymen Kräfte und ihre fürchterliches Wirken auf die kleinen, vereinzelten, hilflosen Leute gälte es einmal zu zeigen. Die Geschichte, die Fabel, ist Vorwand. Es kann um einen Paß gehen, oder um eine Vorstrafe, oder um eine Unterschrift, eine Karteikarte. Zeigen Sie den Menschen in der Falle, aber zeigen Sie auch die Falle. Sie ist, meine ich, keine dunkle Villa, sie manifestiert sich in den Zentren der industriellen Massenzivilisation, einem riesigen Konzern, einer Armee, einem automatisierten Krankenhaus - was Sie wollen.

Nun, ich weiß nicht, welchen Wert Sie solchen Hinweisen beimessen. Aber ich glaubte Ihnen ein paar Worte schuldig zu sein, schon im Hinblick auf die völlige Freiheit, die Sie mir seinerzeit bei der Textierung ließen. Wenn es Ihnen dienlich scheint, kann ich gern weiter präzisieren, worauf ich hinauswill.

Mit herzlichen Grüßen bin ich

Es gibt im Nachlass leider keinen Antwortbrief Domnicks, woraus man erfahren könnte, wie er auf die Ideen und Vorschläge seines Text-Autors reagierte. Offenbar hatte ihm Domnick bereits seine nächste(n) Film-Überlegung(en) mitgeteilt, denn Enzensberger ging, mit Bezug auf JONAS (*blieb auch im Jonas-Film viel ungesagt*) kritisch darauf ein. Der Satz *Zeigen Sie den Menschen in der Falle, aber zeigen Sie auch die Falle* fasste zusammen, worauf es ihm ankam.

Relativ kurz reagierte Enzensberger auf die JONAS-Kritik in der Zeitschrift *Magnum*, (*Beckers Ausfall*), riet Domnick, der vermutlich irgend eine Erwiderung plante, zu Distanz und Schweigen. Domnick scheint diesem Rat gefolgt zu sein. In seinen Selbsterläuterungen nach dem Kinostart beschränkte er sich darauf, solche Kritiker seines Films als unvermeidlich und mit dem Satz *sie haben ihn nicht verstanden* zu kommentieren.

Mit Datum vom 2. Juli 1957 erhielt Domnick von den VII. Internationalen Filmfestspielen in Berlin eine Urkunde mit folgendem Text, den er im Nachlass aufbewahrte:

JONAS, ein Film von Dr. Ottomar Domnick, Stuttgart, nahm am Wettbewerb der VII. Internationalen Filmfestspiele Berlin 1957 teil und stellte eine interessante Bereicherung des offiziellen Festspielprogramms dar.

(31) Uraufführung: Greta (links, angeschnitten) und Ottomar Domnick mit Robert Graf und Elisabeth Bohaty u.a.. (Foto Privatarchiv Heimo Bachstein).

Mit der Uraufführung war Domnicks Wunsch in seinem Kern in Erfüllung gegangen:

Ich möchte einen Film machen, wie ich ihn mir in seiner ganzen optischen Konzeption vorstelle, zwingend, still, kein Theater, wenig Dialog und musikalisch.[134]

134 Brief an seinen Bruder vom 28.4.1956.

JONAS nach dem allgemeinen Kinostart Okt. 1957

Kritik

Domnick galt, trotz einiger scharfer Verrisse, in Deutschland augenblicklich als filmischer Avantgardist. Auch international wurde er beachtet: *[...] tatsächlich fand noch kein deutscher Film nach 1945 so schnell den Weg ins Ausland.*[135]

Es bedürfte, nach 50 Jahren, einer umfassenden und eingehenden Analyse der Kritik zu JONAS, um ihre sehr unterschiedlichen Kriterien zu erfassen. [136] Hier sollen lediglich drei Rezensionen für typische Urteile, Begründungen und Meinungen stehen, die JONAS 1957 auslöste.

Am Montag, 24. Juni 1957, also noch vor der Uraufführung, hatte Karl Korn in der *Frankfurter Allgemeinen Zeitung* eine Besprechung veröffentlicht, um das Publikum auf einen von vornherein als "schwierig" eingeschätzten Film vorzubereiten. Ein solches Vorgehen einer großen westdeutschen Tageszeitung dürfte als ungewöhnlich anzusehen sein. Ob es Vorgespräche zwischen Domnick und Karl Korn gegeben hat, kann man vermuten, denn Domnick hatte noch keine Zusage von einer Verleihfirma. Immerhin musste Korn ja eine Kopie des Films gesehen haben. Informationen von Domnick hatte er sicher. Zu erinnern ist außerdem an dessen Versuche, in der Zeitschrift *Magnum* einen Vorbericht zu initiieren.

---

135 Siehe Fernand Jung: *Das Kino der frühen Jahre. Herbert Vesely und die Filmavantgarde in der Bundesrepublik.* In: *Zwischen Gestern und Morgen. Westdeutscher Nachkriegsfilm 1946-1962.* Deutsches Filmmuseum Frankfurt am Main 1989. S.320.

136 Zur ersten ausführlicheren Darstellung der Kritik siehe die unveröffentlichte Magisterarbeit von Christian Knak: *„weitergehen - nicht stehenbleiben!" Zur Ästhetik Ottomar Domnicks.* Frankfurt am Main 1989. Knak referiert mehr als 50 Pressestimmen. U.a. bezieht er sich auf ein Gespräch mit OD in Nürtingen am 31. Juli 1988. - Eine Kurzfassung seiner "Wissenschaftlichen Arbeit" über Domnicks JONAS und dessen Rezeption gibt Sebastian Drost In: Hans Belting, Ulrich Schulze (Hg.): *Beiträge zu Kunst und Medientheorie.* Stuttgart 2000. S. 205-229. [Trotz mehrfacher Nachfrage an der Hochschule für Gestaltung in Karlsruhe war die vollständige Arbeit nicht zu bekommen.]

Jonas im Bauche der Technik

Ein ungewöhnlicher deutscher Film

FAZ. 24.6.6

Am Dienstagabend wird in Berlin zum ersten Male ein Film öffentlich gezeigt werden, der, wie immer das Urteil über seinen Sinn, seine Qualitäten und seine Schwächen ausfallen mag, die deutsche Filmsituation mit einem Schlage verändert. Der Film ist deutsch, er heißt „Jonas", sein Urheber, Drehbuchautor, Regisseur und Produzent ist in einer Person der Stuttgarter Nervenarzt Dr. Ottomar Domnick, in Kreisen der Freunde moderner Kunst als Sammler und Hersteller zweier Kurzfilme „Neue Kunst — Neues Sehen" (1950) und „Willi Baumeister" (1954) bekannt. Der Film „Jonas" hat einstweilen noch keinen Verleiher gefunden. An seiner Herstellung war keine Verleihfirma finanziell beteiligt. Die Filmbewertungsstelle der Länder in Wiesbaden, deren Prädikate praktisch beträchtliche Ermäßigungen der Vergnügungssteuer bedeuten, hat dem Film die höchste Auszeichnung „Besonders wertvoll" verliehen.

Der Referent, der dem Zeitungsleser eine Orientierung über diesen Film zu geben hat, muß sich zuvor gegen ein Mißverständnis sichern. Die kurz raffende Wiedergabe eines Handlungsablaufs könnte den Eindruck erwecken, als handle es sich tatsächlich um ein individuell zentriertes Geschehen etwa wie im psychologischen Roman oder im traditionellen Drama. Die Dinge liegen aber so, daß in Domnicks Film psychische und außerpsychische Abläufe etwa denen bei James Joyce oder Kafka, Cocteau oder Becket entsprechen. Irgendwer Jonas, der in den Schächten, Drähten, Signalen, Rolltreppen, laufenden Bändern, Wohnzellen, einer großen, irgendeiner, der Stadt hängt, existiert natürlich in der Zeit. Er erlebt, wenn man das abgebrauchte Wort gelten lassen will, etwas, es geht einiges mit ihm vor. Aber er gehört zu der neuen Spezies Mensch, die seit Godot die Wartenden heißen. Sie warten auf ihren rätselhaften Godot, der sie foppt und äfft — und eine der Ironien des Films ist die, daß er mit dem Streifenpolizeiwort „Weitergehen" anfängt — und endet. Die auf der Stelle treten, sollen weitergehen. Jonas tritt existentiell auf der Stelle. Das ist seine Stellvertretung für den modernen Menschen schlechthin.

Der Film setzt, fotografisch gesprochen, mit Wochenschaukälte ein. Man sieht in eine neonerleuchtete moderne Druckerei, wo Jonas in einem Maschinensaal eine Druckpresse bedient. Privat haust er einsam in einem verwohnten möblierten Zimmer eines älteren Mietshauses. In den Raum dringt Licht immer nur streifig durch eine moderne Kunststoffjalousette ein. Jonas lebt, wie jeder heute lebt, im technischen Daseinshorizont. Was Regie und Kamera — Domnick holte sich für die Kamera Andor von Barsy, dessen Ruhm so alt ist wie der Zuiderseefilm „Totes Wasser" (1934), und als Regieberater den jungen Oesterreicher Herbert Vesely (Nicht mehr fliehen!). Was Regie und Kamera sogleich beim Einsetzen des Films an Verfremdung der Umwelt geleistet haben, ist bemerkenswert. Alle Aufnahmen haben Stuttgart zum Hintergrund. Aber es ist ein Stuttgart, als sei es von Kafka dargestellt, technisch abstrakt und konkret provinziell zugleich, eine Stadt aus den Elementen dieses Jahrhunderts: Beton, von kaltem Neonlicht erfüllte Korridore, Horizonte voller Drahtverspannungen, abblätternde Fassaden schäbiger Mietshäuser, Schienen, Brükken, Treppen, provinzielle Winkel, in denen Vergangenheit schimmelt und gärt, Schuttwüsten, Baustellen, Krane, Stahlgerüste, verlogen glatte, mit bramsigen Reklamen aufgedonnerte Geschäftshausstraßen, Spiegelscheiben mit den vielfältigsten Durchblicken und Lichtbrechungen (à la Cocteau, warum nicht?), Lichtsignale, Autos, Zäune und Wachtürme, gespenstisch grinsende Reihen männlicher Modepuppen in Schaufenstern, Rotationspressen, Warenstapel, die wie abstrakte Muster wirken. Plötzlich geraten die Bilder ins Jagen. Die Straßenpassanten erscheinen wie von einem fernen unbekannten Irrsinnskommando gelenkt. Einmal blitzt aufgereckt die Gestalt eines muskulösen Henkers in der Nachbarschaft eines MG-Turms auf. Erstes Anzeichen dessen, was hinter der technischen Perfektion ist, das Bild des Terrors.

Dann setzt das ein, was mit allem Vorbehalt die Filmhandlung genannt sei. Jonas, dem Stimmen den Werbeslogan „Man trägt einen Hut, man trägt wieder Hut" im Stakkato einhämmern, tritt vor das kleine Hutgeschäft und erwirbt schließlich einen Homburg Royal. Dieser Hut ist die Klippe des Films. Es ist ein tiefenpsychologisch bedeutsamer Hut und überdies, episch gesprochen, sozusagen das Falkenmotiv des Films. Jonas, der sich dem Ruf des Herrn entzieht und ganz und gar unbiblisch nicht an Land kommt, ist — der Filmbeschauer hat es längst erraten — ein kontaktschwacher, ruheloser, unrastiger, nervös überaus reizbarer Mensch. Der Hut, den er erwirbt, der Königshut, wird ihm Behütung, Sicherung im Sinne von „auf der Hut sein". Ein vorüberhuschendes Glückserlebnis wird deutlich, eine kurze lichte Strecke lang. Jonas begegnet dem Mädchen, aber das Zwiegespräch der beiden hängt leer in der mit Drähten verspannten Luft; es scheint einige Augenblicke lang so, als könne Jonas in die sichere Hut einer Du-Beziehung kommen. Aber er ist ein Verlorener. Seine dunklen, etwas vorquellenden Augen haften nirgends, sie weichen immer aus, verlieren nie den scheuen Ausdruck geheimgehaltener Angst. Sein Mund scheint oft — eine der großartigsten bildlichen Aussagen dieses an durchdachten optischen Details reichen Films — Worte hervorbringen zu wollen. Es bleibt beim hilflosen, tonlosen Formen der Lippen, so als ob das Wort versickerte.

Aber der tiefenpsychologische Hut! Jonas geht in eine billige Kneipe. Als er gezahlt hat, ist der Hut weg, gestohlen, irrtümlich mitgenommen. Jonas stiehlt einen andern, fremden, einen Ersatzhut. Und dieser trägt das verhängnisvolle Monogramm M.S. Der Hut als Falkenmotiv! Eine Schulderinnerung wird wach. Die Stimmen hämmern Erinnerung, Schuldbewußtsein, Verdammnis. Denn jener M.S. war der Brudermensch, mit dem Jonas damals aus der Internierung des Terrorlagers ausgebrochen war. M.S. war angeschossen worden, und Jonas hatte ihn liegen lassen, um sich selbst zu retten.

Domnick und seine Mitarbeiter haben offenbar gewußt, daß dies zentrale Motiv das künstlerische Problem des Films werden würde. Der Film durfte nicht die Geschichte eines individuellen klinischen Falles werden, die Geschichte eines besonderen Falls von Schuld und Schuldverdrängung. Er sollte die Demonstration von Schuld überhaupt werden. Darum ist die Schuldreminiszenz optisch so karg wie möglich gehalten. Darum ist die Bildsymbolik in der Fluchtgeschichte an gewisse Stilvorbilder angelehnt, etwa an Sartrefilme. Die politische Pointe ist angedeutet, ohne daß der historische Bezug konkret gemacht würde. Es ist geradezu eine Frage der moralischen Qualifikation an den Zuschauer, ob er auch für sich die Identifikation mit der Schuld annimmt, den Mitbruder Mensch verlassen und verraten zu haben.

Die künstlerische Stärke des Films freilich liegt weniger in diesem Kern einer, wenn man so will, Story — Domnick sucht es als eine moritatenhafte Bagatelle hinzustellen —, bei der man den Beigeschmack des Konstruierten nicht ganz los wird, als in der genialen Fotografie und Tongestaltung. Ihre Themen sind der Mensch dieser Epoche schlechthin, das heißt der Mensch, der nicht nur Schuld, sondern sich selbst verdrängt, auf dessen nervöse Schläfen die Signale und Kommandos einer Welt einhämmern, deren Wesen Steuerung ist. Im Film gibt es kaum Dialog, dafür die Stimmen, die, sofern sie Slogans der automatisierten Zivilisation sind, überzeugen, während die Instanz, die biblisch psalmenhaft redet, im ungewissen und ungeklärten bleibt, so wie der Film überhaupt gewisse metaphysische Grundfragen ungeklärt läßt. Klar und gut die Szene in der Kirche: Jonas umkreist den Altar mit dem Gekreuzigten. Er ist jener moderne Typus Mensch, der der Gnade des Kreuzes nicht mehr habhaft werden kann. Ichverlust, Sinnverlust, positiv gewendet: Angst. Aber dies alles wird ohne Pathos, ohne Predigtton, ohne metaphysisches Geschwätz gebracht, durch Bildsequenzen von immer härterem Schnitt, durch Bildverwandlung in Abstraktion, vom Hutladen bis zu Spukmasken und Gittern, von der Phantasmagorie der nächtlichen Stadt bis zu der vielfach gespiegelten Groteskszene, in der Jonas, der dem M. S. ein letztes entscheidendes Mal ausgewichen ist, von Panik ergriffen, alle Hüte, die es gibt, ausprobiert, um schließlich die Karikatur Mensch, die er wurde, unter dem Zylinderhut zu sehen, in eine gräßliche Lache auszubrechen und ins Dunkel zu entfliehen. Mit dem fliehenden Jonas entzieht sich auch der Film jedem Deutungsversuch, der etwa auf das aus wäre, was man traditionell eine Lösung nennt. Man mag diese Offenheit des Schlusses bemängeln, weil im Film gewisse Spuren erkennbar sind, die einen auf die Fährte einer Lösung, sei es einer Erlösung, sei es eines wie immer gearteten Nihilismus, setzen. Die Antwort des Nervenarztes und Filmautors Domnick ist nicht eine Therapie, sondern eine Diagnose. Dies ist Jonas, dies bist Du! Die Parole der Zivilisation heißt „Weitergehen", und wir gehen weiter, indes wir mit unserer Last nicht ein Schrittchen weiterkommen.

Musik und Sprechton des Films verdienen eine eigene Studie. Sie sind der optischen Leistung kongenial. Die effektvoll melodiöse Liberia-Suite von Duke Ellington wurde durch Winfried Zillig mit einer die Psychose des Jonas begleitenden, sehr sparsamen Kammermusik und diese wiederum mit hervorragend montierten elektronischen Klängen zu einer Synthese von Jazz, Elektro-Akustik und serieller Musik vereint, die den drei fotografischen Komponenten der Spielhandlung, der Trickaufnahmen und der Montage entspricht.

Domnick hat sich vier Schauspieler geholt, von denen noch keiner je vor einer Kamera gestanden hat. Robert Graf von den Münchener Kammerspielen ist vom physiognomischen Typ her eine ideale Besetzung. Sein fast stummes Spiel ist von einer Präzision, die man eine Studie über depressives Irresein nennen könnte, wenn dies Wort nicht nach intellektueller Prätention klänge. Grafs Jonas ist mehr, er ist erschütternd wahrhaftig. Er trifft. Dies Treffen bedeutet, daß der Film nicht im klinischen Fall steckenbleibt. Als Partner wirken mit die zarte, aparte Münchner Schauspielerin Elisabeth Bohaty, Heinz Dieter Eppler als der Fluchtgenosse und Willy Reichmann als der glatte, perfektionierte Herr mit kommerziellen Allüren und entsprechendem Zubehör. Die Kommentare stammen von dem ausgezeichneten Stuttgarter Rundfunkmann H. M. Enzensberger.

Der Film wird Aufsehen machen und vielleicht zu ähnlichen Differenzen der Ausdeutung führen wie seinerzeit Cocteaus vielgespielter „Orphée". Daß es möglich war, einmal einen derartigen Anfang zu machen, ist ein Ereignis. Gott bewahre uns vor Nachahmungen!

Karl Korn

Am 25.11.1957, nachdem der Film in mehreren Städten gelaufen war oder gerade anlief, brachte der Chefkritiker der *Süddeutschen Zeitung*, Gunter Groll, bereits in der Überschrift zum Ausdruck, was Domnick so intensiv gewollt und schließlich erreicht hatte:

Die Avantgarde lebt noch: „Jonas“

I

Das ist die Ehrenrettung des deutschen Films — sagen die einen. Die anderen meinen, nun sei der deutsche Film endgültig wahnsinnig geworden. Diese beiden extremen Ansichten, herausgefordert durch den extremsten Film der Zeit, stimmen immerhin in einem Punkt überein: daß „Jonas“ *(Royal-Theater)*, ob nun mehr zu Hoffnungen oder zu Befürchtungen, in jedem Fall zu den schönsten Aufregungen berechtige. Und das allein ist ja schon etwas wert, jedenfalls in einem Stadium, da es im deutschen Film, alles in allem, mehr gähnt als gärt.

II

Was hier geschah, galt als unmöglich. Ein Außenseiter, der Nervenarzt Dr. Domnick, schrieb eines Tages, jenseits der Filmindustrie, ein Drehbuch, holte sich den Kameramann Andor von Barsy, der vor 25 Jahren den meisterhaften Kulturfilm „Tote Wasser“ photographierte, und drehte, immer noch jenseits der Filmindustrie, auf Straßen und Dächern, ohne Atelier, ohne Stars, ohne Schminke, ohne Erfahrung, ohne Verleih und zu allem Überfluß fast ohne Handlung, für einen Bruchteil der Gelder, die unsere ärmlichsten Schnulzen zu kosten pflegen, einen Film, der nicht nur Preis um Preis errang (und jeder Preis war zugleich eine Provokation an die Adresse der professionellen Filmbranche), sondern auch noch Kassenerfolge. Denn nicht über die Filme, die mit Gewalt eine Publikumssensation erzwingen wollten, redete man sich die Köpfe heiß, sondern über „Jonas“, der alles andere als eine Publikumssensation im Sinne hatte und gerade dadurch eine wurde.

III

„Jonas“ ist die Geschichte eines Mannes, der ausging, einen Hut zu kaufen, und seinem Gewissen begegnete. Es ist eine sehr einfache und gleichzeitig eine höchst komplizierte Geschichte: realistisch wie eine Wochenschau und phantastisch wie ein Traum. Die Wochenschauseite ist die Schale, die Traumseite der Kern — und unversehens platzt die stachlige Schale der Realität, und das Innere tritt zutage.

IV

Der Dr. Domnick liebt die Bilder und die Rätsel und besonders die Bilderrätsel. Sein Film spielt auf zwei Ebenen: er zeigt, in kalten, scharfen, harten Schnittfolgen, die äußere Existenz des Mannes Jonas, seine Bewußtseinswelt, die erfüllt ist von Lärm und Leere einer hektischen und gehetzten Zivilisation, und er zeigt, in verschatteten, verfremdeten, abstrakten Sequenzen, seine innere Welt, die Zone des Unterbewußtseins, die ihn treibt und bannt. Diese beiden Ebenen und Bildstile werden ständig kontrastiert und mitunter vermischt. Dann verwischt sich's. Dann begreift man, was man dann noch begreift, durch pure Bildmagie. Gelingt dieser Appell ans Unbewußte, ist die Wirkung tief. Doch er gelingt nicht immer — und an solchen Stellen wirkt der Ablauf wie eine bewegte Ausstellung schöner Photostudien. Da hat man dann auch den Eindruck, dieser Filmschöpfer habe doch ein bißchen ans Publikum gedacht — aber mit Abneigung.

V

Jonas kauft einen Hut und stärkt, denn er ist schwach, dadurch sein Selbstgefühl. Doch beides, Selbstgefühl und Hut, verliert er wieder: man stiehlt den Hut, auch Jonas stiehlt nun einen Hut — und dessen Monogramm erinnert ihn an einen vergessenen Namen und eine verdrängte Schuld. Die unbewältigte Vergangenheit steht auf. Er wirft den Hut weg, aber der Hut und die Schuld kehren immer wieder... Und immer reden in diesem fast dialoglosen Film Stimmen auf Jonas ein: die Stimmen der äußeren Welt, mit Reklame- und Paragraphentexten, Zeitphrasen, Slogans, Geschwätz, und dazwischen, in biblischer Sprache, die Gewissensstimme, das innere Selbst, der Anruf. Er hört jetzt. Aber er flieht. Doch es gibt keine Flucht vor sich selbst — es sei denn in den Wahnsinn, der nach ihm greift.

VI

Aber Jonas ist nicht wahnsinnig, obwohl er manchmal so wirkt, jedenfalls für Leute, die keine Nervenärzte sind. Er repräsentiert seine Zeit. Die Zeit ist aus den Fugen, meint Dr. Domnick — und Jonas ist es nur, soweit die Zeit es ist. Unsere Zeit, so meint er, die Zeit des Wohlstandes und der Selbstmörder, hört den Anruf und flieht.

VII

Jonas ist nicht gerettet, wenn der Film endet, so wenig wie die Zeit. Vage wird, wie in Vexierbildern, die Möglichkeit der Rettung angedeutet — für später, für die Zukunft, wenn Jonas, wie der biblische Prophet, sein Schicksal endlich angenommen hat und nicht mehr flieht ... vielleicht. Der Film gibt auf die Fragen, die er stellte, keine Antwort. Er will, daß jeder seine eigene Antwort finde.

VIII

Der Nervenarzt gibt seine Diagnose, aber keine Therapie. Er schaut die Chiffren, sieht die Symptome, registriert die Anzeichen. Und schweigt. Ein wenig mehr hätte er ruhig sagen dürfen. Auch könnte getrost ein wenig Licht in die Verwirrung fallen, die dadurch entstand, daß Jonas einerseits eine allegorische Figur ist, ein Jedermann der Nachkriegszeit, in dem sich jedermann wiedererkennen soll, andererseits aber ein absonderlicher Typus, ein Sonderling fast, in dem sich wiederzuerkennen den Betrachtern schwerfällt. Doch wie man auch steht zu des Films betonter, aber undeutlicher Aussage — das Geniale an ihm ist die Form.

IX

Kein anderer deutscher Film seit Jahr und Tag verfügt über ähnliche Bildkunst. Kein anderer hat die großen Städte dieser Zeit so porträtiert: mit den Lichtsignalen über den Käfigen der Verlassenheit und der Klopfzeichen unter den Festungen aus Beton, mit den Mietskasernen und Modepuppen, mit dem Schutt, dem Schaufensterglanz und den Schienen, die ins Ungewisse weisen. Kein anderer Film auch verstand es wie „Jonas", die alten Mittel der deutschen Avantgarde (von Richter und Ruttmann bis zu Hochbaums „Ewiger Maske") so anzusetzen, daß sie wie Stilmittel des Jahres 1957 wirken. Hier wird eine große Tradition weniger bewahrt als neugeboren. Und faszinierend steigert Duke Ellingtons Liberia-Suite, von Winfried Zillig mit elektronischen Gespenstertönen kombiniert, den Bildrhythmus dieser Ballade der Nacht.

X

Schauspieler, die noch nie vor der Kamera standen: Robert Graf von den Kammerspielen, der bei äußerster Verhaltenheit immer am Rande der Explosion zu wandeln scheint, in einer nahezu stummen Studie von unheimlicher Präzision; daneben die junge, echte, ausdrucksstarke Elisabeth Bohaty; in kleineren Rollen Willy Reichmann und Heinz-Dieter Eppler. Alle übrigen, die Polizisten, Kellner und Straßenpassanten, sind keine Schauspieler, sondern Polizisten, Kellner und Straßenpassanten.

XI

Die Stadt ist Stuttgart. Doch unter der Regie des Dr. Domnick, dem Herbert Vesely assistierte, wurde daraus ein Ort der Unlust, ein Kafka-Stuttgart, durch das, im übrigen, Cocteaus „Orphée"-Patrouillen rasen, während aus den Lautsprechern Orwell-Kommandos schallen, nebst Gedankenmonologen wie von Joyce. Ein beträchtlicher Prozentsatz der Bevölkerung scheint damit beschäftigt, auf Godot zu warten. Doch H. M. Enzensbergers raffinierter, wenn auch bisweilen bildzerredender Kommentar verwandelt diese Anklänge in eigenen Klang und bringt sie unter einen — den leitmotivischen — Hut.

XII

Man kann sich lange über Jonas streiten, und man tut es. Die Tatsache aber, daß er entstehen konnte und läuft, läßt auf die latenten Kräfte und Möglichkeiten des Filmemachens in unserem Land ermunternde Schlüsse zu. Was freilich nicht heißen soll, es sollten jetzt lauter Filme à la „Jonas" gemacht werden, voller Rätsel, Neurosen und Hüte ... Das wäre schrecklich. „Jonas" jedoch wird in die Filmgeschichte eingehen — als der mutigste, einsamste und unwiederholbarste deutsche Film unserer Tage. *Gunter Groll*

Gunter Groll

Ausgerechnet die von Domnick so hoch geschätzte Kunstzeitschrift *Magnum* publizierte, wie schon erwähnt, in Heft 15, Dezember 1957, Rolf Beckers Totalverriss, auf den Enzensberger im Brief vom 22. Januar 1958 an Domnick reagiert hatte (s.o.).[137]

Ein Bumerang aus Filz *Zu dem bundesrepublikanischen Film „Jonas"*

„Der Film Jonas behandelt das Problem des modernen Menschen: die Lebensangst. Es ist kein Problem der Bildungsschicht, es ist ein Problem der Masse." (Dr. Ottomar Domnick, Nervenarzt, Kunstsammler und Filmamateur, über seinen Film „Jonas" in „Texte und Zeichen", Heft 15.)
In zwei Sätzen dreimal Problem! Fürwahr, das muß ein deutscher Film sein und ein „wertvoller" dazu!
„Um die Probleme geht es heute durchaus ernst, ja fast grämlich zu. Sie sind zum hauptsächlichen Unterscheidungszeichen zwischen ernsthaften Menschen einerseits, den Leichtfüßen und dem Oberflächlich-Seichten andererseits geworden... Mit Problemen ringt man... Wer ringt, der wird in jüngster Zeit bei uns zumeist ‚wertvoll' genannt ... Falsch erscheint jener Ernst, der sich in der Häufigkeit der Wörter ‚Problem', ‚Problematik', ‚problematisch' und in der Art ihres Gebrauches kundtut, nicht zuletzt seiner Eitelkeit wegen." (Gerhard Storz in „Aus dem Wörterbuch des Unmenschen".)

Auf die Gefahr hin also, als Leichtfuß zu gelten ...
... ich finde diesen problemstolzen Film langweilig und schlecht. Langweilig, weil er – der das Thema Kontaktlosigkeit zu behandeln versucht – an keiner Stelle Kontakt mit uns wirklichen Menschen, unseren Sorgen und Nöten, unserem wahren Lebensgefühl findet, weil ihm keine vitale menschliche Spannung innewohnt. Statt dessen läßt er Menschen als Illustrationen abstrakter Begriffe figurieren. Sie sind nur Marionetten an den Drähten einer gewissen zeitkritischen Essayistik, und jene Zeitkritik ist voller schematischer Vorurteile, voller Halb-, Viertel- und Unwahrheiten, voller Klischees, wie sie – anders herum – der oft nur allzu pharisäisch gescholtene „Heimatfilm" nicht schlimmer verwendet. Dort „Natur" – hier „Stadt", beides ebenso fetischisiert, dort Blümelein – hier Blinklichter, dort Firn – hier Funk, dort Rehe – hier Raster, dort Silberwald – hier Schilderwald. Der Zettelkasten der einschlägigen fotografischen Motive ist geöffnet, das Register der bekannten zeitkritischen Kategorien aufgeblättert, es fehlt nichts: die Plakatwelt, die Signalwelt, die Welt als technisches Muster – und in all das nun der arme Mensch hineingezwängt, aber nicht von jenen

137 Im Januar 1957 hatte Domnick mit *Magnum* telefoniert und dabei war ihm anscheinend eine günstige 2-seitige kritische Darstellung zu JONAS in Aussicht gestellt worden. Im April ergab ein erneuter Kontakt mit *Magnum* die naheliegende Auskunft, man könne vor Fertigstellung des Films keinerlei Zusagen machen. [Siehe Briefe Domnicks an Erwin Goelz vom 31.1.1957 und vom 12.4.1957 in: Nachlass-Mappe *JONAS*, *Briefe von ihm an*.] - In stark verkürzter Form wiederholte Becker seine Ansichten zu JONAS in: *Versuche, wesentlich zu werden. Zeitkritik im deutschen Film*. In: *Der Monat*. Juli 1959. H. 130.

anonymen Mächten, die unsere ernsthaft ringenden Filmschöpfer angreifen, sondern eben von jenen grämlichen Avantgardisten selbst, die den Menschen nicht einen einzigen Augenblick aus der Verpflichtung zu fotogener Symbolik entlassen. Sie denken nicht daran, etwa schlicht und redlich aufzuspüren, wie es ihm wirklich geht, sie zwingen ihn, das zu beweisen, was sie von vornherein über ihn zu wissen glauben. Lauter „gestellte" Bilder, eins an das andere geklebt, ergeben keinen Film. Die Ausschließlichkeit „gesuchter" Kameraeinstellungen ermüdet den Blick für das gute Foto an sich. Im übrigen ist „Jonas" nicht halb so originell wie er zu sein vorgibt. Die Anleihen von Cocteau bis Malaparte sind mit den Händen zu greifen.

„Jonas" ist schlecht, weil er einige durchaus fragwürdige, soziologisch überholte Voraussetzungen als Axiome nimmt, zum Beispiel, daß der Mensch in der Großstadt unter Einsamkeit leide. (Wir erinnern daran, was Helmut Schelsky zu diesem Thema einmal in „Magnum" schrieb!) Und auch die Dämonisierung der Konfektionskleidung, als ein anderes Beispiel, gehört doch wohl schon in die Mottenkiste der Zeitkritik. Daß wehmütig der Zeit gedacht wird, als der Fluß noch Steine und nicht Turbinen trieb, daß man gegenüber Sekt und Mercedeswagen schlechtgelaunte Strenge walten läßt, entlarvt die geheimen Restbestände an romantischer Provinzialität.
„Jonas" ist schließlich vor allem darum schlecht – und wirkt peinlich! –, weil hier ein absolut pathologisch gezeichneter Fall als die repräsentative Norm, ein exzentrisches Krankheitsbild als „Zustand des modernen Durchschnittsmenschen" (Domnick) ausgegeben wird. Die pessimistische Arroganz, mit der das geschieht, müßte Entrüstung hervorrufen, wenn sie nicht andererseits mit so viel unfreiwilliger Komik gepaart wäre. „Jonas" kauft einen Hut, der wird ihm geklaut, er klaut selbst einen anderen – „Man geht nicht mehr ohne Hut, Jonas" (Text: Hans Magnus Enzensberger) – er kriegt Gewissensbisse, die Initialen M. S. erinnern ihn an einen Freund, Martin Sailer, den er im Stich ließ – „Die Vergangenheit ist ein Bumerang aus Filz, Jonas!" –, er verbrennt den geklauten Hut, aber seine Angst wird immer größer, das nette Mädchen aus dem Hutladen will helfen, aber Jonas glubscht nur manisch-depressiv, natürlich wird die Bibel zitiert, der Walfisch, das Mädchen will bei M. S. vermitteln, aber der heißt nicht Sailer, sondern Schmidt (er ist einem als einzige Figur des Films sympathisch, weil er nichts weiter will, als seinen Hut zurückhaben, was menschlich verständlich ist), inzwischen hat Jonas den halben Hutladen aufprobiert, aber nichts Passendes gefunden, und ebenso unbehütet – merkste was! – wie schuldzerquält verschwindet er in der Nacht ...

Die Gleichung zwischen makabrer Satire und surrealistischer Vision, zwischen zeitkritischer Moritat und modernem Mythus geht einfach nicht auf. Der gemeinsame Nenner menschlicher Substanz fehlt, die bindende poetische Kraft reicht nicht aus, das heißt, sie ist überhaupt nicht vorhanden. Gekittete Scherben. Und darüber die kalte Politur des Modischen. „Jonas" ist der filmische Nierentisch.
Aber „Jonas" bekommt Preise, „Jonas" wird Deutschland im Ausland repräsentieren... Sag nur Problem, und die Leute halten dich für tief! Sag es dreimal, und du giltst als wertvoll! Sag verächtlich Traumfabrik, und man feiert dich als Avantgardist! Sag Chiffre, und du bist modern! Lächle nie, sei langweilig! Warum sich um den konkreten Menschen mühen, da wir doch den „Mensch unserer Zeit" haben! Warum von konkreter Schuld, konkreter Angst sprechen, da sich im Anonymen doch besser alles drehn und wenden läßt! Warum Empirie treiben, da wir doch unsere Kulturkritiker haben! Warum etwa von Unschuld, Hoffnung und Vertrauen sprechen! „Das Menschenbild, das ich zeichne, ist kein optimistisches ... " (Domnick) – das imponiert uns; „... Die Zukunft ist dunkel, so wie der Film endet" – da klatschen wir Beifall, Dunkelheiten sind uns von jeher teuer!
Die einen strömen zum Förster vom Silberwald, die anderen finden Jonas „kühn". Jene verstehen diese nicht – diese verachten jene. Ganghofer und Enzensberger – Möglichkeiten des deutschen Films. Dazwischen ist nicht viel. Wie sagte Schiller: „Ernst ist das Leben, heiter ist die Kunst!" Ganz falsch! Muß heißen: „Ernst ist das Leben, noch ernster ist die Kunst." Gegen den oben behandelten Fall von deutscher Filmkunst allerdings erscheint unser Leben immer noch recht heiter.

Rolf Becker

Joe Hembus charakterisierte 1961 in seiner Kino-Streitschrift diesen Kritiker-Stil ironisch als *Kultivierte Gespräche über den Film.* Als denke er dabei an Rolf Beckers Polemik, nannte er folgende Merkmale einer solchen *Vulgär-Kritik*:

> *[...] mangelnde Vertrautheit mit dem zu kritisierenden Gegenstand, die zu einer völlig falschen Interpretierung und Beurteilung dieses Gegenstands führt; die leichtfertige Überlegenheit, mit der der Kritiker sich über den zu kritisierenden Gegenstand stellt, um so auf Kosten des Werkes und seines Schöpfers seine Position als Autorität festzulegen; die flüssige Banalität des Stils, der den Beifall des Lesers durch angestrengte Witzigkeit zu gewinnen sucht [...].*[138]

---

138 Joe Hembus: *Der deutsche Film kann gar nicht besser sein.* Bremen 1961. S. 152. – Dass Joe Hembus und Christa Bandmann in ihrem *Klassiker des deutschen Tonfilms 1930-1960* JONAS nur wie unter ferner liefen erwähnen (S. 218), gehört allerdings auch zu den Ignoranzen um diesen Film.

(32) Im Unterschied zum kunstvoll gestalteten 22-Seiten-Programmheft der Uraufführung gab es für die Kino-Auswertung die populären 4-seitigen Heftchen, hier die *Illustrierte Film-Bühne*. (Quelle: Verlag für Filmschriften Christian Unücka Herbertshausen).

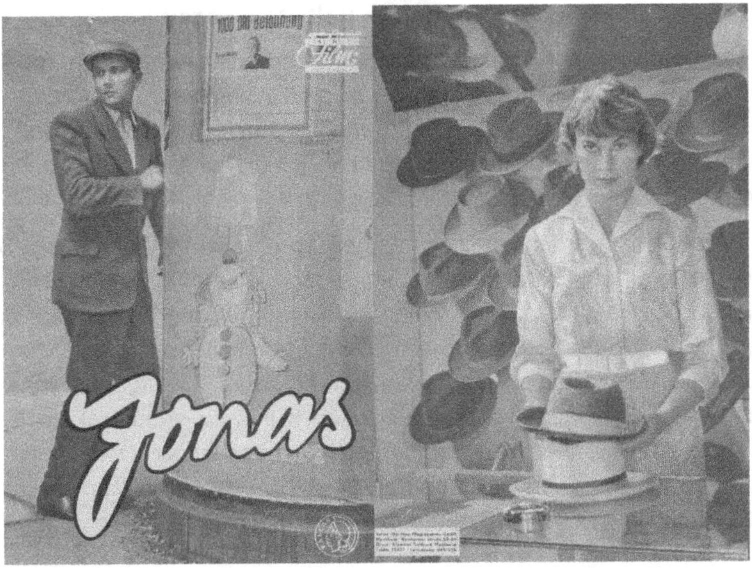

(33) Abb. *Das Neue Film-Programm* (Quelle: Verlag für Filmschriften Christian Unücka Herbertshausen).

Domnicks Selbstaussagen

Hat man sich mit Domnicks langem Weg von der Filmidee zur Realisierung vertraut gemacht, dann wird man nicht mehr erstaunt sein, all die Bemühungen zu sehen, mit denen er nach der Uraufführung, dem allgemeinen Kinostart und den Kritiken für die weitere Auswertung und Wirkung seines ersten Spielfilms sorgte.[139]

Wieder finden sich Aufzeichnungen zu diversen Maßnahmen. Seien es die in einem Extra-Kalender eingetragenen Aufführungsorte mit Angaben der Besucherzahlen, seien es die zahlreichen Reisen, auf denen er in verschiedenen Städten seinen Film vorstellte, dazu Vortrags- oder Begleittexte, in denen er darauf achtete, das Avantgardistische und damit das Besondere seiner filmischen Kunst zu erläutern. Noch zwei Jahrzehnte später, im Dezember 1976, setzte er sich wieder hin und schrieb für eine Filmvorführung an der Universität Hohenheim (er hatte dort eine Honorarprofessur) u.a. die folgenden Anmerkungen auf:

> Es kam mir in meinem Film auf die Gegenüberstellung der beiden Ebenen an, auf denen sich die menschliche Existenz abspielt: einmal das äussere Leben, ein Konglomerat aus Zufällen und Bagatellen, - dann die seelische Situation, in der der Mensch allein auf sich gestellt ist. Die Umwelt des Jonas, anfangs harmlos, nüchtern, - wird zur Bedrohung, zum Verfolger, bis sie schliesslich vor seinen Augen zerfällt.

139 Allein die Auflistung seiner Korrespondenz zu JONAS umfasst 16 Seiten in der Nachlass-Dokumentation.

Im Bild wird der Kontrast dieser beiden Ebenen durch Stilwandel der Fotografie erreicht: life-Fotografie der Stadt-und Betriebsszenen, wochenschauartig aufgenommen, dagegen eine abstrahierende Bildgestaltung in den sublimierten Szenen. Die Kamera verfolgt Jonas von morgens bis abends. Das moritatenhafte der Hut-Episoden, der Bagatelle, an die sich das Thema rankt, wird durch eine Art Ansager betont.

Die hier auftauchenden Begriffe – *das Moritatenhafte der Hut-Episoden* oder *eine Art Ansager* – sind Anlehnungen an Brechtsche Verfahren der Verfremdung. Es gab auch einen indirekten Hinweis auf Joyce:

Im JONAS wird kaum gesprochen. Der Dialog wird nur dort angewandt, wo eine entscheidende menschliche Aussage erfolgt. Dort Wo der Handlungsablauf aus dem Bild erkennbar ist, wird der Dialog ersetzt durch den Inneren Monolog.

Im Grundton unverändert, jedoch mit wieder anderen Akzenten hatte Domnick bereits für die Werbung des *Pallas-Filmverleihs* zwei je zweiseitige Texte verfasst, worin er – diesmal explizit mit Bezug zu Joyce und Brecht – sein Thema skizzierte, auf die Kritik einging und anschließend seine Regie-Arbeit erläuterte. Auch hier wieder mit dem Selbstbewusstsein des fortschrittlichen Aussenseiters.

Kritik zur Kritik über den Film J O N A S

JONAS ist ein moderner Film. Nicht nur vom Thema her, sondern auch in seiner Gestaltung. Daher stellt dieser Film auch Anforderungen an das Publikum und die Kritik. Man muß zur Beurteilung des Films die Parallelen kennen, die sich auf anderen Gebieten der Kunst abzeichnen. Man muß Maßstäbe haben. Aber diese liegen nicht nur auf dem Sektor Film, sondern ebenso auf dem des modernen Theaters. Mit anderen Worten: Der Kinoplatz wird zum Theaterplatz. Und dieser Platz verlangt einfach eine andere Einstellung zum Filmgeschehen. Der Film erzählt keine Story, sondern schildert einen Zustand, den Zustand des modernen Großstadtmenschen, seine Vereinzelung, die Störung der zwischenmenschlichen Beziehungen und religiösen Bindungen, das Problem der "Schuld" in allen Schattierungen. Er stellt die Frage nach der Gefährdung des Menschen, die auch die moderne Literatur beherrscht. Man muß diese Problematik kennen und auch die Kunstmittel der modernen Literatur: den inneren Monolog (James Joyce), Symbolgestaltung an alltäglichen Dingen (Kafka), Verfremdungseffekte zur Distanzierung des Beschauers (Bert Brecht), die Sprache der modernen Lyrik. Das Publikum, sofern es das nicht kennt, kann den Film komplexhaft - intuitiv erfassen, auch wenn Einzelheiten in ihrer Bedeutung nicht verstanden werden. Es wird aber zur Mitarbeit und eigenen Fragestellung aufgefordert. Der Kritiker muß wissen. Die Wertung steht ihm frei.

Kein Film hat bei den Berliner Filmfestspielen ein so breites Presse-Echo gefunden wie JONAS. Man lobte und tadelte. Man war aus dem Häuschen. "Endlich ein Film - endlich ein Wagnis. Endlich mal was anderes." In manchen Kritiken ist JONAS mißverstanden worden. Das lag zum Teil daran, daß die Kritik vom Film etwas anderes verlangte, z.B. eine handfeste Story - oder eine juristisch faßbare Schuld oder einen versöhnlichen Schluß. Das ist abwegig. Ich kann einem Maler nicht vorschreiben, gelb statt rot zu nehmen und das Bild größer oder kleiner zu malen. Es kommt allein auf das wie an. Auf die Aussage. Die Freiheit der Gestaltung darf nicht nach irgendwelchen (scheinbar idealeren) Vorstellungen eingeengt werden. Wenn die gut gemeinten Ratschläge mancher Kritiker im Film verwirklicht worden wären, dann würden die bisher positiven Kritiker in das andere Lager abwandern, und man kann sich ausrechnen, wohin dieses Spiel führen würde.

Viele Kritiken sind ratlos. Sie können mit JONAS nicht viel anfangen. Sie haben ihn nicht verstanden. Und sind deswegen entrüstet. Das ist ihr Recht. Aber ihre Argumente stimmen nicht. Die positiven Kritiken (in der Mehrheit) analysieren richtig und treffend. Wie ist diese

Diskrepanz bei diesem Film zu verstehen? Nun ich glaube, nicht so schwer: Man kann über ein Werk sprechen, diskutieren, schreiben, es analysieren und deuten. Immer wird aber das Letzte - die künstlerische Ausstrahlung nur von denen empfangen, die dazu fähig sind. - Es hat keinen Zweck, über diesen Punkt zu streiten. Der Kritiker kann nur soviel geben, wie in ihm (als künstlerische Potenz) ist. -

Ein abstraktes Bild verschließt sich dem Betrachter, wenn dieser nach dem Gegenstand sucht, nach der Realität. Der Film JONAS hat unendlich viel Szenen, die in ihrer Transparenz und lyrischen Zartheit mehr "empfunden" werden müssen. Wer nach "Inhalt" (= Geschehen = Handlung) fragt, versteht nicht diese Sprache. - Der wahre Kritiker muß auch Künstler sein. Nachvollziehen können. Das künstlerische Erlebnis hat nichts mit Logik zu tun. Es steht für sich. Es ist nicht abwägbar, nicht konkret zu formulieren, nicht greifbar. Insofern kann man auch den "JONAS" nicht verteidigen.

Der Film läßt sich deswegen von verschiedenen Gesichtspunkten aus analysieren, weil in ihm nichts verschönt ist, vielmehr alles stimmt, alles wahr ist. Er bleibt in der Realität, auch bei Erörterung des Seelischen. Auch das ist Realität. Nur von einer anderen Warte aus. Das geschilderte Menschenbild mag unbehaglich sein. - Wer es nicht wahrhaben will und als pathologisch anspricht, verschließt die Augen vor der Wirklichkeit. Eine künstlerische Übersteigerung zur Verdeutlichung ist Recht jeder Kunstform.

Dabei ist es eine ganz einfache Geschichte, an die sich die Frage nach dem Menschen anrankt, in einem einfachen Milieu, über einen einfachen Menschen: Ein Mann kauft sich einen Hut, der Hut kommt ihm abhanden, er nimmt den nächsten, den er loswerden möchte, weil er ihn an eine alte Schuld erinnert, doch die Tücke des Objekts bringt ihm den Hut immer wieder zurück. Ein Thema, das von Schillers Ring des Polykrates über Gogols Mantel und de Sicas Fahrraddiebe schon öfter abgewandelt wurde.

Dieses Handlungsgerippe ist betont alltäglich und auch der Hut, das äußere Leitmotiv, der die Schuld bis zum Schluß des Films symbolisiert, ist bewußt eine Bagatelle: immerhin hat dieses etwas komische Kleidungsstück als seinen Vorgänger den Held, den Schutz und hat davon im Sprachgebrauch noch eine erhöhte Bedeutung erhalten (behütet sein, auf der Hut sein). Aus dieser Symbolisierung, aus den den Film begleitenden Spiegelmotiven, den Puppen etc. einen Vergleich etwa mit Orphée zu ziehen, ist abwegig. Orphée behandelt das Problem des Künstlers unter Heranziehung von Motiven Rilkes, also nicht den Durchschnittsmenschen und nicht die heutige Zeit. Die Motorradstreife ist im JONAS Ausdruck der Befehlsgewalt unserer Zivilisation wie die Verkehrszeichen.

Das Problem des JONAS ist das des Menschen von heute. Die Fragwürdigkeit des Menschen hängt eng zusammen mit der Fragwürdigkeit der Zivilisation, der man weder völlig zustimmen noch sie völlig ablehnen kann. Und die mit der Zivilisation zusammenhängende Kontaktschwäche, die Ich- und Du-Entfremdung des Menschen, hat wesentliches mit seiner "Schuld" zu tun. Es ist kein individuelles, sondern ein generelles Problem, nur an einem Fall exemplifiziert. Die Schuld des Jonas, die sich im weiteren Verlauf des Filmes verdichtet, ist absolut unjuristisch, rein moralisch, nur eine Unterlassungssünde, sogar verzeihlich. Seine Schuld liegt nicht in einem Verbrechen (das wäre ein Motiv für seine spätere Reaktion), sondern darin, daß er sich dem Mitmenschen, seinem Freund versagt hat und sich seiner Mitwelt weiter versagt. Das ist das Kernproblem des Films und die Parallele zum Jonas-Thema der Bibel, der ja auch nicht aktiv frevelte, sondern nur auswich, floh. Zu argumentieren, Jonas sei ein psychiatrischer Fall, weil er vor einer Schuld fliehe, die aber doch eigentlich gar keine sei, ist absurd und ein Widerspruch in sich selbst. Im übrigen ist die ganze Welt ein psychiatrischer Fall. -

So endet der Film auch nicht mit einer Antwort, sondern mit einer Frage. Das war Absicht und nicht etwa ein Ausweichen. Es gibt keine Patentlösung. Jeder packt diese Frage anders an. Jeder denkt anders darüber nach. Jeder wird anders berührt. Aber jeden geht es an. Und das war mein Anliegen mit "JONAS". -

In teils sich wiederholenden, teils mit neuen Aspekten versehenen Selbstauslegungen versuchte Domnick in diesen Monaten dem banalen Eindruck entgegen zu arbeiten, sein Film sei "schwierig". Er wusste: Wenn der Anspruch, Avantgarde zu sein, erhoben wurde, dann waren Missverständnis oder auch Unverständnis unvermeidlich. Das Publikum war auf das ungewohnte Kino-Erlebnis nicht vorbereitet. Daher seine fast schon zur Formel gewordene Einleitung, der Film sei *gegen die Regel gedreht* worden, um von vornherein das Ungewöhnliche zum Ausgangspunkt der Rezeption zu machen.

Über die Regie

Zum Film J O N A S :

Der Film JONAS ist ganz gegen die Regel gedreht. Ohne Stars und ohne Atelier, ohne Mitbestimmung eines Verleihs. Aber auch ohne Routine, ohne Erfahrung. Der Regisseur stand zum ersten Mal in seinem Leben auf diesem Posten. Und die vier Schauspieler zum ersten Mal vor der Kamera. Eine solche Situation ist (zumindest im deutschen Film) ungewöhnlich, aber sie bringt auch Vorteile: daß man unbelastet, frei und ohne Vorbild an seine Aufgabe gehen kann, daß man aber auch nicht bereit ist, Konzessionen an das Publikum zu machen, daß man sozusagen einen Film ganz für sich dreht.

Die meisten Filme sind fotografiertes Theater. Der Film aber braucht Bewegung, Rhythmik, interessante Ausschnitte, kontrastierenden Schnitt, um spannungsvolle Assoziationen zu schaffen. Die Idee des Films verlangt eine entsprechende Bildgestaltung und musikalische Interpretation. Alle einzelnen Elemente müssen aber insgesamt eine künstlerische Einheit ergeben. Ein Film kann nur Werk eines Menschen sein, das am Drehbuch beginnt und beim Schnitt endet. Jeder Film verlangt ganz bestimmte Mitarbeiter. Deshalb bin ich im Prinzip gegen ein Team. Für einen anderen Film braucht man wieder ganz andere Mitarbeiter.

Der Film JONAS hatte schon eine konkrete Form, bevor die Dreharbeit begann. Die meisten Filme werden zu schnell gedreht. Das liegt am Geld. Deswegen können die Vorarbeiten nicht sorgfältig genug sein. Das kostet kein Geld, nur Zeit. Ideen lassen sich nicht aus der Erde stampfen. Man muß warten können. Meine Film-Konzeption kam zwar eruptiv, aber die Ausarbeitung dauerte Monate.

Am JONAS arbeiteten wir 1 1/2 Jahre. Die Mitarbeiter suchte ich mir selbst. Und um ihnen klar zu machen, was und wie es mir vorschwebte, sammelte ich Fotos aus Zeitschriften, suchte aus Archiven Schallplatten und fotografierte die Drehorte. So war die Verständigung über den Stil jedem klar. Während der Dreharbeiten kann es Diskussionen geben, aber sie nützen einem nicht viel, wenn man weiß, was man will.

Was neu an JONAS ist? Eigentlich alles und doch nichts. Licht, Ton, Kamera, Musik, Sprache stehen allen Regisseuren zur Verfügung. Aber ob die Instrumente immer richtig bedient werden, ist eine andere Frage. Warum z.B. immer so viel Licht? Warum kostspielige Bauten, während es sich im Original echter, billiger und rascher drehen läßt? Die Improvisation ist ein wesentliches Moment im Film. Aus Zufälligkeiten entstehen häufig Anregungen, die plötzlich das Bild in andere Richtungen sich entwickeln lassen. So wurden z.B. zufällige Passanten mit eingeschaltet, oder aus dem Auto heraus nächtliche Straßenpassagen im Crescendo-Tempo probiert, die dann endgültig blieben. Überall drehten wir im Original-Milieu, im Lokal, im Hutsalon, in einer Druckerei, in Bars, in der Straßenbahn, auf dem Fernsehturm, im Auto. (In fast jedem Film begegnet man Autoszenen: durch die Scheibe - die nicht existiert - am Steuer sitzend und kurbelnd der Held. Man erkennt den Trick - und ist verstimmt.) Die Spiegelszene am Schluß des Films ist original gedreht und nicht am Tricktisch hergestellt (wie die Kritik annimmt).

Die Schauspieler wurden nie exerziert. Spontan machten sie es im Anlauf besser und richtiger. Immer war es das Bestreben, eine Szene zu Ende spielen zu lassen, möglichst wenig zu unterbrechen. Der Schauspieler muß sich entfalten können. Das gelingt am besten, wenn man ihm Freiheit läßt, ihn nur vorsichtig steuert und lange Passagen dreht.

Der Film JONAS hat kaum Sprache. Er lebt vom Kommentar, und dieser Kommentar sind die Gedanken. Sie sind ehrlicher als Worte - und so kam es zum inneren Monolog. Nur auf dem lyrischen Zwischenspiel des scheuen Liebespaares Jonas - Nanni blieb der Dialog stehen, weil er hier ganz persönlich ist, direkte Aussage, unmittelbar.

So entstand JONAS, der die Gemüter erregte und noch erregen wird, der in Berlin "zum Diskussionsthema Nr.1" wurde und der in der Presse eine so diametral entgegengesetzte Kritik fand, die sich zwischen höchster Anerkennung und schärfster Ablehnung bewegte, wie das nicht anders zu erwarten war. Und das ist vielleicht kein ganz schlechtes Zeichen.

Der folgende undatierte Text steht unter jener erwähnten Überschrift, die an Stelle des Begriffs *Experiment* genau so gut oder besser noch den Begriff *Avantgarde* setzen könnte; denn kaum etwas von dem, was Domnick hier benennt, gab es im deutschen Film der Fünfziger Jahre.

Warum Jonas ein Experiment ist

Der Film J ist ganz gg die Regel gedreht

ohne Filmschauspieler

ohne Filmatelier

von einem Außenseiter

Der Film bedient sich der ureigensten Sprache der Filmkunst

Er ist rein optisch konzipiert: formal: kontrastreiche Photographie und Einstellungen, die einem Bild entsprechen

Die Aussage geschieht über das Bild, nicht über den Dialog.

Insofern wendet sich der Film bewußt vom üblichen Filmstil des fotografierten Theaters ab. Er sucht den Anschluß an den guten Stummfilm.

Licht – und Kameraführung passen sich der Thematik des Films an: life-Fotografie mit wochenschauartiger Nüchternheit bei Schilderung des Großstadtmilieus, abstrahierte Bildgestaltung bei den sublimierten Szenen.

Der Film unternimmt den Versuch, die 3 Einzeldisziplinen des Films: Bild, Sprache, Musik modern zu gestalten in Anlehnung an die Entwicklung der übrigen modernen Kunstformen.

Dabei soll jede Einzeldisziplin für sich allein selbständig durchgestaltet sein:

Musik = Synthese von Jazz und elektronischen Effekten im Sinne einer modernen Jazz-Symphonie

Sprache = Dialog und Commentar als poetische Einheit

Bild = Aussage durch moderne Bildgestaltung

Darüber hinaus war es mein Anliegen, aus diesen drei Einzeldisziplinen eine geschlossene künstlerische Einheit zu bilden, wobei Bild, Sprache und Musik sich gegenseitig entsprechen und die filmische Aussage steigern.

Die Sprachgestaltung ist bewußt neu durchgeführt. Die Sprache wird beherrscht vom Commentar, im Sinne des "inneren Monologs", der vielfältigen, z.T. widerspruchsvollen Gedankenwelt im Hirn eines modernen Großstadtmenschen. Nur an Stellen einer entscheidenden menschlichen Aussage bleibt der Dialog, sozusagen in Klammern, stehen.

Die Thematik des Films Jonas wendet sich vom Klischee ab. Der Film behandelt ein modernes Thema, das Thema des vereinsamten Menschen im hektischen Getriebe einer Großstadt: ein zentrales Problem der heutigen Zeit in der ganzen Welt.

Der Film hat keine Handlung im üblichen Sinne. Er abstrahiert und schildert den Zustand des vereinsamten Menschen.

Filmidee und Drehbuch, Regie und Produktion lagen in einer Hand und zwar in der Hand eines Außenseiters: Aus der Sicht des Psychiaters zur Problematik des modernen Menschen und aus der Sicht des Freundes und Sammlers modernen Malerei zur optischen Gestaltung eines modernen Themas ist der Film entstanden.

Unterschrift Dr. med. O. Domnick

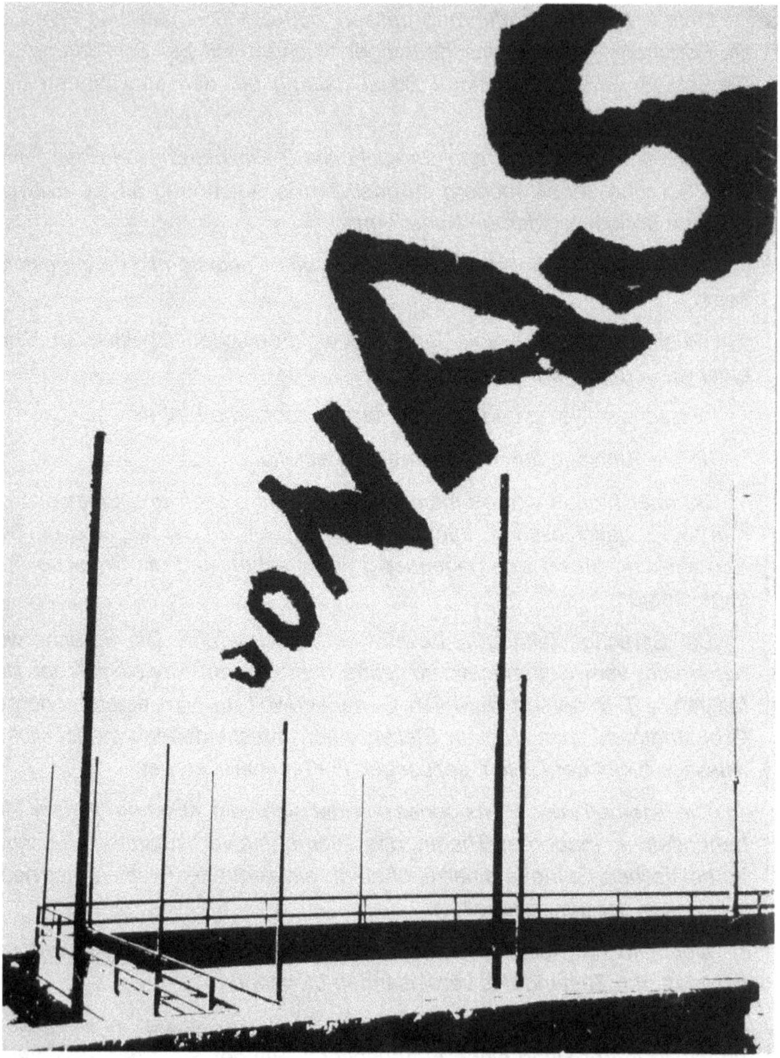

(34) Vordere Umschlagseite des Programmhefts der Uraufführung (Entwurf und Gesamtherstellung: Cantz'sche Druckerei Stuttgart–Bad Canstatt.) Im Innenteil neben Grafiken und Film-Einstellungen dreisprachige Erläuterungen und Analysen zu JONAS (von Domnick, Mostar, Goelz, Johanna Spangenberg, Winfried Zillig) sowie Enzensbergers Prolog-Text.

(35) Hintere Umschlagseite des Programmhefts.

Fazit

Der vergleichende Blick in die Drehbuch-Fassungen und in die heute vorliegende Film-Kopie ergibt vor allem folgende Bilanz:

Mit dem Einsprechen der Texte von Enzensberger und mit Winfried Zilligs Ton-Arrangements erlebte Domnick die größte Belohnung für seinen beharrlichen Kunst-Willen. Indem er bis auf wenige Ausnahmen auf O-Ton und völlig auf natürliche Geräusche verzichtete und dies alles in Sprechtönen und konkreter Musik aus dem Off einspielte, steigerte er die auffallende Präsenz seiner Bilderwelt.

Wie sein von der abstrakten Malerei durchdrungener Sinn für die Kamera-Ästhetik erwies sich auch sein Gespür für die Musik mit der von Anfang an eingeplanten *Liberian Suite* von Duke Ellington als genial. Es war, wie schon zitiert, der Jazz in seinen ausgreifenden Formen und in seiner sozialen Bedeutung, und es war der Duke, der, wie Joachim Ernst Berendt es 1953 beschrieb, dabei mit Noten malte: *Die meisten seiner Werke sind musikalische Gemälde.*[140]

Ellingtons bildhafte Komposition mit Orchester und Solisten, entstanden aus einer ganz anderen urbanen Lebenswelt, verleiht den westdeutschen Stadt-Sequenzen in JONAS momenthaft etwas Wunderbar-Leichtes und dann wieder etwas Nervös-Trauriges oder Aggressiv-Beklemmendes. Berendt sprach von *zweierlei Leben* dieses Musikers, von seinen zwei Gesichtern – *strahlend*, *gutgelaunt* und *müde, zerfurcht*. Sprachlich ausgedrückt spürt man diese Ambivalenz auch schon in den ersten Sätzen des Prologs, die von der *erstarrten* Stadt reden, in der Jonas den Morgen *begrüßt*. Und Bild und Ton kippen augenblicklich um aus entspannter Aufmerksamkeit (der Blues) in nervöse Anspannung (die elektronisch verfremdete Stadt). Zilligs elektronische Musik ritzt und kratzt ihre emotionalisierenden Effekte als grelle Zwischenrufe und irisierende Kommentare in die Bild-Sprache des Films.

Wenn man die Drehbücher und Texte liest, erhält man natürlich nicht annähernd den Eindruck, den bereits die ersten Minuten im Film evozieren. Was das Drehbuch nicht formulieren konnte, entstand aus den im Drehen und vor allem in der Postproduktion sich realisierenden Vor-

---

140 Joachim Ernst Berendt: *das jazzbuch. Entwicklung und Bedeutung der Jazzmusik.* Fischer Bücherei Frankfurt/M - Hamburg 1953. S. 47.

stellungsbildern des Regisseurs. Der Prolog, der ein rasant montiertes, für den Film der 50er Jahre vollkommen neuartiges Stadt-Präludium begleitet, führt in eine schwankende Kino-Realität. Manches erscheint fotorealistisch, manches surreal, manches hört sich an wie ein sachlicher Steckbrief, manches wie Sätze aus dem Brevier von Existentialisten. Jenseits von Alltags-Aussagen erzeugt die Bild-Sprache-Relation vom ersten Moment an eine gespannte Erwartung, die das Publikum in Bewegung setzt, sofern es dies zulässt.

Die Bilder changieren mit den darüber liegenden Text-Zeichen. Daraus entsteht die Vexierbild-Form dieses Films. Wenn Jonas in der Druckerei zu einem unbekannten Besucher gerufen wird, geht er einen langen kahlen Flur entlang, dessen Deckenleuchten unregelmäßig aufflackern und verlöschen. Eine instabile, enge Welt inmitten funktionierender Produktion. Einerseits wird er von einem Kollegen auf diesen Besuch aufmerksam gemacht, mit wenigen Gesten, ohne vernehmbare Worte, andererseits *scheinen* es am Ende der Sequenz wieder nur die inneren Stimmen zu sein, die ihn rufen und verfolgen. Wieder, wie schon beim Verlassen seines Zimmers am Morgen, ist von einem Besucher die Rede, der auf Jonas zu warten *scheint*. Diese Schattenfigur aus seinem schuldbeladenen Gewissen wird er nicht mehr los. Am Abend des Tages *scheint* er auf sie zuzugehen und in ihrer Dunkelheit zu verschwinden.

Der Zuschauer wird zwischen alltäglichem Realitätseindruck und surrealen Parallelwelten hin und her gestoßen. Montage und Schnitt, Kameraperspektiven und Licht-Schatten-Regie erzeugen Räume aus realen und aus halluzinierten Dimensionen.

Auch noch nach der letzten Überarbeitung und selbst noch nach den frappierenden Sprecher-Kommentaren von Enzensberger überbietet also der fertige Film die Erwartungen. Wohlgemerkt: die Erwartungen eines Außenstehenden, nicht aber die des Filmemachers selbst. Ohnehin schien Domnick nach dem Abschluss von JONAS seine Arbeit als die konsequente und sozusagen nahtlose Realisierung seiner ersten Ideen angesehen zu haben, denn im Programmheft zur Uraufführung hat er – entgegen den aus dem Nachlass ermittelten Fakten – sogar die Identität von Exposé und Film anzeigen lassen[141]:

---

141 Erwin Goelz: *Der Außenseiter dreht Jonas im Alleingang*. Programmheft zur UA Berlin 1957.

Der fertige Film ist die genaue Umsetzung des ursprünglichen Exposés [...].

Im Kopf von Domnick wird sich das so abgespielt haben. Nach außen wäre mit diesem Satz eine Legende anvisiert. Denn nur Domnick und seine Frau wussten von den gravierenden Umarbeitungen und Neugestaltungen seit dem Exposé. Die Tatsache jedoch, dass das Material im Nachlass aufbewahrt wurde, zeigt, wie wenig den Domnicks daran lag, eine solche Legende auf Dauer Realität werden zu lassen.

Und so beginnt mit dieser Nachlass-Lektüre auch die Lektüre des Films aufs Neue. Das entspricht seiner offenen Konstruktion.

Denn im Film gibt es im Hinblick auf die narrative Struktur ein mehrfaches Ende und somit kein eindeutiges. In der sehr kurzen, aber gewichtigen Sequenz (49 Sekunden), in der Nanni in der nächtlichen Stadt nach Jonas sucht, sieht das Kinopublikum, wie er in der Dunkelheit der Strasse verschwindet. Überholt, aber weder bejaht noch verneint, die ehemalige Drehbuch-Idee mit dem Suizid. Damit ist die JONAS-Geschichte an ihrem Finale angekommen, nicht jedoch der Film. Denn ähnlich wie dem Prolog ein Epilog entspricht, hat Domnick die Eingangs-Bilder des aus der Nacht aufblinkenden Fernsehturms wie eine alles umfassende Klammer um die Binnenerzählung gelegt (1 ½ Minuten). Dieser Fernsehturm mit seinen Licht-Fingern und Morse-Nachrichten von Selbstmord-Statistik und Angst verankert zu Beginn und in dieser Schluss-Einstellung die JONAS-Parabel im Geschichts-Alltag der Fünfziger Jahre – *Weitergehen! Nicht stehen bleiben!*

So belegt der Film noch im letzten Ton und Bild seinen offenen Schluss. Die sowohl tagesaktuelle wie überzeitliche Parabel des modernen Jonas hat damit ihre gültige Form gefunden.

Mehr als zehn Jahre später kam Domnick in seinem Film mit dem Namenskürzel N.N. zitathaft auf JONAS zurück, indem er erneut dessen Offenheit bestätigte:

Erinnerst du dich an JONAS? An den Prolog?

Das war 1957 [...] *Gemäuer ... Gitter ... Sehnsüchte...*

(36) Fünf Einstellungen aus JONAS.

"Sehnsüchte"

"Gemäuer ... Gitter"

Realsatire: JONAS und die Hut-Industrie

In Domnicks Autobiografie steht der Satz:

Kunst geht nicht wie Seife oder Textil.

Domnick war eines Tages von Steuerbeamten nach dem finanziellen Erfolg mit seinen Kunst-Aktivitäten gefragt worden und hatte ihnen mit diesem Satz geantwortet.[142]

In den Nachlass-Briefen gibt es zu beiden Waren, der Seife und dem Textil, eine kuriose Querbeziehung. Die erste betrifft die Darstellerin der Nanni, Elisabeth Bohaty, die nach ihrem Film-Erfolg mit JONAS zu Werbeaufnahmen für Lux-Seife eingeladen worden war, dies Domnick mitteilte und von ihm in seiner zustimmenden Antwort (vom 4.3.1958) hören musste, sie solle unbedingt den Bezug zu dem Erfolgs-Film JONAS herstellen.[143]

Die Firma J. Walter Thompson GmbH Frankfurt/M, Am Rossmarkt 10, möchte Ihre Adresse erfahren. Sie will gerne ihre Lux-Toilettenseife mit der Nanni verbinden. Damit würden Sie in den Deutschen und Österreichischen Illustrierten erscheinen. Ob Sie sich dazu bereit erklären, ist Ihre ganz persönliche Sache. Ich würde aber Ihrerseits zur Bedingung machen, dass Ihr Name mit dem Film gekoppelt wird: also Elisabeth Bohaty (Nanni im Film Jonas) oder so ähnlich, denn NANNI und JONAS sind zu einem Begriff geworden.

Die zweite Querbeziehung ergibt sich aus einem Brief Domnicks an Erwin Goelz,[144] Redakteur bei den Stuttgarter Nachrichten, dem er mitteilte, die *Industrie interessiere* sich für Jonas, und zwar die *Hut-Industrie*! Ironisch listete Domnick die Einzelheiten auf, natürlich mit der Absicht, Goelz zu einer Notiz in seiner Zeitung zu animieren. Allein der

---

142 *Hauptweg und Nebenwege* S. 219. Im Entwurf lautete der Satz: *Kunst ist nicht Seife. Und moderne Kunst kein Textil.*

143 Domnick schrieb am 4.3.1958 an Elisabeth Bohaty in Wien mit der Anrede *Liebe Nanni! [...] dass der Film JONAS am 16.3.58 nun noch zu allen anderen Preisen den "BAMBI" bekommt. Ich gratuliere Ihnen genau so dazu. Sie wissen, dass diese Auszeichnung eine Trophäe ist, um die sich viele Filmleute reissen. Wenn Sie Zeit haben, kommen Sie doch nach Karlsruhe am 16.3.58, wo um 18 Uhr die Verleihung stattfindet. Der Film ist inzwischen nach USA, Oesterreich, Italien, Belgien und die Schweiz in den Verleih gegangen. Sie sehen, dass JONAS weiter im Rennen liegt und seine Runden übersteht. Wer hätte das gedacht und diesen Erfolg vorausgesehen.* [...].

144 Siehe zu Goelz: Rolf Aurich (Hg.): *Erwin Goelz alias Frank Maraun Filmkritiker*. München 2006.

Slogan *Jonas aktiviert die Industrie* zeigt das Vergnügen, mit dem Domnick diese Schlagzeile mit ihrem Kontext vor dem anderen ausbreitete:

N/D 26.7.57

Lieber Herr Gölz!

Die Industrie interessiert sich für JONAS oder JONAS aktiviert die Industrie.

Der Hut-Einzelhandelt plant anlässlich der Stuttgarter Uraufführung eine Mitgliederversammlung und die Anwesenheit ihres Präsidenten unterstreicht die Bedeutung, die die Industrie diesem modernen Film beimisst.

Die Fachzeitschrift "Hut & Mütze" bringt ausführliches Bildmaterial, aber auch der Verband des Textileinzelhandels will sich einschalten und in ihrem Fachblatt "Textilwirtschaft und Textilnachrichten" soll ein Bericht über JONAS erscheinen.

Der Hut-Einzelhandel, Sektion Stuttgart, will durch wirksame Annoncen den Start des Films unterstützen. Auch der Allein-Konzessionär des weltberühmten "Borsalino", die Fa. Renner & Co., Frankfurt, schaltet sich ein.

Der Verband der Wollfilz-Fabriken, der Haar- und Velourhüte, interessiert sich ebenso wie die Detailunternehmen mit ihren Erzeugnissen, wie Hutbänder, Hutleder, Hutfutter, Korkeinlagen, Lederschleifen und Goldprägfolien.

Der Weg führt über Seidenhüte, Klapphüte, Bergmann-Tschakos, Priester-Hüte bis zum Homburg.

Rufen Sie mich bitte an, wenn Sie etwas schreiben wollen. Ich finde dieses Interesse niedlich und möchte den betreffenden Leuten nicht weh tun, die nun für den JONAS so viel Interesse zeigen.

Allerdings aus einem ganz anderen Grunde. Aber das verstehen wir beide ja gut. Die Werbung ist jedenfalls nie einkalkuliert gewesen und es ergeben sich geradezu ungeahnte Möglichkeiten.

Mit freundlicher Begrüssung
bin ich Ihr

(37) Domnick mit Kepplinger am Fernsehturm in Stuttgart (Foto Privatarchiv Heimo Bachstein).

(38) Einstellung aus JONAS.

Anhang

1. Film-Einstellungen und Film-Text

Auf den folgenden Seiten wird der endgültige Text (Dialoge und Sprecher-Kommentar) mit einzelnen, aus der Video-Kopie entnommenen Einstellungen verbunden. Damit soll zusätzlich zu den Materialien der Entstehung des Films die Neugier auf das fertige Produkt angeregt werden.

2. Drehbuch-Fassungen und Dialoge

Teilweise Transkription des ersten handschriftlichen Entwurfs

1. Erster handschriftlicher Entwurf
2. Exposé Bühler Höhe
3. Drehbuch Antrag NRW
4. Drehbuch *Titel, Trick*
5. Original-Drehbuch
6. Original-Text und Dialoge Domnick
7. Original-Manuskript Enzensberger

3. Zeittafel

4. Literaturliste

Film-Einstellungen und Film-Text

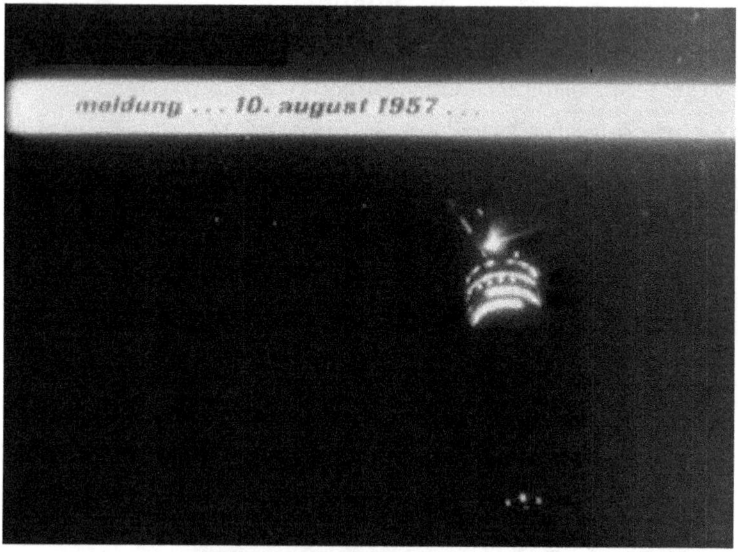

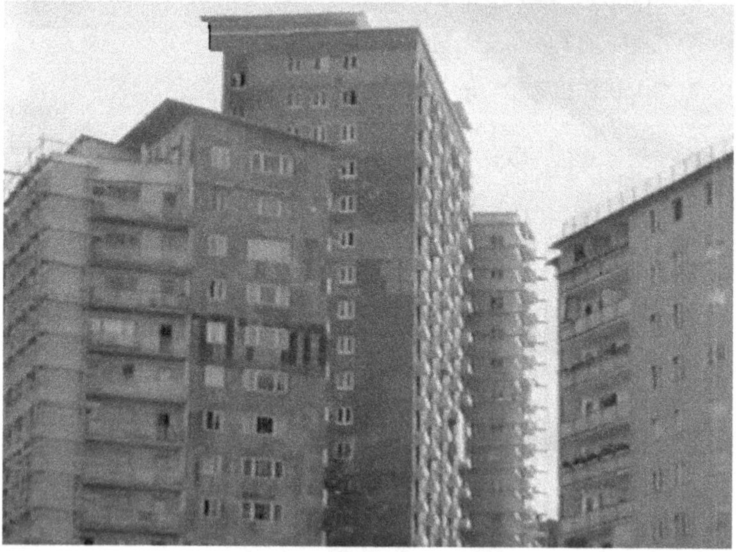

D i a l o g l i s t e

für den Dokumentar-Spielfilm

J O N A S

Insert:

Meldung ... 10. August 1957
mehr Selbstmorde als Verkehrsopfer
täglich gehen 30 Personen freiwillig aus dem Leben
Tag für Tag das gleiche Schicksal
trotz Wohlstand
trotz wirtschaftlicher Blüte
Grund: Schwermut
47 % der befragten Bevölkerung äusserte:
Angst .....

Prolog - Grosstadtmontage

In dieser Stadt / in ihren Türmen / ihren riesigen Wabenkörben / zwischen Signalen und Maschinen / indieser Stadt wohnen keine Götter / und keine Helden./ Die Stadt schläft. / In ihren Kabinen schlafen Viele / sie schlafen inihren Zellen / im Stahlskelett / sie schlafen hinter den Chiffren / und den Fassaden / Nur in den Kellern regen sich / schlaflos / die Maschinen/ Die Stadt ist leer / sie hat keine Bäume / und kein Gelächter / sie ist ausgestorben / wenn der Morgen graut /wenn der Morgen graut / und du suchst einen / irgendeinen / einen Mann namens Jonas / zwischen den Schildern und Fronten / musst du hinter die Fassaden sehen / hinter die kalten / schlaflosen Ziegel / Seine Welt ist ~~nicht~~ mit Zeichen vernagelt / die Maschinen laufen Tag und Nacht / aber Jonas / Jonas steht an einem Fenster / irgendeiner / an irgendeinem Fenster / und begrüsst den Morgen.

-NACHWEIS VERKEHRSBURO
SCHOKOLADE · GEBÄCK

DR. OTTOMAR DOMNICK
VERLAG UND FILM
STUTTGART-O
GEROKSTRASSE 65 TELEFON 240628

Treppenhaus:

Spr. 3 Jonas, Jonas, einer hat nach dir gefragt.
Spr. 1 Irgendeiner. Seinen Namen? Nein, seinen Namen
hat er nicht genannt. So in deinem Alter, Jonas.
Spr. 3 Was, du kennst niemand? Du hast keine Freunde?
Spr. 1 Es hat aber einer nach dir gefragt. Keine Angst,
er will wiederkommen, Jonas.

Strasse:

Streife: Weitergehen, nicht stehenbleiben!
Weitergehen, nicht stehenbleiben!

Bahnhof:

Spr. 2 Bahnsteig 10, F 154 Tauernexpress zur Weiterfahrt
nach Wien, Belgrad, Bukarest ist soeben eingefahren.
Bahnsteig 12, Vorortzug F 37
Spr. 1 Seriöser Verhandlungspartner, hochqualifizierte
Persönlichkeit,
Spr. 2 gründliche Erfahrung in Menschenführung und Kal-
kulation,
Spr. 1 überdurchschnittlich repräsentativ,
Spr. 3 ist entschlossen, frühzeitig und auf weite Sicht
zu disponieren
Spr. 1 erst mal vorfühlen, die Lage sondieren
Spr. 3 ist entschlossen, rasch zu handeln ...
Spr. 4 Handelsblatt, Wirtschaftszeitung, Kapitalerhöhung
Spr. 1 Aber lieber Gott, man hat ja schliesslich auch ein
Privatleben. Spass muss ein, ganz gute Figur, die
Kleine, hübsche Beine.

Druckerei:

Spr. 1 Na komm schon, Jonas, Vesperpause
Spr. 2 nichts zu machen, ist nicht viel mit ihm anzufangen.
Spr. 4 Glücklich durch Reisen
Spr. 1 wenn du das nötige Kleingeld hast

zusammenkämen. Kurz und gut, man findet
halten der westlichen Deutschen diesem Problem
gegenüber politisch sehr vernünftig und menschlich
enttäuschend. Man beglückwünscht sich dazu, daß
DDT E 605
Der Landwirtschaft geht es besser. Auch sie hat also
an der wirtschaftlichen Aufwärtsentwicklung der letzten Jahre teilgenommen. Diese Feststellung des Grü-
nen Berichts wird von allen freudig begrüßt werden, die
davon überzeugt sind, daß auf die Dauer ein wirtschaftlicher Aufschwung unter Ausschluß der Landwirtschaft unmöglich ist. Gleichzeitig macht der Grüne

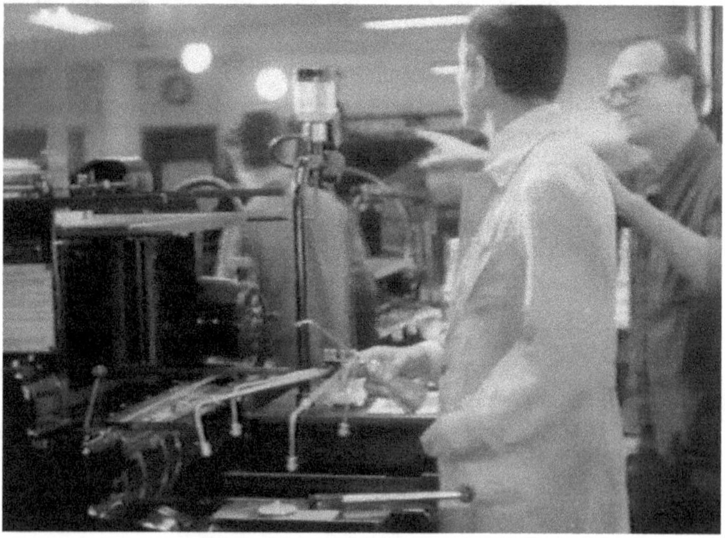

AR DOMNICK
D FILM
T-O
65 TELEFON 240628

Spr. § Romantischer Tod auf deutschen Bundesstrassen - besucht unsere malerischen Atommeiler - unbeschwerte Badefreuden im radioaktiven Rhein.

Spr. 1 Leg deine Mütze ab, Jonas!
Spr. 4 Man geht nicht mehr ohne Hut
<u>Insert:</u> D 633, Kontaktgift - Schädlingsbekämpfung
Spr. 1 Jonas, nach Zimmer 17, Jonas nach Zimmer 17!

<u>2. Akt</u>

<u>Druckerei:</u>

Spr. 3 Einer wartet auf dich im Zimmer 17, Jonas, einer hat nach dir gefragt.
Spr. 1 Was, du kennt niemand hier? Eine Verwechslung?
Spr. 3 Jonas, du bis im Labyrinth. Hier gibt es keine Verwechslung: dem Labyrinth entgeht man nicht so leicht. Er wird wiederkommen, hat er gesagt, er wartet auf dich.

Spr. Hier kein Platz für private Dinge ... das muss voll automatisiert werden .... bis Mittag die Akkordlisten .... das muss heute noch raus ... strenge Rationalisierung ... die Automaten müssen auf höhere Stückzahl eingerichtet werden ich muss mich darauf verlassen können ... Abrechnung in einer Stunde ... hier kein Platz für private Dinge / Wiederholung

Spr. 1 Er ist fort, einfach fort. Niemand da. Niemand.
Spr. 3 Eine Verwechslung?
Spr. 1 Sicher, klarer Fall, nichts zu sagen.

<u>Strasse:</u>

Spr. 2 Am 15. Mai gegen Mittag versuchte der Betroffene einen Hut
Spr. 3 Jonas, das ist doch nicht so schwer, einen Hut zu kaufen.
Spr. 1 Du hast schon lange keinen Hut getragen.

ITTOMAR DOMNICK
IG UND FILM
TGART-O
TRASSE 65 TELEFON 240628

Spr. 3 du hast alles hinter dir, die Sonne scheint dir auf den Kopf, du hast frischgewaschene Hände und den Wochenlohn in der Tasche. Nur ruhig, sieht dich ja keiner!

Spr. 2 Um 12 Uhr 15 mitteleuropäischer Zeit

Spr. 4 Man geht nicht mehr ohne Hut

Spr. 2 Man geht nicht mehr unbeobachtet

Vor dem Schaufenster:

Spr. 2 Zweiunddreissig fünfzig, wird sehr gerne gekauft, das wäre allerdings die einfachere Ausführung

Spr. 3 Und du hast eine Woche lang geschuftet

Spr. 2 Tariflicher Ecklohn achtundneunzig fünfzig brutto, Abzüge Lohnsteuer acht zwoundzwanzig, Kirchensteuer fünfundsechzig Pfennig, Sozialversicherung zehnzweiundzwanzig, Gewerkschaft zwei Mark, macht netto siebenundsiebenzig einundvierzig

Spr. 3 Aber ein neuer Hut, Jonas, lass dich nicht lumpen das ist eine Anschaffung.

Im Hutladen:

Spr. 1 Und sie fragen dich:

Spr. 3 Womit kann ich dienen?

Spr. 1 Aber vielleicht meinen Sie:

Spr. 3 womit kann ich dich fangen?

Spr. 1 Sei auf der Hut, Jonas, wenn sie dir zulächeln

Spr. 4 Versuchen Sie dochmal hier: etwas sportliche Note, kleidet Sie gut, den trägt man runter.

Jonas: Ich möchte auch einen Hut

Spr. 2 Der Betroffene, 32 Jahre alt, Vorstrafen keine, besondere Kennzeichen keine, versuchte am 15.Mai

Spr. 3 Und du fängst dich im Lächeln des Mädchens,

Spr. 2 Die deutsche Industrienorm sieht für die Herrenkonfektion 8 Hutgrössen vor, die nach dem Schädelindex zu bestimmen sind

Spr. 3 Man geht nicht mehr ohne Schädelindex

OTTOMAR DOMNICK
AG UND FILM
TGART-O
STRASSE 65 TELEFON 240628

Spr. 2 Zur Bestimmung der Kopfweite und Schädelform steht führenden Fachgeschäften ein Spezialinstrument, der sogenannte Konformateur zur Verfügung. Das Gerät bildet insbesondere die Schädelform mit Hilfe von Nadeln masstäblich ab, die ein in den Konformateur eingeführtes Blatt durchbohren.

Spr. 1 Am Vormittag mitteleuropäischer Zeit

Spr. 3 wirst du vermessen und verschraubt

Spr. 1 Und Jonas geht konform

Spr. 2 Hutkauf ist Vertrauenssache. Geben Sie sich nicht mit dem zweitbesten zufrieden, speziell für Sie , den anspruchsvollen Herrn mit der persönlichen Note

Spr. 3 für den Kunden der internationalen Spitzenklasse führen wir den exklusiven Homburg Royal in Königsformat.

Spr. 3 Der Hutkauf ist die Krönung des kleinen Mannes.

Spr. 1 Mensch, Jonas, das ist der richtige! Du hast es geschafft.

Spr. 4 Monogramm gefällig? Hutkauf ist Vertrauenssache. Das Monogramm verleiht Ihrem Hut die persönliche Handschrift, ein Teil unseres Kundendienstes.

Spr. 3 Sag deinen Namen, du bist erkannt!

Spr. 1 Draussen wartet schon einer auf dich!

Spr. 2 Sag deinen Namen nicht, sag: Monogramm? Danke, nicht nötig!

Spr. 3 Der Betroffene weigerte sich, seine Initialen anzugeben, wodurch die Fahndung wesentlich erschwert ist.

Spr. 1 Ganz schön teuer, der Spass, nicht warh, Jonas?

Spr. 3 Über ein halber Wochenlohn

Spr. 1 Aber mit so einem Hut kann dir keiner

Spr. 4 Gut bedient, gut gelaunt

Spr. 3 Ein neuer Hut, ein neuer Mensch

Spr. 1 Du hast es geschafft

Spr. 2 War doch gar nicht so schlimm

Spr. 3 Vorbei ist vorbei

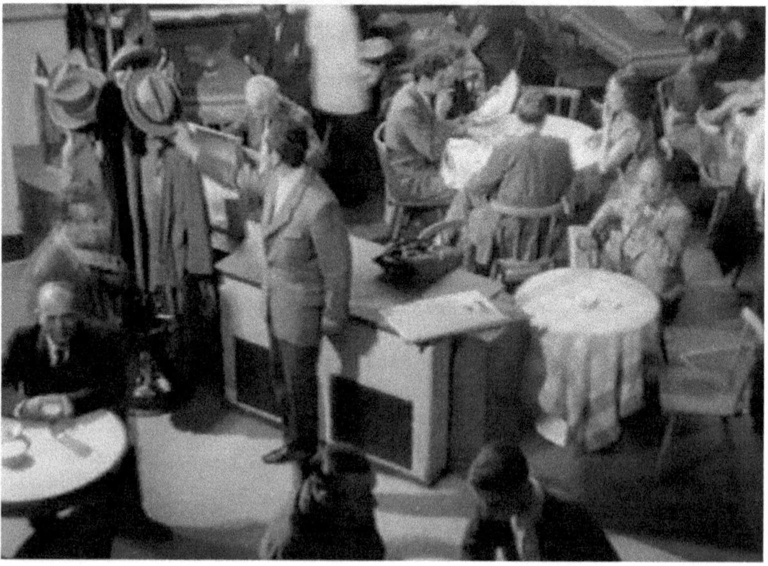

Spr. 4 Bezahlt ist bezahlt

Spr. 1 Behütet behütet

Spr. 3 Dein Monogramm ist Dein Lächeln

Spr. 1 Und keiner dreht sich nach dir um

Spr. 3 Oder - doch?

3. Akt

Stammlokal:

Spr. 1 Wie die Leute dich anschauen, - strahlend ... ein neuer Hut ... Typ Roayal im Königsformat ... ein Fabrikat der internationalen Spitzenklasse

Spr. 4 Du trennst dich schwer von deinem Hut? Häng ihn doch hin

Spr. 3 Hier kommt nichts weg

Spr. 2 Nein, Kalbsschnitzel ist leider gestrichen ... zahlen ... sofort ...

Spr. 1 zweimal Leber, ein Bier, Brötchen? zwei Brötchen macht 2, 24 ohne

Spr. 4 Durst macht das Bier erst schön .. Bier macht den Durst erst schön

Spr. 2 Für Garderobe wird nicht gehaftet .. fein gebackenes Steak mit Beilagen und Salaten, Spezialitäten des Hauses

Spr. 1 Was schaut dich der so blöde an, ein Mann mit einem neuen Hut.

Spr. 3 Der Spezialgarderobenständer Modell 34 eignet sich wegen seiner robusten Bauweise, leichten Zügänglichkeit und grossen Aufnahmefähigkeit besonders für Lokale mit raschem Umsatz

Spr. 2 Jetzt zahlst du und

Spr. 3 Um zwölf Uhr fünfunddreissig mitteleuropäischer Zeit hatte der Betroffene seinen Hut Typ Royal in der Schnellgaststätte Döderlein abgelegt

Spr. 1 Aber das ist doch nicht möglich!

Für Garderobe
wird nicht gehaftet

Spr. 3	Eben war er doch noch da
Spr. 1	Der exklusive Homburg Royal im Königsformat
Spr. 3	Vorbei ist vorbei
Spr. 1	Du bist geprellt, am hellen Mittag bestrohlen, über ein halber Wochenlohn
Spr. 3	Man geht doch nicht ohne Hut, man geht doch nicht unbehütet
Spr. 1	Du kannst dir das doch einfach nicht bieten lassen
Spr. 2	Haft- und schadensersatzpflichtig für abhandengekommene oder beschädigte Sachen ist nach § 701 BGB folgende der Gastwirt, jedoch nicht der Schankwirt. Wer Speisen und Getränke feilbietet, ist im Sinne des Gesetzes der Schank- nicht der Gastwirt.
Spr. 4	Bedaure ausserordentlich, aber ...
Spr. 1	Nichts zu machen, Jonas
Spr. 3	Keine Ursache
Spr. 1	Aber man geht doch nicht mehr ohne Hut
Spr. 3	Man geht doch nicht unbehütet
Spr. 1	Auge um Auge, Hut um Hut
Spr. 3	Nur keine Bange, Kleinigkeit, schaut ja keiner her
Spr. 2	Der Betroffene entwendete, ohne Vorstrafen, besondere Kennzeichen keine , einen grauen Herrenhut
Spr. 3	Am hellen Nachmittag
Spr. 1	Keiner erkennt dich, du hast kein Monogramm auf der Stirn
Spr. 2	Besondere Kennzeichen: kein Monogramm auf der Stirn, was die Fahndung wesentlich erschwert.
Spr. 3	-

<u>Vor Plakatsäule:</u>

Spr. 3	~~Ein Vergehen gegenüber seinem verschollenen Freund M.S. konnte dem Betroffenen nicht nachgewiesen werden von einer strafrechtlichen Verfolgung ist abzusehen ist abzusehen ist abzusehen~~

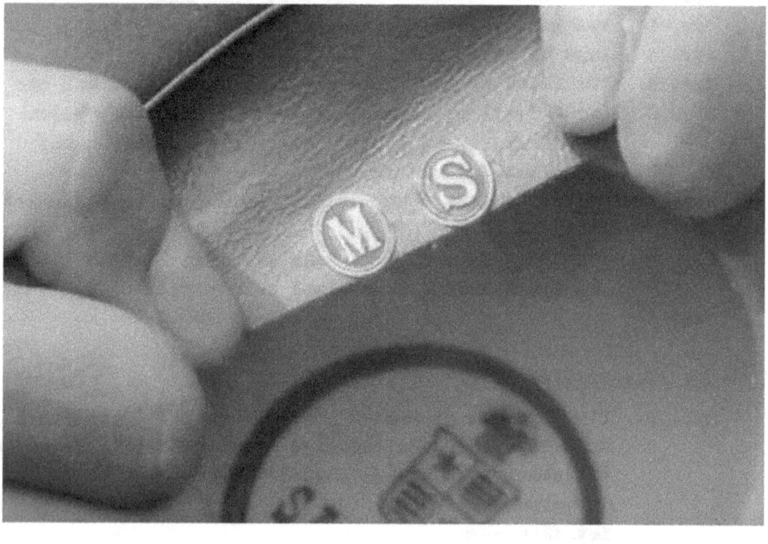
M S

OTTOMAR DOMNICK
LAG UND FILM
TTGART-O
KSTRASSE 65 TELEFON 240628

Spr. 1 Niemand schaut dir zu, nur die Plakatwände, mit den Lockliedern, mit den Drohliedern, mit den Steckbriefen

Spr. 1 Einem gestohlenen Hut, Jonas

Spr. 3 schaut man nicht unter die Krempe, unter der Krempe verbirgt die Vergangenheit ihr blutiges Monogramm

Spr. 2 M.S. M.S. M.S.

Spr. 3 und über den leeren Platz ruft sie

Stimme: Hol mich, Jonas

Rückblende Fluchtszene:

Sprecher: (durcheinander) an alle Streifen, an alle Streifen / Zwei Internierte / heute mittag / aus dem Lager Lorbitz entkommen / Einer der beiden angeschossen : steckbrieflich gesucht / liessen auf der Flucht einen Hut / mit dem Monogramm M.S. zurück / Alle Streifen / erhöhte Alarmbereitschaft / Cäsar Siegfried Neun / Cäsar Siegfried Neun / Ende / Ende.

Spr. 3 Ein Vergehen gegenüber seinem verschollenen Freund m.S. konnte dem Betroffenen nicht nachgewiesen werden
Von einer strafrechtlichen Verfolgung ist abzusehen
ist abzusehen
ist abzusehen

Spr. 1 Er hat das Monogramm gesehen

Spr. 3 Er hat Angst ....

Spr. 1 Er hat Angst vor einem Monogramm

Spr. 3 Er hat Angst vor einem Hut

Spr. 1 Angst vor dem Kopf, auf den er gehört

Spr. 2 ... vor der Vergangenheit

Stammlokal:

Spr. 3 Du musst ihn loswerden, Jonas!

Spr. 1 Leg ab, häng ihn hin!

Spr. 3 Geh ohne Hut, ohne Monogramm, ohne Schuld!

Spr.1 kann weiter gar nichts passieren
Spr.3 bloss ne Verwechslung weiter nichts.
Spr.2 Laut § 46 Abst. 2 Strafgesetzbuch bleibt der Versuch als solcher straflos, wenn der Täter zu einer Zeit, zu welcher die Handlung noch nicht entdeckt war, den Eingritt des zur Vollendung des Verbrechens oder Vergehens gehörigen Erfolges durch eigene Tätigkeit abgewendet hat.
Spr. 1 vorbei ist vorbei
Spr. 3 der Versuch als solcher bleibt straflos
Spr. 1 Jonas, du bist noch einmal davongekommen.

Strasse:

Spr. 1 Hallo, haltet ihn!
Spr. 2 Hallo, haltet ihn?
Spr. 1 Hallo, Hallo, mein Herr, Ihr Hut!
Spr. 2 Jonas, der Hut?
Spr. 3 Er kommt zurück, ein Bumerang aus Filz.
Fr.Herr Kleine Stadtnachrichten: Ehrlicher Kellner bringt wertvollen Hut zurück
Spr. 1 Der Hut, Jonas!
Spr. 3 Ein Bumerang aus Filz, das Monogramm der Vergangenheit
fr.Herr Vermischte Anzeigen: grauer Herrenhut gefunden
Spr. 1 Der Hut, der Hut!
Streife weitergehen nicht stehenbleiben!
weitergehen nicht stehenbleiben?
Spr. 3 Jonas, die Vergangenheit ist ein Bumerang aus Filz
Fr.Herr Letzte Meldung: schwere Verkehrsgefährdung durch verlorenen Hut ... Brücke
Spr. 1 Den Hut bist du nun los, Jonas ... ein Häufchen Asche ...
Spr. 2 Aber die Vergangenheit, Jonas, ist feuerfest. Du kannst sie in Stücke reissen und in deinen Ofen werfen, so viel zu willst. Ihr Monogramm verbrennt nicht!

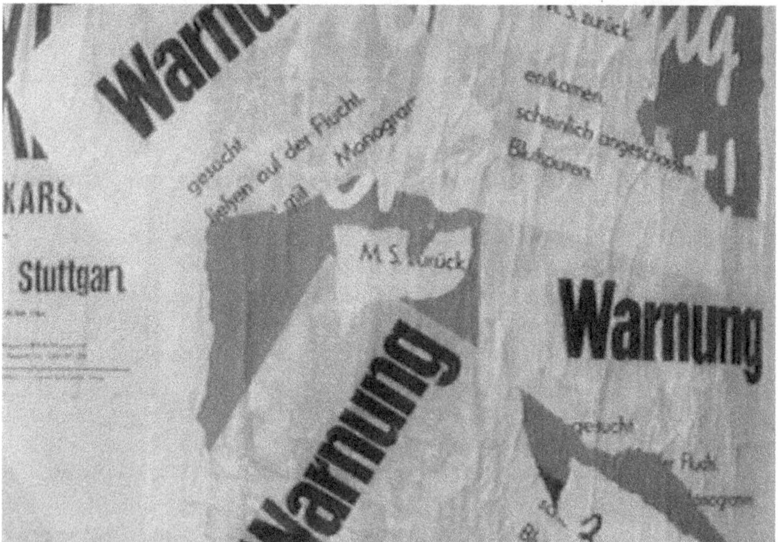
Warnung
gesucht
Flucht
M. S. zurück
Stuttgart
Warnung
Warnung

Spr. 1 Du trägst es auf ~~der~~ deiner Stirn

4. Akt.

Strasse mit Kruzifix

Spr. 2 Und Jonas floh vor dem Herrn, seinen Gott bis ans Ende der Welt und der Herr verfolgte ihn in seinem Zorn

Vor Hutladen:

Spr. 3 Aus mein Lieber, erledigt mein Lieber. Schreib nur ans nasse Fenster

Spr. 1 Ich kenne hier niemand, ich habe keine Freunde

Spr. 3 Schreib nur verzweifelt an die Scheibe: ich bin erledigt.

Spr. 1 Du bist erledigt. Lass das Mädchen in Ruhe, hat keinen Zweck ... und sie fragt dich:

Nanni: Wo haben Sie denn Ihren schönen Hut?

Jonas: Den haben sie mir gleich gestohlen

Nanni: Wo denn?

Jonas: In einem Restaurant

Nanni: Das ist aber gemein! Das war ein kurzes Glück!

Jonas: Nein, nein, das ist eine lange Geschichte. Aber das verstehen Sie nicht.

Spr. 1 Lauf nicht davon, Jonas, lauf nicht davon

Spr. 3 Immer gleich davonlaufen, dieser Jonas mit dem schlechten Gewissen

~~Spr. 2 Haltet ihn!~~

Spr. 2 Hallo, haltet ihn!

Spr. 1 Hallo, hol mich Jonas!

Nanni: Hallo, hallo! Hallo, warten Sie doch!
~~Hallo, hallo, warten Sie doch!~~
Sie können doch nicht ohne Hut gehen!

Jonas: Ach Gott, ich dachte ... fällt das auf?

Nanni: Ach nein ... an sich macht das ja nicht s aber ...

Jonas: Begleiten Sie mich doch, ich bin so allein.

Nanni: Nein, nein, ich muss doch zurück. Aber kommen Sie doch mit, vielleicht können wir später noch zusammen sein.

Spr. 1 Sie ist s~~o~~ freundlich zu dir, sie meint es gut mit dir

Spr. 3 Geh mit, Jonas, alauf nicht allein davon wie ein einsamer Köter

Spr. 1 Da ist er schon wieder

Spr. 3 Wer?

Spr. 1 Der fremde Herr. Was will er von dir, Jonas?

Spr. 4 Qualifizierte Persönlichkeit, entschlossen zu sondieren, nachzuforschen, rasch zu handeln.

Spr. 3 Er will etwas von dir, Jonas!

<u>Bahngeleise:</u>

Spr. 1 Bleib bei ihm Mädchen, hör ihm zu, wie er träumt

Spr. 3 Geht mit ihr, Jonas, Hör ihr zu, wie sie träumt

Nanni: Meine Schwester geht ins Büro und mein Vater arbeitet bei der Stadt. Morgen besucht mich Elisabeth und der Nachbar kommt den Garten richten

Jonas: 17, Quinte 3 ... auf der Titelseite ... 15 DIN, Budoni, Auflage 30 Tausend

Nanni: Morgen gibt es Himbeeren und abends geh ich ins Kino. Der Vater sagt, ich bin noch zu jung für solche Liebesgeschichten

Jonas: Gestern und vorgestern mussten wir Überstunden machen, da ist der Abend nicht so lang. Ob ich den Abendkursus mache: Typographie, Ökonomie, Hollerith.

Nanni: Der Vater sagt, ich soll das Geld beiseite tun und lieber Englisch lernen

Jonas: Ich bin seit einem Jahr in dieser Stadt, Menschen, Sand .... Sinn ... Leben ...

Nanni: Ich träume oft vom Kino ... die Autos und das Leben .... so möchte ich einmal aussehen ... um einhalb

acht fängt es an, vorher spiele ich Federball. Ob ich wieder gewinne?

Jonas: Wir spielten gerne Boccia, da trafen viele Kugeln und es war immer sehr vergnügt

Nanni: Ich bin auch gerne vergnügt

Jonas: Martin war auch immer so lustig

Am Neckar:

Jonas: Schön finde ich den ... den hat das Wasser hier angeschwemmt ... irgendwo von den Bergen ... das ist lange her ... früher war hier Strand.. jetzt ist der Fluss ein Kanal ... und treibt die Turbinen .. keine Steine mehr ... der hier ist übrig geblieben ... er liegt hier so herum... unter vielen andern .... keiner schaut ihn an ... schön finde ich den ... Mögen Sie ihn? Diesen Stein?

Nanni: Mögen Sie die eigentlich auch? Mögen Sie die auch? Mögen Sie mich eigentlich?

Jonas: Nein

Nanni: Warum nicht?

Jonas: Weil Sie ~~mich~~ so danach fragen
Merken Sie das denn nicht?

Nanni: Ich mag Sie, wenn Sie so erzählen, aber ich habe Angst vor Ihnen, wenn Sie so komisch schauen...
Warum haben Sie manchmal so einen ängstlichen Blick?

Jonas: Seinen Sie still!

Auf der Schaukel:

Nanni: Mögen Sie mich immer noch nicht? Ob Sie mich mögen?

Jonas: Sie sind ein Kind!

Nanni: Kind! Wie alt sind Sie denn!
Haben Sie Kinder? Eine Frau? einen Vater? einen Freund?

Jonas: Ich hatte einen

Nanni: Ich hatte noch keinen

Im Fernsehturm

Nanni: Was war mit Ihrem Freund?
Jonas: Mit welchem Freund?
Nanni: Sie sprachen von Martin
Jonas: Das ist lange her
Nanni: Wo ist er denn?
Jonas: Ich weiss nicht!
Nanni: Lebt er nicht mehr?
Jonas: Ich weiss nicht
~~Nannix~~ Spr. 3 Er weiss nicht, er will es nicht wissen!

Spr. 1 "Es ist lange her", sagt er, "das war früher"
Spr. 3 Und das Mädchen sagt:

Auf dem Turm:

Nanni: Wie weit man hier sehen kann ..., ich bin nicht gerne im Dunkeln ... Sie sollen nicht an früher denken ... ich bin glücklich
Jonas: Das ist wie ein Wachtturm ... da halten Sie Ausschau auf das Lager ... nachts kreisen die Scheinwerfer darüber ... und niemand weiss, warum er gefangenist.
Nanni: Es gibt doch keine Lager mehr!
Jonas: Nein, aber überall gefangene, Angeklagte, ~~Xxxxxxxx~~, Verfolgte, die verschwinden dann
Nanni: Lassen Sie doch die alten Geschichten
Jonas: Und immer sieht man einen dort stehen... der sagt nichts ... steht nur ... beobachtet nur
Spr. 1 Und immer fragt einer nach dir, Jonas
Spr. 3 Und er fragt bei deiner Wirtin, er fragt in deinem Betrieb
Spr. 1 Er will was von dir ... er wird wiederkommen .... seinen Namen hat er nicht genannt
Spr. 3 Du musst auf der Hut sein ... du musst umziehen
Spr. 1 das versteht sie nicht
Spr. 3 Sie fragt zu viel, aber sie meint es gut
Spr. 1 Sie weiss nicht, wie das ist, ein Monogrammauf der Stirn zu tragen.

Spr. 2 M.S. M.S. M.S.

Spr. 3 Sei nett zu ihr, lad sie ein ... sei nett zu ihr, sie mag dich, Jonas

Spr. 1 Geht weg von hier, Jonas, die Scheinwerfer suchen immer noch die Schuldigen unter den Menschen

Stammlokal:

Spr. 4 Döderleins Schnellgaststätte, auch für Sie eine liebe Gewohnheit. Sie werden immer wieder kommen zu Döderlein, der Schnellgaststätte mit den niedrigen Preisen und der sorgfältigen Bedienung.

Spr. 1 Wie scheu sie sind ... wie übermütig - sie träumen,

~~Spr. 3~~ Sie wären so glücklich, so glücklich, als gäbe es keine Nöte auf der Welt

Spr. 4 Nur Neigung entscheidet. Charmante junge Dame, siebzehn, einsachtundsechzig gross, ersehnt die Bekanntschaft eines ritterlichen charaktervollen Mannes mit Herz und Verstand. Spätere Ehe nicht ausgeschlossen. Zuschriften unter ...

Spr. 3 Unter welchem Namen?

Jonas: Nanni heissen Sie, hübser Name

Nanni: Und wie heissen Sie?
Jonas, komischer Name. Das ist doch der im Bauche des Walfisches!

Jonas: Er floh vor seiner Schuld

Spr. 3 Er ist davongelaufen, wie du, Jonas. Drei Tage und drei Nächte sass er im Bauch des Fisches und betete in seiner Angst./Spr 1! Ich schrie aus dem Bauche der Hölle und du hörtest meine Stimme, alle deine Wogen und Wellen gingen über mich. Wasser umgaben mich bis an mein Leben, die Tiefe umringte mich, Schilf bedeckte mein Haupt, ich sank hinunter zu der Berge Gründen, die Erde hatte mich verriegelt ewiglich.

Spr. 3 Sag ihr nichts, Jonas, sie versteht es nicht. Du darfst dich nicht verraten.

Spr. 1 doch, erzählt ihr, erzählt ihr alles,die Sache mit Martin, die Sache mit dem Hut, die Sache mit dem Monogramm

Spr. 3 Hat ja doch keinen Zweck

Spr. 1 Schrei, Jonas, aus dem Bauch der Hölle, sie wird dich ~~doch~~ hören

Spr. 3 niemand wird hören deine Stimme ewiglich

Spr. 2 der betroffene wurde am Abend des 15.Mai beobachtet, wie er in Begleitung der Hutverkäuferin Nanni K. die Gaststätte erneut betrat.

Spr. 3 Verdammt, Jonas, da ist der Kerl schon wieder, der Kerl von vorhin

Spr. 1 Er will was von dir, er spioniert dir nach

Spr. 3 du bist verraten und verkauft

Spr. 1 erkannt bist du und verriegelt ewiglich

Spr. 3 bezahl und geh, bevor es zu spät ist

Spr. 1 Schau dich nicht um!

Spr. 3 Bedeckt mit Schilf dein Haupt

Spr. 1 Sie spielen zusammen, sie spielen alle zusammen gegen dich

Spr. 3 du bist bespitzelt und betrogen

Spr. 4 er hat verspielt, er ist erkannt, er will fliehen, er wird verhört

Spr. 1 der Zeuge ist eine zuverlässige

Spr. 4 hochqualifizierte Persönlichkeit, gründliche Erfahrung in Menschenführung und Kalkulation, überdurchschnittlich entschlossen, repräsentativ vorzufühlen, rasch zu sondieren, zu analysieren, zu recherchieren

Spr. 3 Nur Neigung entscheidet ... gründliche Erfahrung in Menschenkalkulation

Spr. 4 zwei Gundelsheimer Hoheneck Ruhländer Originalabfüllung, pikante Würze bestechende Art 2,10, 4,20 4,62 bitte der Herr

Spr. 2 Der Betroffene wurde am Abend um 20 Uhr 5 mitteleuropäischer Zeit von einem Kellner der Schnellgaststätte Döderlein gestellt. Ergab vor, den Eigentümer des mit M.S. gezeichneten Hutes nicht zu kennen. Derselbe, wohnhaft Lutherstrasse 11, 2.Stock, hatte inzwischen Nachforschungen angestellt und Verlustanzeige erstattet. Der Betroffene wurde aufgefordert, den Hut, der irrtümlich ihm übergeben worden war, unverzüglich seinem Besitzer zuzustellen.

Spr. 3 M.S. hat dich erkannt, er wartet auf dich, Lutherstrasse 11, er sitzt in einem dunklen Zimmer und wartet auf dich. Du musst ihm alles erklären.

Spr. 1 Dieb, Lügner, Feigling!

Strassenkreuzung:

Spr. 1 Geschnappt, Jonas, sie haben dich geschnappt, du bist in der Falle

Spr. 2 Der Betroffene wurde beobachtet, wie er unter Missachtung der Signalanlage

Spr. 1 Hallo, haltet ihn!

Spr. 2 An der Nordostkreuzung in der Nähe des Hauptbahnhofes die Fahrbahn überschritt. Er wurde festgenommen und auf das zuständige Polizeirevier 5 zur Vernehmung eingeliefert, weil er nicht in der Lage war, Angaben zu seiner Person zu machen.

Auto:

Spr. 3 Warum sollte sie nein sagen?

Spr. 1 zu einem seriösen Verhandlungspartner mit raschem Umsatz bei entsprechender Provision?

Spr. 3 Schliesslich und endlich, warum nicht?

Spr. 1 In diese Sache müssen Sie gross einsteigen, meine Dame

Spr. 3 Und an keinen anderen denken, Nanni, und nicht denken:

Spr. 1 Nur Zuneigung entscheidet

Fernsehrestaurant

Spr. 4 Das gepflegte Höhenrestaurant mit dem dezenten Bartrio Jimmy Bix. Ein erlesenes Publikum vergisst alle Alltagssorgen allabendlich in unseren kultivierten Räumen.

Spr. 4 Unsere Hausmarke Cuvée privat extra sec für die besonderen Höhepunkte des Lebens stiftet Jubel, Trubel, und Heiterkeit. Denken Sie daran: Cuvée privat extra sec belebt, beschwingt, beseligt Sie!

Spr. 1 Bekanntschaft eines charaktervollen ritterlichen Mannes

Spr. 3 4 % Umsatzsteuer, Nanni, Geschäft ist Geschäft, Geschäft geht vor Ritterlichkeit

Spr. 1 Er prostet dir zu, Nanni, er fragt nach deinem Freund.

Spr. 3 Komischer Kerl, dieser Jonas, warum läuft er denn davon, hat wohl Komplexe, der Mann

Spr. 1 aber im Grund ist ihm Jonas egal, Jonas, der aus dem Bauch der Hölle ruft, ist ihr egal,

Spr. 3 dieser hochqualifizierten Persönlichkeit in gesicherter Position

Spr. 1 Lieber Gott, Führungskraft der Wirtschaft, schliesslich auch ein Privatleben, hübsche Beine die Kleine, erst mal vorfühlen

Spr. 3 Eine Nacht voller Seligkeit, zahlt die Steuer

Spr. 1 Herr Direktor werden gewünscht - Herr Direktor entschuldigen sich

Spr. 3 So ist das gedacht, Nanni, du bist allein, dass sich die Fluten umgeben, wie Jonas und du hinuntersinkst zu der Berge Gründen ewiglich.

Bar

Spr. 4 Immer nur lächeln, kleiner Vertreter, keine Müdigkeit vorschützen, wenn der Chef dich fragt

Spr. 2 Ne, heute war leider nichts zu machen, von Grossleben gar keine Rede, stundenlang hinter kleinen Leuten hergelaufen

Spr. 4 Kleinleben bis 20.000, Grossleben darüber, günstige Tarife

Spr. 2 Winzige Provisionen

Spr. 4 Du versicherst anderen, wer versichert dich, gegen die Langeweile, gegen das Scheitern

Spr. 4 Lächle, kleiner Vertreter, es versichert dich keiner gegen dich selbst.

Polizeiwache

~~Sprx~~
Wachtmeister: Zeigen Sie Ihre Papiere, warum laufen Sie weg? Haben sie was angestellt?

Spr. 1 Du antwortest, aber keiner versteht, was du sagst.

Wachtm. Wer ist hinter Ihnen her?

Spr. 1 Du machst den Mund auf, wie ein Karpfen

Jonas Ich kenne sie nicht

Wachtm. Bedroht man Sie?

Spr. 1 Ein Karpfen, der nach Luft schnappt

Jonas: Man sucht mich

Wachtm. Wer?

Jonas Ich weiss nicht

Wachtm. Wir vielleicht?

Spr. 1 Aber keiner, keiner hört mit dich!

Jonas Nein

Wachtm. Warum?

Jonas Sie wollen mich fangen

Spr. 1 Sie halten dich für einen Verbrecher

Jonas Man spioniert mir nach

Spr. 1 Oder für einen Verrückten

Wachtm. Warum laufen Sie weg?

Spr. 1 Und du kannst sagen, kannst sagen was du willst.

Jonas Ich laufe vor meinem Schatten weg, der mich verfolgt, wissen Sie, wie das ist, wenn man verfolgt wird, eine Angst in einem steckt?

Spr. 1 Du bist verraten und verkauft

Wachtm. Was reden Sie da, Sie sind wohl nicht ganz inOrdnung?

Spr. 1 Du hast nur noch eine Chance, dass M.S. dir verzeiht.

Pol. Gegen den Mann liegt nichts vor

Wachtm. Mit einer gebührenpflichtigen Verwarnung kommen Sie davon

Spr. 1 Es ist die letzte Chance, Jonas, der Herr verfolgt dich mit seinem Zorn wegen deiner alten Schuld, verfolgt dich bis zu der Erde Gründen.

Kirche:

Stimme "Und die Stimme des Propheten Jonas und es geschah das Wort zu Jona ... und Jona betete zu dem Herrn in seiner Angst und er antwortete mir. Ich schrie aus dem Bauch der Hölle und du hörtest meine Stimme. Du warfst mich in die Tiefen mitten ins Meer, dass die Fluten mich umgaben, all deine Wogen und Wellen gingen über mich, dass ich gedachte, ich wäre von deinen Augen verstossen. Wasser umgaben mich bis an m mein Leben, die Tiefe umringte mich, Schilf bedeckte mein Haupt, ich sank hinunter zu der Berge Gründen, die Erde hatte mich verriegelt ewiglich. Da meine Seele bei mir verzagte, gedachte ich an den Herrn und mein Gebet kam zu dir in deinen heiligen Tempel / Wiederholung.

Rückblende - Flucht

M.S. Jonas, hol mich, Jonas!

Spr. 2 An alle Streifen, an alle Streifen, zwei Internierte, Fluchtversuch, einer der beiden angeschossen, liess Hut mit Monogramm M.S. zurück, erhöhte Alarmbereitschaft. Caesar, Siegfried, Neunn , Caesar, Siegfried zehn, Cäsar Siegfried zehn. An alle Streifen, Ende, Ende.

M.S. Jonas / Hol mich Jonas!

Strassenbahn:

Spr. 3 Wo willst du nur hin, so spät, Jonas?
Jonas Lutherstrasse 11, zweiter Stock

Vor Haus M.S.

Spr. 1 Du bist am Ziel, Jonas
Spr. 3 M.S., dein Opfer, du hast ihn liegen lassen
Spr. 1 M.S., dein Richter, du entgehst ihm nicht
Spr. 3 Die Vergangenheit, ein einarmiger Schatten, wartet auf dich unter der Tür
Spr. 1 Die Tiefe, Jonas, umringt dich, Schilf bedeckt dein Haupt und du schreist aus dem Bauch der Hölle
Spr. 3 Der Betroffene Jonas B. floh ohne dem Besitzer des mit dem Monogramm M.S. gezeichneten Hutes Gelegenheit zu einer Aussprache gegeben zu haben.

Strasse:

Spr. 1 Verzeihung, haben Sie Feuer? Hallo!
Spr. 3 Sie Idiot!
Stimmen Jonas, ... zwei Brötchen ... § 701 ... auf der Stirn ... Jonas ... Steckbrief ... Casar,Siegfried, neun ... bis ans Ende der Wlelt ... an alle Streifen Schilf bedeckt dein Haupt .... M.S. .... M.S. ... geschnappt .. angeschossen ... im Bauch der Hölle

Vor Bahnhof

Spr. 3 Du stehst im Schatten, Jonas und zitterst
Spr. 1 Vor wem zitterst du? Zitterst du vor dem kleinen Vertreter, der abzieht ohne Abschluss und ohne hübsche Beute im hübschen Auto?
Spr. 3 Er steht da, dieser Jonas, beschienen vom Zorne des Herrn, ein zitterndes Gipsbild
Spr. 1 Und er schreit aus demBauch der Hölle, dass sie seine Stimme hört.

Nanni	Was tun Sie hier? Warum liefen Sie weg? Antewortens Sie doch! Was haben Sie denn? Wo waren Sie denn? Wo warst du? Sprich doch? Warum habem Sich sich umgezogen? Was hast du vor! Antowrte! Sprich doch, Jonas! Ich will dich doch helfen!

Im Ladenstübchen

Nanni	Komm doch!
Jonas	Hörst du?
Nanni	Aber was haben Sie denn, es ist doch niemand hier!
Spr. 1	Viel ist hier, was das Mädchen nicht hört
Spr. 2	Viel geht im Schatten und überall sind die Stimmen
Spr. 1	Und die Sirenen
Spr. 2	Und du kannst die Vorhänge zuziehen und die Türen versperren
Spr. 3	Das Patentsicherheitsschloss Efka 33 bietet Ihnen absolute Einbruchsicherheit bei grösstem Komfort und niedrigstem Preis. Warum unruhig schlafen? Efka bedeutet Sicherheit auch für Sie.
Spr. 1	Aber zwischen deinem Mund, Jonas und ihrem
Spr. 2	So nah ihr Mund
Spr. 1	brechen die Stimmen ein, die Stimmen pfeifen wie Gezwitscher von rasenden Vögeln
Spr. 2	wie ein Sturm pfeifen die Stimmen
Nanni	So schön tanzten wir heut nachmittag, ich war so glücklich mit Ihnen, mit dir, und dann verlor ich dich, du liefst weg, und ich freute mich so auf dem Abend mit dir. Und dann warst du fort, bis ich dich fand, im Bahnhof. Und jetzt liegst du neben mir, ich kann deinen Herzschlag hören, du bist bei mir, ich hab dich ganz für mich, du bist nicht mehr allein. Sag doch etwas Jonas, bitte?
Spr. 2	Horch, Jonas, horch, die Stimmen, sie rufen dich, es ist M.S., es ist Martin.
Jonas	Martin!

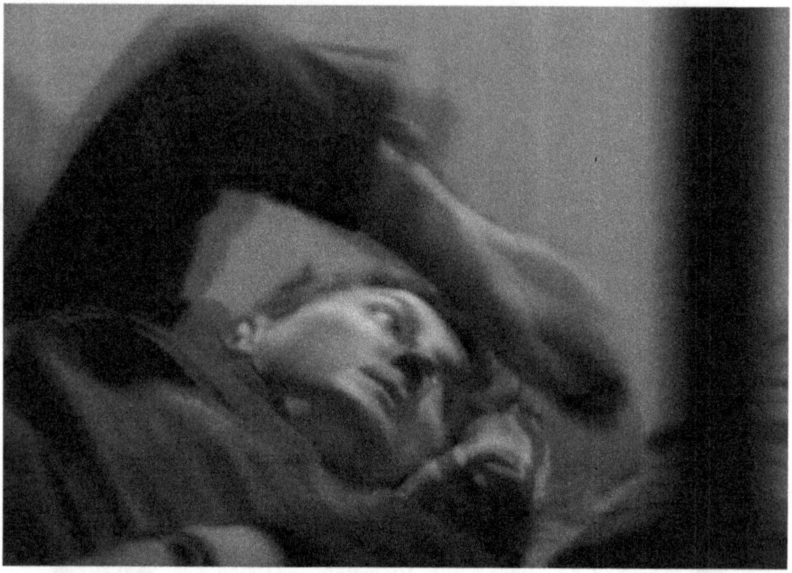

Nanni Ist jemand da?

Spr. 2 Er schlägt die Türen ein

Spr. 1 Er holt dich ein

Wachmann:

Entschuldigen Sie, ~~aber~~ das Gitter stand auf, aber wenn Sie es sind, dann ist es ja in Ordnung. Gut Nacht!

Spr. 2 Du bist schuld!

Jonas Wer war da?

Spr. 1 Du bist verurteilt!

Jonas Wo ist er hin?

Nanni Wer, Was ist mit Martin?

Spr. 2 Du hast dich verraten!

Jonas Ich habe ihn gesehen ~~in der Lutherstrasse~~ 11

Nanni Was sagst du da?

Jonas In der Lutherstrasse 11

Nanni Was hast du getan?

Jonas Ich bin schuld

Nanni Was du getan hast

Spr. 1 da wo keine Rettung ist

Nanni Wo?

Spr. 2 Verscharrt

Nanni Wann?

Spr. 2 Verscharrt im Bauch der Hölle

Nanni Wann?

Spr. 2 Jetzt und ewiglich

Spr. 2 Er lebt, Jonas

Spr. 1 Aber du bist tot. Ein Toter

Spr. 2 der spricht. Ein Toter

Spr. 1 der schreit. Die Stimmen

Spr. 2 viele schreiende Stimmen
Stimmen wie Schüsse

Spr. 1 Schreie wie Schüsse

Spr. 2 Schrei aus der Tiefe

Spr. 1 Jonas

Spr. 2 Gesteh!

Jonas	Wir mussten fliehen
Nanni	Vor wem?
Jonas	Vor wem, vor wem ... fliehen .... es begannschon vorher ..... seitdem bin ich immer auf der Flucht Angst, die mir keine Ruhe lässt und immer hör ich seine Stimme ... Hol mich Jonas, Hol mich, Jonas!
Nanni	Turmstrasse 13, das ist das kleine Hutgeschäft am Hauptbahnhof.

Vor Haus M.S.

M.S.	Ja, wer ist da?
Nanni	Ich muss Sie sprechen!
M.S.	Was wollen Sie von mir?
Nanni	Ach bitte kommen Sie doch runter!
M.S.	Was ist denn heute los? Kommen Sie etwa wegen meines Hutes? Vorhin hat schon einer geklingelt und dann war niemand da!
Nanni	Ja, das war Jonas. Ach bitte helfen Sie mir doch, ich bin in grosser Sorge. Er liegt bei mir im Hutsalon.
M.S.	Wer, hat sich mein Hut gefunden?
Nanni	Ich habe ihn bei mir eingeschlossen.
M.S.	Warum bringen Sie ihn denn nicht mit?
Nanni	Er wollte Sie um Verzeihung bitten
M.S.	Was heisst hier um Verzeihung bitten. Er soll die Sache inOrdnung bringen. Soll er doch herkommen.
Nanni	Er traut sich nicht, er hat Angst
M.S.	Na, so schlimm ist es doch auch wieder nicht.
Nanni	Kommen Sie doch mit mir, helfen Sie mir!
M.S.	Na, hören Sie mal, mitten in der Nacht, so eilt es doch nicht!
Nanni	Doch, doch, es eilt sehr, er ist völlig verzweifelt .. weil er Sie liegenlassen hat

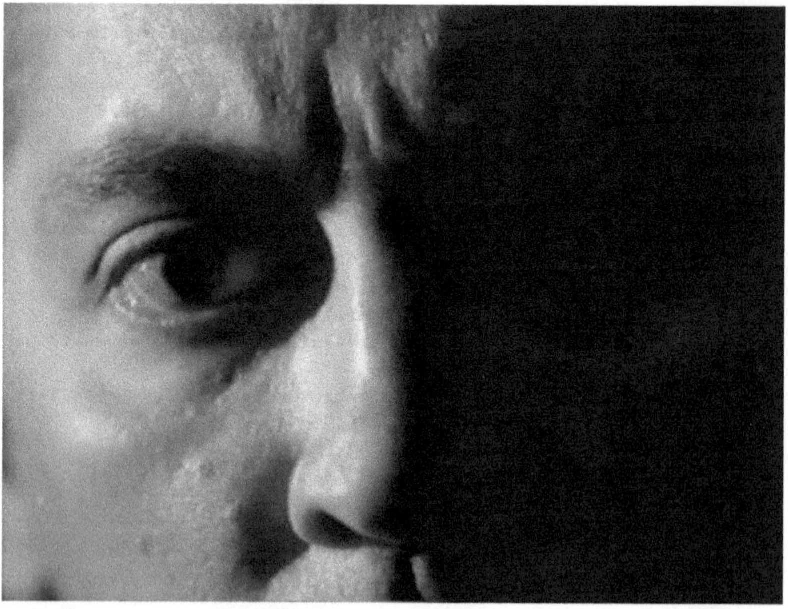

M.S. Wieso liegen lassen? Was meinen Sie damit?
Nanni Bei Ihrer Flucht mit Jonas!
M.S. Jonas, wer ist denn Jonas?
Nanni Ja sind Sie denn nicht der xxx Freund von Jonas? M.S., Martin Sailer?
M.S. Ich heisse Schmidt, bedaure sehr, das muss eine Verwechslung sein.

Ladenstübchen:

Spr. 1 Die Tiefe umringt dich
Spr. 2 mit ihren Stimmen. Zu welcher Tat
Spr. 1 zur Flucht
Spr. 2 Zur Flucht vor dem Monogramm
Spr. 1 vor der Schuld
Spr. 2 zur Flucht
Spr. 1 vor der Flucht
Spr. 2 vor der Flucht
Spr. 1 vor dem Bauch der Hölle
Spr. 2 vor demRichter
Spr. 1 vor der Flucht
Spr. 2 vor dem Opfer
Spr. 1 zu der Berge Gründen
Spr. 2 vor den Stimmen
Spr. 1 eingeriegelt
Spr. 2 ewiglich
Nanni Jonas! Jonas! Jonas!

~~Strasse:~~ Laden

Spr. 3 Wenn Sie nachts durch die Ladenstrassen gehen
zwischen erloschenen Schaufenstern
durch ausgestorbene Passagen
denken Sie daran, dass hinter den dunklen Gläsern
zwischen den Spiegeln und Magazinen
ein Mann steht
einer der nicht weiss, woher und wohin
irgendeiner an irgendeinem Abend

OMAR DOMNICK
JND FILM
RT-O
SE 65 TELEFON 240628

Ein Mann namens Jonas.
Ein Mann ohne Hut
in einem Inferno von Hüten

Seine Schatten haben ihn eingeholt.
Er ist allein mit seinen Schatten.
Sie tanzen vor ihmin den Spiegeln,
viele Schatten,
manche von ihnen grinsen,
manche bedrohen ihn.
Sie betteln und schreien
sie äffen ihn nach
sie beschimpfen ihn und lachen ihn aus,
und sie heissen alle Jonas wie er.

Welcher von uns bin ich? fragt Jonas,
welchen von uns wird die Nacht fortschwemmen
welcher von uns wird verschellen im Bauch der Hölle
welcher von uns kann beten
welcher von uns wird gerettet werden und erlöst?
und welcher in eine Kiste gelegt und verscharrt
und welcher nicht?
und welcher wird weitergehen und welcher stehenbleiben
in einem finsteren Spiegel?

Die Stadt schläft,
sie hat keine Antwort für Jonas.

Jonas, das ist irgendeiner - ein Mann ohne Antwort
Es gibt Hüte genug für alle seine Schatten
aber der feuerlichste Hut ist nicht schwarz genug
um ihre Stimmen zu ersticken.

Jonas ist einer von uns, ein Mann mit vielen Schatten
ein Mann ohne Antwort.

<u>Strasse:</u>
Spr. 1 Weitergehen nicht stehenbleiben! /Wiederholung

<u>E n d e</u>

Drehbuch-Fassungen und Dialoge

Teilweise Transkription der ersten hs. Skizze

(Die Nummerierung entspricht den Seitenangaben der Skizze. Eckige Klammern markieren Auslassungen und stichwortartige Zusammenfassungen, auch ungesicherte Lesarten)

1: Großstadt-Symphonie mit spielenden Kindern in stilleren Gassen, Reklame, Verkehr, Bahnhof – U-Bahn [...] Menschen in den Bahnhof gehend

crescendoartige Entwicklung

2: [Stadtgewimmel] nervöse Menschen – neueste Meldungen – DPA – [...] Überschriften -

Rhythmus der Menschen

[...] eine Leere

3: Straßenszene gegen Mittag [...] Straßen – Schupo – Läden – Reklame

[...] Unser Mann wird aus dem Getriebe herausgeblendet (?) – Bleibt am Fleischerladen stehen – Geht weiter – [...] auf Hutladen – Hinter diesem Fenster [...] blinzelt Nanni -

4: [...] geht an die Tür [...] kommt dann nach kurzer Zeit raus mit neuem Hut [...] Während dieser Zeit des Hutkaufs werden Modellköpfe gezeigt: einzeln – Großaufnahme: signalhaft für die Zeit [...] und nivelliert! Kamera begleitet X im Getriebe und verfolgt ihn

5: in sein Lokal – wird von der Wirtin begrüßt [hängt seinen Hut auf wo schon andere hängen] Nimmt Platz [...] viel Gehen und Kommen [...] "für Garderobe wird nicht gehaftet" – Er ißt schnell – liest in der Tageszeitung [...] sucht seinen Hut

6: [...]

kommt nach zwei Minuten zurück. Wartet günstigen Moment ab. Nimmt einen ähnlichen weg, verlässt danach das Lokal.

7: Verschwindet mit dem gestohlenen Hut im Gedränge des Straßenvolkes.

8: Neue Szene: (folgendes durchgestrichen)

Hutladen schließt und Nanni geht nach oben in die Wohnung der Eltern.

[Dialog zwischen Nanni und ihrer Mutter über den seltsamen Hutkäufer. Nanni erbettelt sich von ihren Eltern 2 Mark]

9: + **10**: [X versucht vergeblich den gestohlenen Hut wieder loszuwerden]

[Zusatz-Seite zu 10: X entdeckt das Monogramm M.S. im Hut

11: Nächste Einstellung: Mit neuem Hut ins Geschäft. [Arbeitskollegen kommentieren ihn mit seinem neuen Hut]

12: + **13**: [X und sein Hut. Will ihn loswerden]

14. + **15**: [X in seinem Zimmer. Versucht den Hut zu verbrennen.] Zimmerwirtin "Es riecht bei Ihnen so komisch!"

16 + 17: [X sucht nach M.S. Martin Seiler]

18: ... Kommt zunehmend in die Rolle einer paranoiden Reaktion

19: Geht in das Geschäft. Nanni erkennt ihn wieder. Das sieht man alles durch die Scheibe.

Nanni naiv fragt nicht nach dem neuen Hut.

... Lange Szene!

...Fühlt sich etwas gehemmt.

20: [...]

21: Kommen Sie mit? Wir können dann noch beisammen sein....

Er zögernd: "Doch ich begleite Sie"

[...] ins Geschäft zurück, er wartet draußen – immer zugleich sie [beobachtend] durch das Fenster, auf der [Straße] – Passanten – Autos – Verkehr [...]

Sie fragt: Warum sind Sie eigentlich so nervös?

Er: ich weiß es nicht [...] mich verfolgt etwas und ich habe Angst ... so eine innere Unruhe....

22: [...] läuft weg [...] Sie / fragend – geht auch weg. Ohne Affekt.

Er geht schneller werdend durch die Straßen – Licht-Reklamen

Litfaßsäule [...]- Steckbrief [...] – Ampeln – Uhr 18 .00 – Schupo hält [...] Er rennt dagegen, schlägt ihm den Arm runter – läuft jetzt --- Pfiff - - der gegenüberstehende Schupo hält ihn fest [...] nimmt ihn mit – Auto-Fahrt zur Wachstube im Hauptbahnhof

23: Vernehmung [...]

24: Haben sie gestohlen? [..]

Man hat mich bestohlen, meinen Hut genommen – in einem Restaurant – [...]

Wer? Ich kenne ihn nicht.

Und warum laufen Sie weg?

Ich laufe vor meinen [?] [...] weg - - die mich verfolgt.

Was reden Sie da! Sie müssen wohl in eine Nervenklinik.

Vielleicht. - - Lassen sie mich gehen Ich will auch der Verkehrsordnung entsprechen.

Kann mit Verwarnung gehen.

25: [...] kommt [...] in die Kirche. Dort Orgel + der Pfarrer predigt: "und ihr seid in Gottes Hut [...]

kommt bestürzt heraus – Wird immer ängstlicher, wie ein Amokläufer. Sieht Straßen + Plätze – die kaleidoskopartig [...]

26: [Durchgestrichen: Entwicklung zur beginnenden Psychose]

Trifft in diesem Zustand Nanni [...]

Nanni: Was fehlt Ihnen nur?

Er: schweigt –ängstlich – suchenden Blick auf ihrem Gesicht

Sie: Kommen Sie schnell

Zerrt ihn in den Laden fragt nach seiner Wohnung

Gibt keine Antwort. [...]

27: [...]

Sie kocht ihm einen Kaffee [...]

Er richtet sich auf, nimmt ihr das Photo weg, legt sich zurück, betrachtet das Bild. Die dargestellte Person wird durch Trick lebendig [...] Rückblendung auf 1947.-

28: Bild: 2 Freunde auf Motorrad [...] Freund wird angeschossen – Er rettete sich durch Flucht [...] und musste seinen Freund liegen lassen. Seitdem hörte er nichts mehr von Martin Seiler. (Indifferenter Bericht. Man weiß nichts, ...) [...]

Schleppt ihn ins Dickicht [...] versucht zu lauschen(?)

29: [...] Hut bleibt liegen bei Seiler [Durchgestrichen: Der sich alleine weg schleppt u nicht gefangen wird]

Scene hört damit auf, wie M.S. im Dickicht liegt, ihm nachrufend: "hol mich" [durchgestrichener Name Hermann(?)] Heinz! –]

Damit auch die Scene und Bild auf Stube mit Nanni zurück –

Sie fragt nun weiter: "Wo ist Ihr Freund?"

Ich traf ihn nicht mehr.

Haben sie nicht nach ihm gefragt?

Nein.

Warum nicht?

Ich wollte das alles vergessen.

Was soll jetzt werden? Ich weiß nicht. – Ich habe

30: immer eine [...] Unruhe – eine Angst – ein schlechtes Gewissen – es könnte etwas passieren.

Was denn? (naiv)

Ach, so ein Gefühl als könnte ein Unglück passieren, die Menschen sehen mich so komisch an, schauen mir nach. – [...]

Niemand weiß etwas von dem, was ich Ihnen sagte - -

Schweigen

Vielleicht lebt er noch?

Vielleicht ist er [...] tot(?)?

31: Nanni zu M.S. [sucht Martin Seiler]

32: Freundespfiff

Er versteckt sich hinten(?)

M.S. öffnet Fenster, schaut runter u pfeift [...]

Keine Antwort. Er bleibt im Versteck [...] Er geht weg.

Man hört nur seine Schritte. Und verschwindet im Dunkel.

33: [...]

Nanni fährt zu Martin Seiler mit Taxi

Nanni: entschuldigen Sie [...] Kennen Sie einen Mann X –

M.S. antwortet, er hörte einen Pfiff, aber da war niemand.

Nanni: helfen sie mir! Ich kenne ihn ganz kurz [...] er muß krank sein

M.S.: Wieso krank? Er war doch eben noch unterwegs. –

Nanni: Er ist nicht in Ordnung mit seinem Geist.

[...]

34: [durchgestrichen]

Zwischenblende in Taxi

[Dialog M.S. und Nanni]

Er. Lassen Sie mich das machen!

35: [durchgestrichen] Passen ihn an seiner Wohnung ab Nanni li[nks] M.S. re[chts] vom Hauseingang. [...] Er kommt heim. [...] Erschrickt panikhaft. – Dreht sich um. – Die beiden kommen auf ihn zu. – Er rennt weg. – Vorne steht ein [Sanka?] die ihn blockieren. – M.S. bleibt im Hintergrund, wird nicht von X gesehen. –

Eingeliefert in Klinik. –

Aufnahme. Sagt nichts. – Ist ohne [?] - schizoid

36: [durchgestrichen bis "Ende" Zuvor: Läuft weg. Begründung des Weglaufens – Suicid!!]

Erster handschriftlicher Entwurf – Beginn S. 1

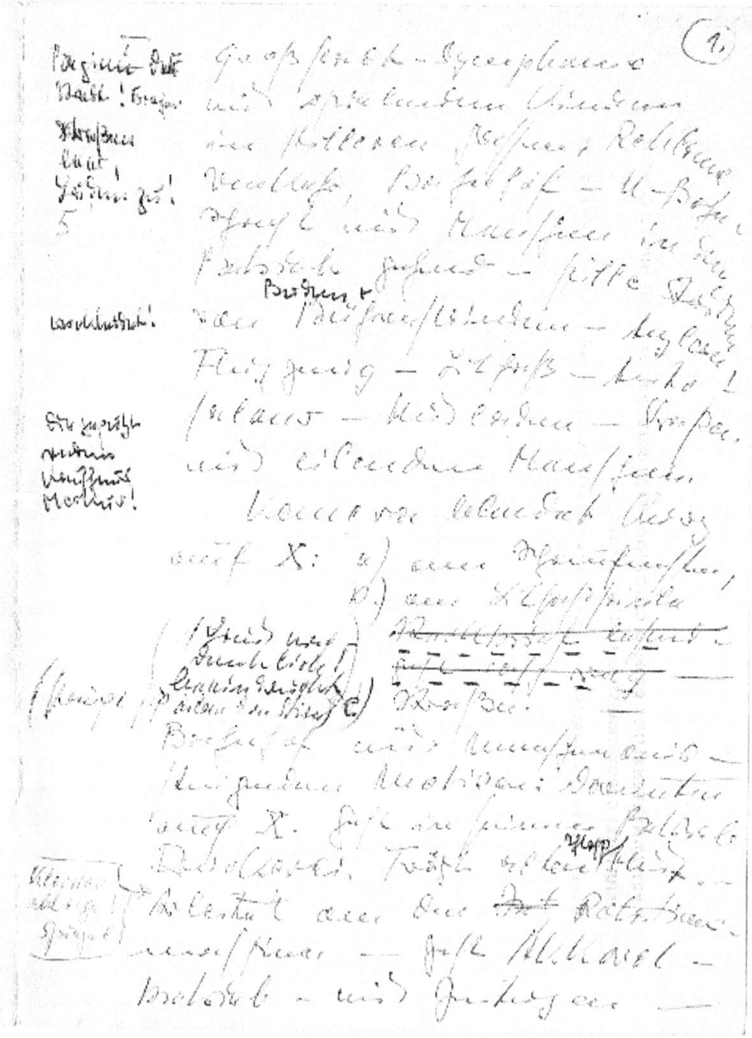

Erster handschriftlicher Entwurf – Beginn S. 2

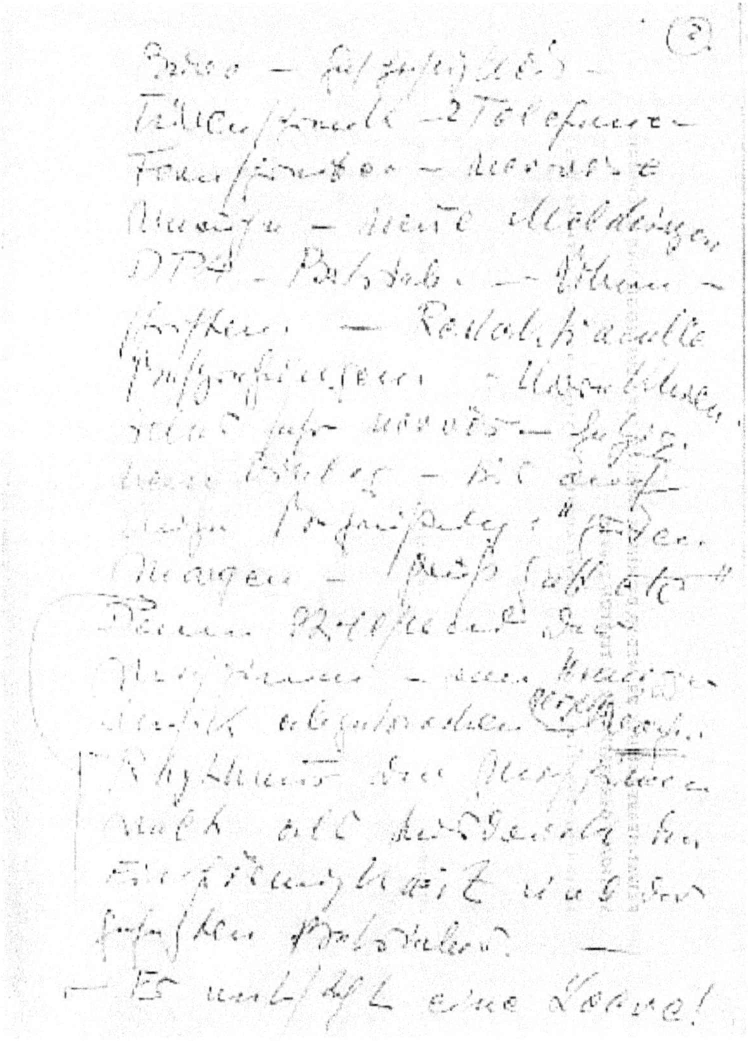

1./

1. Szene

Eine Grosstadt erwacht: Leere Plätze, geschlossene Fenster, niedergezogene Rolläden, geschlossene Schaufenster. Strassen leer. Ein einsamer Radfahrer fährt durch die Strassen, von oben gefilmt. Einige Strassenfeger ziehen auf, ziemlich rasch entwickelt sich das Erwachen, wie ein Haus plötzlich Leben bekommt in der Fassade, Fenster öffnen sich, Rolladen werden hochgezogen, unten wird gekehrt. Jetzt erkennt man unten in der Stadt beginnendes Menschengewimmel (Kamera ist ziemlich hoch im 3.Stack) , die ersten Elektrischen fahren ein, Lastautos. Müllwagen, [illegible]. Hunde machen ihr Geschäft.
Bahnhofsszene gegen 7 Uhr: Unruhe auf dem Bahnsteig, im Wartesaal, dann Gleisbetrieb mit abfahrenden und kommenden Zügen, Bücherständer. Wieder hinaus auf die Strasse, die Läden haben geöffnet, eilende Menschen, daneben stillere Gassen, Reklame, auch Fabrikeingänge mit hineinströmenden Menschen werden gezeigt. Schulhof kurz. Milchwagen.

Musik: Crescehdoartige Entwicklung

~~Kamera blendet kurz auf X. im Gedränge~~, wie er an der Littfasssäule einen Steckbrief liest, schaut nachdenklich und beeindruckt hin, geht rasch weg. Wie er an einem Hutladen vorbeigeht und kurz einen Blick hineinwirft und sich mit seinem ollen Hut spiegelt.
Blumenfrau macht ihren Stand auf!

2.)

2.Szene

~~Druckerei.~~

Maschinensaal. Accordbetrieb. Geschäftigkeit im Büro. Türen schwenk. Fernschreiber. Telephon. Morsezeichen. DPA-Durchsage-Frl. am Stenogramm. Gesprächsfetzen. Nervöse Unruhe. Neue Meldungen. Redaktionelle Besprechungen. Korrekturabzüge. Geschäfti keit hinter Glastüren. Redakteur in Hemdsärmeln. Keine Sprache. Rotationsmaschinen, Raum mit Lärm, der in Musik übergeht. Rhythmus der Maschinenwelt. Einförmig und doch gehetzt.
Gegen 8,30 Uhr Vesperpause. Stillstand der Maschine. Musik ~~bru~~ bricht jäh ab. Man empfindet stark eine Leere. Keine Musik. Gang still. Nur ab und zu tropft Oel hörbar auf den Boden oder ein Klicken eines Setzstückes. Oder ein Papier knistert.

Grossaufnahme die Uhr. Zeiger rückt weiter. 8,45 Uhr.

Die Lohntüten laufen fächerförmig über eine Platte. (Trick) Hände empfangen, Hände geben. Nur im Detail. Darunter auch X. Man sieht sie weggehen, Kamera zeigt nur Beine und Füsse.

~~xxxxxxxxxxxxxxxxxxxx~~

Drehbuch Antrag NRW – Beginn S. 1

1.

Unter dem Titel liegt ein dunkler weiter Morgenhimmel mit ziehenden Wolken, vor Sonnenaufgang. Links unten ist ein Telegrafenmast mit Isolatoren und Drähten angeschnitten. Die Drähte ziehen von links unten schräg über das Bild innerhalb des unteren Drittels der Beinwand. Auf den Drähten sitzen einige Vögel. Die Wolken ziehen unter dem Titel vorbei.

Erst stumm. Dann beginnt leises Vogelgepiepse, wie Vögel erwachen.

Der Himmel wird unter dem Titel allmählich heller.

Nach Ende des Titels ein schneller kurvender Spatzenschwarm über die ganze Leinwand. (Trick)

Spatzenlärm. Jetzt beginnt die Musik, die noch still ist und mit dem Erwachen des Morgens an Stärke und Instrumentation zunimmt.

Die Kamera fährt nach unten auf Dächer, Fassade von Rückfronten von Geschäftshäusern abwärts, langsam. Fährt die leere Strasse ab, immer noch von oben.

2. 3. 4.

In 3 Einstellungen, immer vom 3. Stock aus, wird in der gleichen Fahrtrichtung eine leere Strasse abgefahren. Dabei verschiedene Motive: einmal eine breitere, mit oder ohne Schienen, ein Platz, eine engere Gasse. Ein Radfahrer.

Ein Hund. Ein Postwagen. Strassenfeger. Die ersten Elektrischen.

5 - 11.

Leere Strassen von der Strasse aus aufgenommen. Plätze. Malerische Winkel mit Brunnen. Davor Strassenfeger, die putzen. Marktplatz mit zugedeckten Ständen. Geschlossene Kioske.

12.

Ein mehrstöckiges Mietshaus. Kamera schwenkt langsam Stockwerk für Stockwerk von unten nach oben. Im 4.Stock hält die Kamera. Man sieht wie eine Jalousie hochgezogen wird und ein Fenster sich öffnet.

13.

Großaufnahme eines geöffneten Fensters, aus dem modernes Jazzlied klingt: Jonas singt mit: Kamera führt durch das Fenster (Erdgeschoss) in den Raum.

Ich liebe den Morgen, er bringt mir Glück.

14.

Zimmer des Jonas wird abgefahren. Mansarde. Man erkennt moderne, aber ganz einfache Einrichtung mit Radio, modernen Plakaten, die an der Wand hängen, Zeichenbrett, Zeitschriften. Eine Katze. Ein Familienphoto. Eiserner Ofen.Spirituskocher und ein paar Töpfe.

Drehbuch Titel, Trick – Beginn S. 1

[illegible]

1. Titel, Trick

1.	
Vorhang auf. Leinwand schwarz. Morsezeichen. Nach einigen Sek. sieht man grosse breite Scheinwerfer vom Fernsehturm aufblinken, die in bestimmtem Rhythmus den Kopf des JONAS hart anstrahlen, der im Dunkel dann wieder verschwindet. Im Rhythmus dieses Scheinwerfers ertönt dann in einem 3-fachen Echo:	tütütütütü . . tütüt . . .tü . . . tütütü .. . tü ... tü tü . . . . tütütü . .
	"JONAS - JONAS - JONAS - JONAS " (decrescendo)
Über dem Kopf des JONAS erscheint dann in einer weissen Schrift der Name "JONAS" und darunter "Robert Graf".	
2.	
Nach einigem Aufblinken dieses Kopfes durch die Scheinwerfer verschwindet der Kopf und man sieht in gleichem Rhythmus den Scheinwerfer über die schwarze Leinwand.	Morsezeichen
3.	
Rechts oben, bestrahlt vom Scheinwerfer erscheint der Kopf von "NANNI" weich - und gleichzeitig ertönt dazu der weiche Blues, etwas rhythmisch im Takt des Scheinwerfers. Über dem Kopf von NANNI sieht man die Buchstaben: "NANNI" und darunter in Druckschrift: "Elisabeth Bohaty". Nach einigem Anstrahlen verschwindet auch dieser Kopf, man sieht nur wieder die Scheinwerfer.	Blues - Motiv
4.	
Dasselbe entwickelt sich mit dem Kopf des M.S., darunter die Buchstaben "M.S." und darunter: "Hans-Dieter Eppler". Gleichzeitig ertönt der Pfiff, der sich rhythmisch mehrmals wiederholt, wie in 2. und 3.	Pfiff

5.

Jetzt strahlt der rotierende Scheinwerfer den Kopf des "FREMDEN HERRN" an, gleichzeitig ein nervöses Fingerknipsen, sich wiederholend im Rhythmus der Scheinwerfer. Darüber: "DER FREMDE HERR"- Willi Reichmann". Dann verschwindet auch dieser Kopf, man sieht nur wieder den Scheinwerfer.

Fingerknipse !

6.

Man sieht jetzt einFlugzeug mit Blinklichtern, das allmählich näherkommt. Der Hintergrund wird etwas heller, der Schein - werfer wird blasser und dahinter erkennt man jetzt angedeutet den Fernsehturm.

Flugzeug-
Motorengeräusch
näher kommend

7.

Vom Flugzeug aus die Stadt von oben aufgenommen (Hubschrauber), man hört das Flugzeug surren und die Stadt von oben aufgenommen. Darüber erscheint dann der Titel des Films, gross in der Schrift: "JONAS". Darunter: einFilm von Dr.Ottomar Domnick. Danach folgen dann die Mitarbeiter. (Kamera, Regie, Textbuch usw.)

8.

Unter diesem Titel wird die Stadt dann allmählich heller.

2. Stadt - Verkehrsschilder, morgens (1)

9.

Flugaufnahme weiter Wilhelmsbau auf die Königstrasse.

gradlinig bis Schloßplatz
tiefer kommend.
Schnitt.

10.

Die Königstr.von der Strasse her abgefahren, vom Schloßplatz zum Hauptbahnhof hin. Bis zum Turm. Gleiche Richtung wie 9, anschliessend.

Original-Drehbuch – Beginn S. 1

Vorspann

1.

Schwarze Leinwand. Morsezeichen	/tütüttütüt .... tütütüt .....
a) Vom Fersehturm blitzen Scheinwerfer auf, wandern langsam übers Bild. Erfassen b) Kopf Jonas', der im Dunkeln wieder verschwindet. Im Rhythmus des Scheinwerfers ertönt dreifaches Echo	/Jonas... Jonas ... Jonas. (desrescendo)
c) Über dem Kopf des Jonas erscheint in Schrift "JONAS" Darunter ROBERT GRAF.	/Morsezeichen
Der Kopf ist mal im Hellen, mal im Dunkel, der Scheinwerfer wandert übers Bild.	

2.

Kamera schwenkt langsam, erfasst Kopf NANNI, gleichzeitig ertönt der weiche Blues. Über dem Kopf NANNI, darunter ELISABETH BOHATY.	/Blues
Die Kamera schwenkt langsam weiter bis Kopf M.S. im Bild erscheint: M.S., darunter HANS-DIETER EPPLER. Gleichzeitig ertönt der Pfiff der sich rhythmisch mehrmals wiederholt.	/Pfiff
Kamera wandert weiter, der Scheinwerfer erfasst den Kopf des FREMDEN HERRN. Gleichzeitig ein nervöses Fingerknipsen, sich wiederholend im Rhythmus des Scheinwerfers. Schrift: FREMDER HERR, WILLI REICHMANN. Dann verschwindet auch dieser Kopf, man sieht nur mehr die Scheinwerfer.	/Fingerknipsen

Original-Drehbuch – Beginn S. 2

3.

Der Hintergrund wird etwas heller, der Scheinwerfer wird blasser, dahinter erkennt man jetzt den Fernsehturm.

Ein Hubschrauber zieht schräg darüber vorbei. /Flugzeugmotor

Flugaufnahmen

4.

Vom Hubschrauber aus die Stadt von oben, Panorama, das Flugzeug nähert sich der Stadt. Über dem Bild Filmtitel: "JONAS". /Flugzeugmotor

Darunter : Ein Film von Dr. Ottomar Domnick.

Danach folgen Arbeitstitel.

Unter den Arbeitstiteln wird die Stadt allmählich heller

5.

Flugaufnahme weiter Wilhelmsbau, auf die Königstrasse, Geradlienig bis Schlossplatz tiefer kommend. Schnitt. /Sirene bis 7 h)

6.

Die Königsstrasse vom Schloßplatz zum Bahnhof. Zum Turm. Richtung wie 5. Akt.

Gebäude- und Strassenmontage.

7.

Hauptbahnhof Turm von unten.
b) Rathausturm von unten.
c) Hochhaus von unten.(Max-Kade-Haus).
d) Massige Wohnblöcke von unten. (Eisenbahnersiedlung, Giebelsiedlung).
e) Degen Ritter am Schloss
f) Baukräne nach oben ragend ausser Betrieb.
g) Radioturm mit Schalen.
h) Leerer Verkehrsturm. /Ende Sirene

Enzensberger Stimmen-Kommentar – Beginn S. 1

jonas 1

(7)

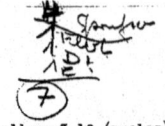

einstellung 7-12 (prolog)

sprecher 1: (gleichmäßig, ohne pathos, mit ziemlich langen pausen, die durch / angedeutet sind)
in dieser stadt / in ihren türmen / ihren riesigen wabenkörben / zwischen signalen und maschinen / in dieser stadt wohnen keine götter / und keine helden. / die stadt schläft. / in ihren kabinen schlafen viele / sie schlafen in ihren ~~kabinen~~ zellen / im stahlskelett / sie schlafen hinter den chiffren / und den fassaden. / nur in den kellern ~~regen~~ sich / schlaflos / ~~regen sich~~ die maschinen. / die stadt ist leer / sie hat keine bäume / und kein gelächter, sie ist ausgestorben / wenn der morgen graut. / wenn der morgen graut / und du suchst einen / irgendeinen / einen mann namens jonas / zwischen den schildern und fronten / mußt du hinter die fassaden sehen / hinter die kalten / schlafenden ziegel. / seine welt ist mit zeichen vernagelt / die maschinen laufe tag und nacht / aber jonas / jonas steht an einem fenster / irgendeiner / an irgendeinem fenster / und begrüßt den morgen.

1'6"

einstellung 13-20: musik ellington

einstellung 21-22: musik ellington, darüber kommentar (nah)

sprecher 3: jonas, jonas, einer hat nach dir gefragt.
sprecher 1: irgendeiner. seinen namen? nein, seinen namen hat er nicht genannt. so in deinem alter, jonas.
sprecher 3: was, du kennst niemand? du hast keine freunde?
sprecher 1: es hat aber einer nach dir gefragt. ~~irgendeiner~~. keine angst, er will ~~wird~~ wieder kommen, ~~er will was von dir~~ jonas.

21"

~~einstellung 23-30: musik ellington, darüber stimme (fern)~~

~~sprecher 2: weitergehen nicht stehenbleiben.~~

sprecher 2: weitergehen nicht stehenbleiben (2x!)

einstellung 31-43: zunächst kommentar, dann flötenthema

sprecher 2: (groß, über lautsprecher) bahnsteig 10: ~~vorsicht an der bahnsteigkante~~, F 154 tauernexpreß zur weiterfahrt nach wien ~~westbahnhof~~ belgrad bucarest ~~fährt~~ soeben ein. bahnsteig 12: vorortzug P 137 ~~...~~
sprecher 1: seriöser verhandlungspartner, hochqualifizierte persönlichkeit,
sprecher 3: gründliche erfahrung in menschenführung und kalkulation,
sprecher 1: überdurchschnittlich repräsentativ,
sprecher 3: ist entschlossen, frühzeitig und auf weite sicht zu disponieren,
sprecher 1: erst mal vorfühlen, die lage sondieren,

Enzensberger Stimmen-Kommentar – Beginn S. 2

jonas 2

sprecher 3: ist entschlossen, rasch zu handeln...

sprecher 4: handelsblatt - wirtschaftszeitung - kapitalerhöhung -

sprecher 1: aber lieber gott, man hat schließlich auch ein privatleben, spaß muß sein, ganz ~~gute figur~~ gute figur, die kleine 36" ~~[illegible]~~ 40" ~~hübsche beine~~ hübsche beine!

~~[illegible]~~

einstellung 51-54: kommentar (nah)

sprecher 4: glücklich durch reisen -

sprecher 1: wenn du das nötige kleingeld hast

sprecher 4: (süß) romantischer tod auf deutschen bundesstraßen besucht unsere malerischen atommeiler unbeschwerte badefreuden im radioaktiven rhein -

sprecher 1: teg deine mütze weg, jonas:

sprecher 4: man geht nicht mehr ohne hut. zeit ziemlich frei

~~einstellung 54-55: [illegible]musik, darüber kommentar:~~

~~sprecher 2: (groß, [illegible], mit hall) jonas nach zimmer 17, jonas nach zimmer 17!~~

einstellung 56-59: kommentar

sprecher 3: einer wartet auf dich im zimmer 17, jonas, einer hat nach dir gefragt.

sprecher 1: was, du kennst niemand hier? eine verwechslung?

sprecher 3: jonas, du bist im labyrinth. hier gibt es keine verwechslung; ~~im labyrinth~~ dem labyrinth entgeht man nicht so leicht. ~~einer~~, er wird wiederkommen, hat er gesagt, er wartet auf dich.

sprecher 2: (fern) jonas nach zimmer 17... jonas nach zimmer 17... ~~jonas nach zimmer 17~~ 27"

~~sprecher 4: (nah) hier kein platz für private dinge.~~

~~sprecher 2: (nah) das muß voll automatisiert werden.~~

~~sprecher 4: (nah) bis mittags die akkordlisten.~~

~~sprecher 2: (nah) ich muß mich darauf verlassen können.~~

~~sprecher 4: (nah) abrechnung in einer stunde.~~

(tür zum wartezimmer geht auf: abrupte stille, dann:)

sprecher 1: (leise) er ist fort. einfach fort. ~~niemand da.~~ ~~[illegible]~~ niemand.

~~(jonas verläßt das wartezimmer, lärm wie vorher:)~~ (mit pausen)

~~sprecher 2: (nah) das muß vollautomatisiert werden~~

~~(usw. bis ende der einstellung)~~

sprecher 3: eine verwechslung? sprecher 1: ~~es wird wiederkommen?~~ ~~es wird wiederkommen?~~ zeit frei

sprecher 1: sicher, klarer fall, ~~kann doch nie~~ hat nichts zu sagen

Original-Text und Dialoge Domnick – Beginn S. 1

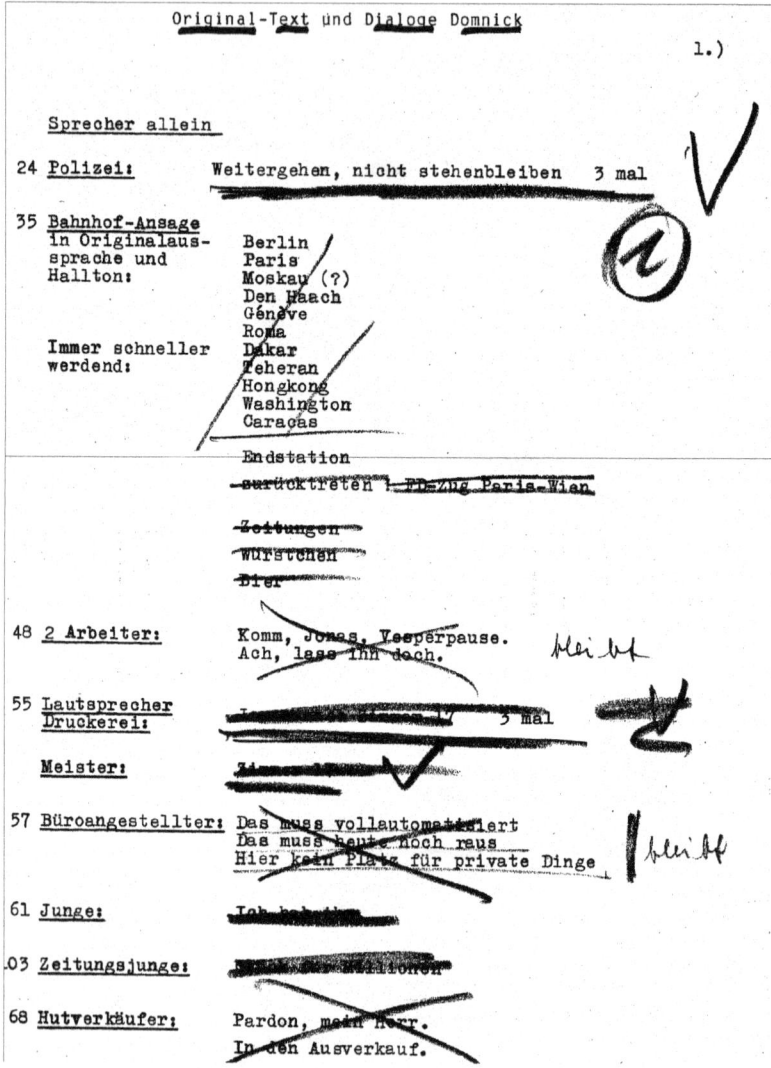

Original-Text und Dialoge Domnick

1.)

Sprecher allein

24 Polizei: Weitergehen, nicht stehenbleiben 3 mal

35 Bahnhof-Ansage in Originalaussprache und Hallton:
Berlin
Paris
Moskau (?)
Den Haach
Génève
Roma

Immer schneller werdend:
Dakar
Teheran
Hongkong
Washington
Caracas

Endstation
zurücktreten ! FD-Zug Paris-Wien

Zeitungen
Würstchen
Bier

48 2 Arbeiter:
Komm, Jonas, Vesperpause.
Ach, lass ihn doch.
bleibt

55 Lautsprecher Druckerei: [redacted] 3 mal

Meister: [redacted]

57 Büroangestellter:
Das muss vollautomatisiert
Das muss heute noch raus
Hier kein Platz für private Dinge
bleibt

61 Junge: [redacted]

.03 Zeitungsjunge: [redacted]

68 Hutverkäufer:
Pardon, mein Herr.
In den Ausverkauf.

Zu Sprecher allein. 2.)

86	Text Plakat (betont, sachlich-trocken):	... liessen auf der Flucht einen Hut mit dem Monogramm MS zurück.
	laut, erregt, abgehackt:	liessen einen Hut M S . . . M S . . . einen Hut M S . . . einen Hut . . . einen Hut . . . M S . . . M S . . . MS . . . M S . . .
88	Polizei (Hall):	Hallo ! Haltet ihn ! einmal ohne, dreimal mit Hall.
95	M.S.	Forciertes Atmen Hol mich, Jonas ! 5 mal
104	Mann:	Da haben Sie aber Glück gehabt.
107	Menschenmenge:	Passen Sie doch auf Ihren Hut auf ! Der Mann wäre Ihretwegen beinahe verunglückt ! Bringen Sie doch andere Leute nicht in Gefahr !
116	Jonas-Gebet:	siehe Anlage.
117	Kinder: (flüsternd):	Und vergib uns unsere Schuld, wie wir vergeben . . .
117	Alter Mann: (flüsternd):	Der Herr segne und schütze Euch
117	Frau (flüsternd):	und gebe uns Frieden
178	Wachmann:	Entschuldigen Sie, aber ich sah Licht und das Gitter stand auf. Aber wenn Sie es sind, dann ist es ja in Ordnung. Gute Nacht.

bleibt

1108

Erster handschriftlicher Entwurf – Ende S. 35

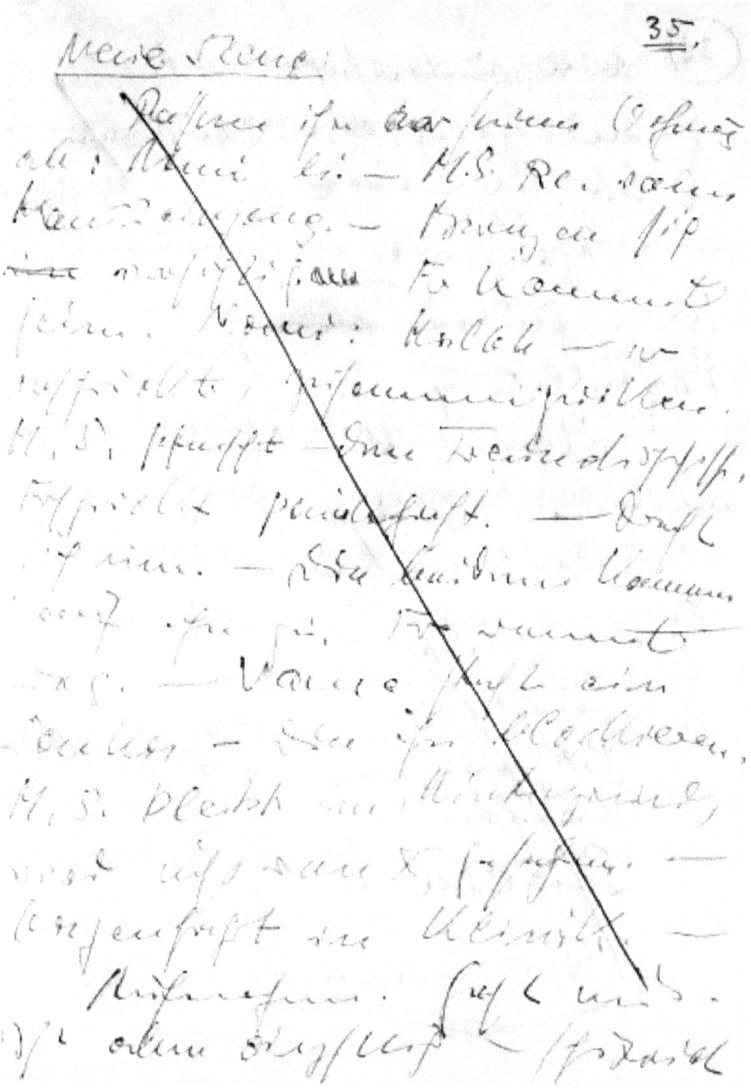

Erster handschriftlicher Entwurf – Ende S. 36

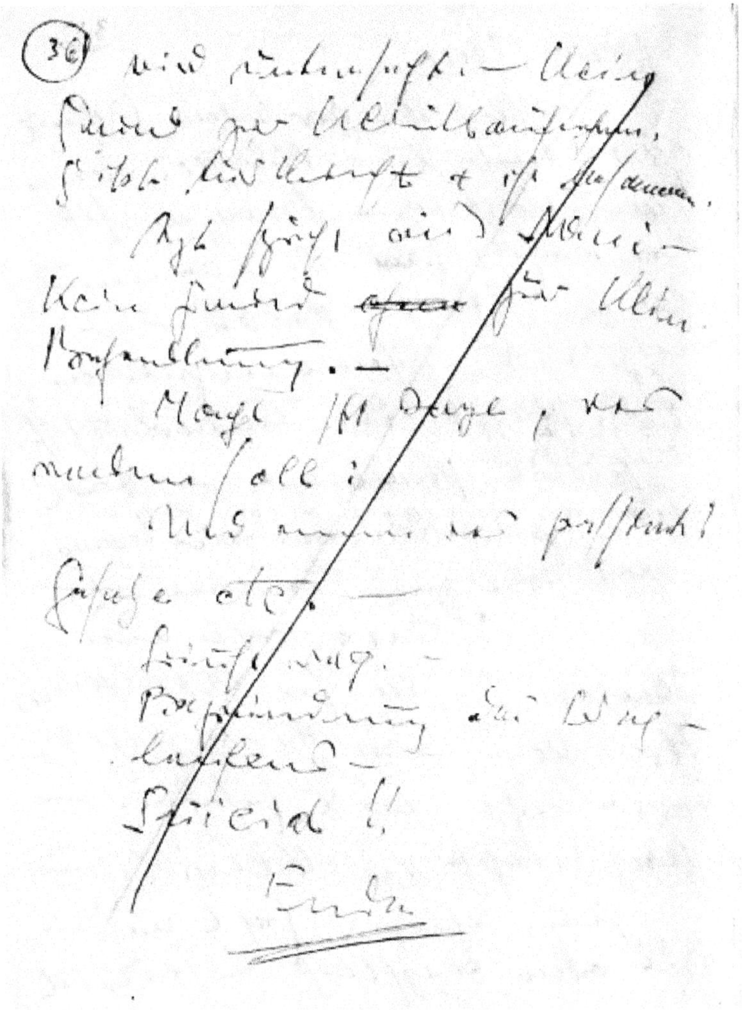

Exposé *Bühler Höhe* – Ende S. 11

11.)

sie-----sie holen mich.....verstekcne sie mich.....
er phantasiert-----ich bin schuld.....nanay kramt in
seiner brieftasche aufgeregt.....er bemrtkt das nich6.
vermutet erstmals zusmmanhang mit Steckbrief...
Findet eine Adresse: Martin Seiler.Lutherstrasse II.
Und findet weiter ein Photo,das schon vergilbt ist.
Setzt sich zu ihm auf sein Sofa.Streicht ihm über das
fiebernde psych.Gesicht.
Fragt: wer ist das?
Er richtet ich etwas auf,nimmt ihr das Photo weg,
legt sich zurück,schaut es lange an.die Person wird
durch Trick im Bild lebendig:lachend,jetzt wieder
der alte Pfiff...Rückblende:
Sein Freund M.S.mit ihm auf Schmuggeltur.Er hat ihn
dazu überredet.:mensch,mach mit,ist doch nicht dabei,
.An der Zonenengrenze....beide schleichen sich im Dick
icht heran.Wieder leiser Pfiff zum Freund:tataiatat..
schleien am Posten vorbei.wasser graben.plantschen
durch.plötzlich schüsse.M.S.bleibt liegen.er bemüht
sich um ihn,zerrt ihn for,verstekc t ihn im dickicht.
blutete an der Schulter.bindet ihm den arm ab.verspric
zu kommen.
Verfolger:....halloh.....we da....neue schüsse....
er weg-rennt zum Motorrad....schlingert im waldweg und
entkommt.-.ein Hut blieb liegen bei sailer..der ihm
nachruft: hol mich.....Walter.....

Jetzt wieder Zurück auf n.die bei ihm sitzt und er
fiebrig phantasiert---hörst du,...sie kommen.....
Wo ist ihr freudn geblieben,....ich sah ihn nie mehr.
suchten sie nicht nach ihm......nein....ich will doch
alles vergessen....aber vieleicht ist er garnicht tot-
vielleicht lebt er noch......vielleicht hat er mich
gescht.....Martin....niemand weiss etwas von dem ,ws
ih ihnen sagte....bleiben sie bei mir,helfen sie mir.
was soll werdee,wenn sie mich holen....MS....sinkt
erschöpft zurück...
N.geht ohne Anrede raus,schliess das Zimmer ab,Taxi.

Exposé *Bühler Höhe* – Ende S. 12

12.)

Lutherstrasse II.Klingelt.Entschuldigen Sie,dass ich so spät komme.Ich bin in grosser Sorge.Kennen Sie einen Herrn X?
MS.erstaunt:.....Sailer......vorhin hörte ich eine alten Fruendespfiff,den man ja im leben nicht vergsis ich lief auf die strasse....und sah niemand....
was ist mit ihm:
helefne sie mir....ich kennne ihn ganz kurz....aber er muss krank sein,er spricht wirr und leidet an sinnestäuschungen...er fühlt sich verfolgt.ich habe ihn heute aubend auf der strasye ufegelsen und ihn bei mir eingeschlossen....kommmmen sie bitte...
Rasches anziehen und Taxifahrt dorthin.
Zwischendurch gesprächsfetzen aus dem Taxi.Mit Licht effekten.
danke Ihnen,dass sie mir helfen wollen.....er tut mir leid....wir müssen ihn eine klinikm bringen,,..
aber egeht soch nicht.......er lediet an Verfolgungswahn......
lasssen sie mich das machen-------
Gott-sie sind doch selber körperbehinert mit ihrem A
das ist einen Erinnerung an Xa....das habe ich ihm aber längst verziehen....
Taxi fährt vor-.
In dem Moment springt er auf,hört Schritte.Fühlt sich verfolgt....rüttelt an der Tür,die verschlossen ist.
Jetzt holen Sie mich...
steigt aus dem Fenster.
Freudn pfeifft dens alten Pfiff.Er eerschrickt...
aber läuft um sien Leben.Nany ruft.MS.zum Taxi.
Nay läuft in die Nacht.Er versteckt sin keuchend hinter heinem Haus.....Sie läuft vorbei.Taxe blendet ihn auf.Er soringt in grossen Zügem zurBrücke über Umwege.....Mit einem Satz von der Brücke in den Fluss....N.Und MS.stehen ersatrarrt am dem Geländer der Scheinwerferr sucht den Fluss ab undm man findet schwimmend auf dem Awsser die Mütze.

[Handschriftliche Randnotiz: Taxi fährt auf ~~[illegible]~~ Brückenkurve, drückt ihn in das Eisen.]

— ENDE —

- 58 –

Ladenstübchen, Jonas auf dem Sofa. Jetzt ertönt der alte Freundespfiff von M.S. Man hört Schritte.

Jonas fährt auf, rüttelt an der Tür, die verschlossen ist. Ruft leise: Jetzt holen sie mich.

Wieder Pfiff von M.S.

Jonas springt aus dem Fenster.

Strasse im Dunkeln. Man sieht Jonas von aussen aus dem Parterrefenster springen. Läuft um sein Leben. Man hört Nanni hinter ihm her - schreien: Jonas !

Nanni taucht auf, läuft ihm nach in die Nacht.

Jonas versteckt sich keuchend in einer Hauseinfahrt, presst sich mit ausgebreiteten Armen an die Wand. Es regnet. Nanni läuft an ihm vorbei. M.S. kommt mit dem Wagen des fremden Herrn herangefahren, blendet Jonas in seinem Versteck mit dem Scheinwerfer auf. Jonas springt in grossen Zügen weg.

Es folgen mehrere Einstellungen, wie Jonas durch die Strassenviertel von der Kamera wegflieht und schliesslich auf der Brücke ankommt.

Nanni steht an der Brücke, links Sailer, rechts der fremde Herr. Sie starren in den Fluss (von hinten aufgenommen). Der fremde Herr fasst mit seiner linken Hand auf Nanni's rechte Hand, die das Brückengeländer umklammert. Sie zieht ihre Hand weg. Der fremde Herr entfernt sich nach der rechten Seite aus dem Bild. Die Kamera fährt an das Brückengeländer vor und stellt den Fluss ein, auf dem der Hut auftaucht. Im gleichen Augenblick als der Hut auftaucht, sagt Nanni erschrecken und wehmütig: "J o n a s"

E N D E

Drehbuch *Titel, Trick* – Ende S. 65

65.

<u>232.</u>

Einstellung auf Ladantür von aussen. Man hört NANNI kommen. Ladnetür aufgeschlossen. NANNI tritt ein. Aufnahme Tür. - Schloss - Hand von NANNI.	Näherkommende Schritte.
An NANNI vorbei der Raum. JONAS ist weg. Das Fenster steht offen, von NANNIS Sicht aus. NANNIS Kopf ist von hinten angeschnitten. Dann ruft NANNI im Hallton, ängstlich -verzweifelt: Keine Antwort. Sie geht in den Laden. Dunkel. Taschenlampe. Man sieht die Unordnung, die Hüte, die überall herumliegen. Sie	JONAS !
stolpert über eine Puppe, die am Boden liegt und sie angrinst. (Bild Puppe wird heller). Schnitt.	

= 49. Bar = = =

<u>233.</u>

Dieses grinsende Gesicht geht über auf das Gesicht des FREMDEN HERRN, der mit Herrn K. elegant in einer Bar sitzt.	
Gesprächsfetzen FREMDER HERR:	Haben Sie etwas erreicht ?
Herr K.:	Die Panto-Gesellschaft ixx ist bereit, am Montag mit uns zu verhandeln.
FREMDER HERR:	Das ist ja grossartig, wie Sie das eingefädelt haben.
Herr K. (selbstgefällig):	Es geht eben nichts über persönliche Beziehungen.
~~XxxxxxxxXxxx~~ FREMDER HERR:	Ja . . im Geschäftsleben bestimmt.
Schnitt.	

66.

50. Wartesaal.

234.

NANNI irrt im Wartesaal umher. Sie geht durch Stuhlreihen, an Tischen vorbei, wo Halbstarke Karten spielen, Frauen schlafende Kinder auf dem Schoss haben, Männer starr vor ihrem Bier sitzen und am Bieruntersatz spielen, wo müde Kellner herumstehen. Das ganze ist muffig,- schläfrig. NANNI geht durch den Wartesaal, schauend - suchend.

51. Strasse nachts.

235.

JONAS auf einsamer Vorstadtstrasse mit wenig Lampen. Düstere-öde Strasse. Etwas neblig. JONAS geht langsam. Kamera sieht ihn von hinten JONAS bleibt stehen und schaut mit dem Kopf nach der Sirene um, man sieht seinen merkwürdig gespannten Blick, schaut kurz in die Kamera, bleibt stehen. Sein Gesicht wird angestrahlt von dem Scheinwerfer der hinter ihm herkommenden Polizeistreife. Die Streife fährt mit dem typischen BMW-Motorengeräusch an ihm vorbei, man hört wieder:

Aus der Ferne eine Sirene.

Weitergehen ! Nicht stehen bleiben !

Die Streife verschwindet rasch. JONAS dreht sich wieder um udn geht weiter, weiter und verschwindet im Dunkel der Strasse.

E N D E !

188 Forts.

... Die Hüte, die überall herumliegen. Sie stolpert über eine Puppe, die am Boden liegt, sie angrinst. (Bild Puppe gross wird heller). Schnitt.

Bar

189

Das grinsende Gesicht blendet über in das Gesicht des fr.Herrn, der mit Herrn K. elegant in einer Bar sitzt. Gesprächsfetzen

Fr.Herr:	/"Haben Sie etwas erreicht?"
Herr K.:	/"Die Panto-Gesellschaft ist bereit, am Montag mit uns zu verhandeln."
Fr.Herr:	/"Das ist ja grossartig, wie Sie das eingefädelt haben!"
Herr K.:(Selbstgefällig)	/"Es geht eben nichts über persönliche Beziehungen."
Fremder Herr:	/Ja im Geschäftsleben bestimmt. "

Wartesaal

190

Nanni irrt im Wartesaal umher. Sie geht durch Stuhlreihen, an Tischen vorbei, wo Halbstarke Karten spielen, Frauen, schlafende Kinder auf dem Schoss haltend, Männer starr vor ihrem Bier sitzen und am Bierdeckel spielen. Wo müde Kellner herumstehen. Das ganze ist muffig, schläferig. Nanni geht durch den Wartesaal, schauend, suchend. Lang ausspielend:(Schlemmerfiguren, Mac Zimmermann)

Original-Drehbuch – Ende S. 67

191. Strasse nachts.

Sehr langsames Ausklingen
Jonas auf einsamer Vorstadt-
strasse mit wenig Lampen.
Düstere, die Strasse, etwas
nebelig. Jonas geht langsam.
Kamera sieht ihn von hinten.

/Aus der Ferne
eine Sirene.

Jonas bleibt stehen und schaut
mit dem Kopf nach der Sirene
um, man sieht seinen merkwürdig gespannten Blick, er
schaut kurz in die Kamera,
bleibt stehen. Sein Gesicht
wird angestrahlt von den
Scheinwerfer der hinter
ihm herkommenden Polizei-
streife. Die Streife fährt
mit dem typischen BMW-
Motorengeräusch an ihm vorbei. Man hört wieder:

/Motorradgeräusch

/"Weitergehen,
nicht stehenbleiben!"

Die Streife verschwindet
rasch. Jonas dreht sich
wieder um und geht weiter
und weiter und verschwindet
sehr langsam im Dunkel der
nächtlichen Strasse.

Ampel
mit Stopplicht!

Ende

[Handschriftlicher Zusatz: *Ampel mit Stopplicht!]*

Dialog 25

Nanni / M.S.

180

1121

M.S.	Ja, wer ist da ?
Nanni:	Ich muss Sie sprechen.
M.S.	Was wollen Sie von mir ?
Nanni:	Ach kommen Sie doch bitte runter !
M.S.	Was ist heute los. Kommen Sie etwa wegen meines Hutes ? Vorhin hat schon einer geklingelt . . . und dann war niemand da !
Nanni: 1123	Ja, das war Jonas. Helfen Sie mir, ich bin in grosser Sorge . . . Er liegt bei mir im Hutsalon.
M.S.	Wer ? Hat sich mein Hut gefunden ?
Nanni:	Ich habe ihn bei mir eingeschlossen.
M.S.	Ja warum bringen Sie ihn denn nicht mit ?
Nanni:	Er wollte Sie um Verzeihung bitten.
M.S. 1124	Was heisst um Verzeihung bitten ? Er soll die Sache in Ordnung bringen . . . Soll er ~~doch herkommen !~~
Nanni:	Er traut sich nicht . . . Er hat Angst.
M.S.	Ja so schlimm ist es nun auch wieder nicht
Nanni:	Kommen Sie doch mit mir, helfen Sie mir !
M.S. 1125	Aber hören Sie, mitten in der Nacht ! ~~So eilt das doch nicht.~~
Nanni:	Doch doch, es eilt sehr ! Er ist völlig verzweifelt ~~weil er Sie hat liegen lassen.~~
M.S.	Wieso liegen lassen ? Was meinen Sie damit ?
[redacted]	[redacted] !

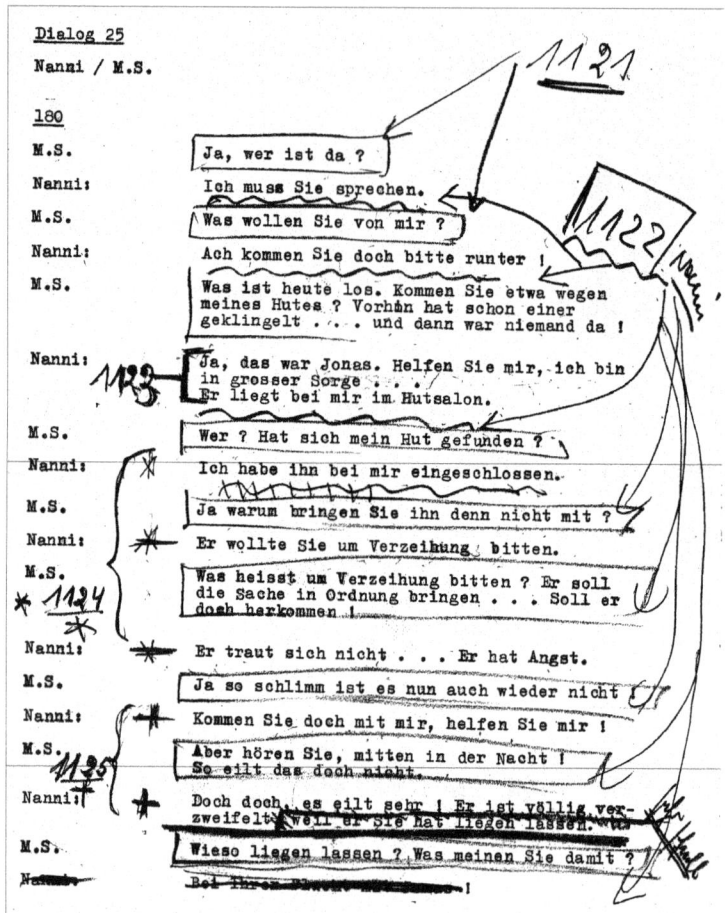

1122

O = 1126

zu Dialog 25

Nanni: ON. Bei Frau Fliege mit Jacob!

M.S. Jonas . . . wer ist Jonas ? 1121

Nanni: O Ja sind Sie denn nicht der Freund von Jonas ?
M.S.? Martin Sailer ?

M.S. Ich heisse Schmidt, Max Schmidt, bedaure sehr,
das muss eine Verwechslung sein !

1121

Typoskript Enzensberger *Stimmen-Kommentar* – Ende 1

j o na s

ergänzungstexte und korrekturen
(siehe dialogliste)

V (1) ....Cäsar Siegfried Neun Ende Ende
Eine Schuld gegenüber seinem verschollenen Freund MS konnte dem Betroffenen nicht nachgewiesen werden, da er sich in einem Notstand befand. Von einer strafrechtlichen Verfolgung ist abzusehen
Verfolgung ist abzusehen
Verfolgung ist abzusehen
Er hat das Monogramm gesehen usw bis
Angst vor dem Kopf auf dem er gehört
Hilf auch du, unsere Stadt sauberzuhalten
Benutze die Papierkörbe der Stadtverwaltung
Saubere Bürger - saubere Straßen
Aber die Vergangenheit ist keine Bananenschale

V(2) (Kein Dialog, kein Kommentar)

V(3) ...Er floh vor seiner Schuld
Er ist davongelaufen, Jonas, wie du; drei Tage und drei Nächte lang saß er im Bauch des Xxifixxxhxx Fisches und er betete in seiner Angst:
Ich schrie aus dem Bauch der Hölle...

V (4) ...Der Betroffene wurde beobachtet...
Hxltetxihn Hallo, haltet ihn!
...wie er die Kreuzung am Hauptbahnhof bei Rotlicht überquerte. Er wurde zur Vernehmung festgenommen, weil er keine Angaben zu seiner Person machen konnte
Warum sollte sie nein sagen? usw

(5) Aber was haben Sie denn, es ist doch niemand hier!
Viel ist hier, was das Mädchen nicht hört
Viel geht im Schatten und überall sind die Stimmen
und die Sirenen
und du kannst die Vorhänge zuziehen und die Tür versperren

zu (5) Das Patentsicherheitsschloß Efka 33 bietet Ihnen absolute Einbruchsicherheit bei größtem Komfort und niedrigstem Preis. Warum unruhig schlafen? Ekfa bedeutet Sicherheit – auch für Sie!
Aber zwischen deinem Mund, Jonas, und ihrem
So nah ihr Mund
brechen die Stimmen ein, die Stimmen pfeifen wie ein Gezwitscher von rasenden Vögeln
wie ein Sturm pfeifen die Stimmen
(Morsezeichen auf Kurzwelle, verschiedene Tonhöhen: dumpfe und schrille Signale. Der nun folgende Monolog Nanni (So schön tanzten wir....bis ...Jonas, bitte) wird von den Morsezeichen durchlöchert, deren Intenisität sich steigert; gegen Ende brechen sie plötzlich ab.)

(6) Über die Schlußszene Jonas allein im Ladenstübchen, Halluzinose, ist analog zum Anfangsprolog der folgende Epilog zu legen:

(6) ...ewiglich (Wechsel des Sprechtons: von hier ab identifiziert sich der Sprecher nicht mehr mit dem Bild, er spricht gewissermaßen "von außen")
Wenn Sie nachts durch die Ladenstraßen gehn, zwischen erloschenen Schaufenstern, durch ausgestorbene Passagen, denken Sie daran! Denken Sie daran, daß hinter den dunklen Gläsern, zwischen den Spiegeln und Magazinen, ein Mann steht, einer, der nicht weiß woher und wohin, ein Mann am Ende seiner Kraft, irgendeiner an irgendeinem Abend, ein Mann namens Jonas. Ein Mann ohne Hut in einem Inferno von Hüten. Seine Schatten haben ihn eingeholt. Er ist allein mit seinen Schatten. Sie tanzen vor ihm in den Spiegeln, viele Schatten, manche von ihnen grinsen, manche bedrohen ihn. Sie betteln und schreien, sie äffen ihn nach, sie beschimpfen ihn und lachen ihn aus, und sie heißen alle Jonas wie er. Welcher von uns bin ich? fragt Jonas. Welchen von uns wird die Nacht fortschwemmen, welcher von uns wird verschellen im Bauch der Hölle, welcher von uns kann beten, welcher von uns wird gerettet werden und erlöst und welcher in eine Kiste gelegt und verscharrt und welcher nicht und welcher wird weitergehen und welcher stehenbleiben in einem finsteren Spiegel?
Die Stadt schläft, sie hat keine Antwort für Jonas. Jonas, das ist irgendeiner, ein Mann ohne Antwort. Es gibt Hüte genug für alle seine Schatten, aber der größte, der feierlichste Hut ist nicht schwarz genug, um ihre Stimmen zu ersticken. (Bild mit Zylinder, Gelächter)
Jonas ist irgendeiner von uns: ein Mann ~~ohne Antwort~~ mit vielen Schatten, ein Mann ohne Antwort.

Zeittafel

1955

Sommer 1955	Erste Idee, handschriftliche Skizze
Winter 1955	Exposé *Bühler Höhe* [Kritiken z. Exposé]

1956

23.03.1956:	Drehbuch-Konzept mit *Antrag NRW*
ca. März	Drehbuch-Fassung *Titel, Trick*
22. April/ 4. Mai 1956	Briefwechsel mit Hans Domnick
02.05.1956	Herbert Vesely als Regisseur?
23.05.1956	Absagebrief an Vesely
11.07.1956	*Original-Drehbuch*
21./23. Juli 1956	Beginn der Dreharbeiten
29. August 1956:	Letzter Drehtag
24.09.1956	Brief an Winfried Zillig (Musik)
Nov. 1956	Erster Musik-Schnitt
18. Dez. 1956	Ende Rohschnitt
Nov./Dez.?	Kontakt mit H.M. Enzensberger (Text)

1957

06.01.1957	Brief an Enzensberger
07.01. – 15.02.1957	Sprache und Musik angelegt
05.03.1957:	Fertige Kopie für Prüfstelle Wiesbaden
20.04.19 57	Filmaufführung intern in Stuttgart
26.06.1957	Uraufführung Berlin (IFF)
10.10.1957	Allgemeiner Kinostart

Literatur

Becker, Rolf: Ein Bumerang aus Filz. Zu dem bundesrepublikanischen Film "Jonas". In. Magnum Heft 15. Dezember 1957

Berendt, Joachim Ernst: das jazzbuch. Entwicklung und Bedeutung der Jazzmusik. Frankfurt/M, Hamburg 1953

Domnick, Ottomar: Die schöpferischen Kräfte in der Malerei. Ein Zyklus. Müller & Kiepenheuer Verlag. Bergen 1947

Domnick, Ottomar: Hauptweg und Nebenwege. Psychiatrie, Kunst, Film in meinem Leben. Hamburg 1977

Domnick, Ottomar: Die Sammlung Domnick. Stuttgart 1982

Domnick, Ottomar: Mein Weg zu den Skulpturen. Stuttgart 1987

Drost, Sebastian: Bilder verdrängter Vergangenheit. Der Bruch mit »Papas Kino«: Ottomar Domnicks »Jonas«. In: Hans Belting, Ulrich Schulze (Hg.): Beiträge zu Kunst und Medientheorie. Stuttgart 2000. S. 205-229

Esser, Werner: Sammlung Domnick. Eine Einführung. Nürtingen 1999

Fuhrmann, Susanne und Heinrich Lewinski im Gespräch mit Herbert Vesely in: filmwärts H. 27. Sept. 1993. S. 5–17

Goelz, Erwin: Ein Außenseiter dreht Jonas im Alleingang. In: Programmheft der Uraufführung Berlin 1957

Grob, Norbert: Malerisches, musikalisch rhythmisiert. Hommage à Ottomar Domnick In: film-dienst H. 23. 2002

Groll, Gunter: Die Avantgarde lebt noch: "Jonas". In: Süddeutsche Zeitung vom 25.11.1957.

Hickethier, Knut: Die jungen Männer des Wirtschaftswunders. Hans Lothar, Robert Graf, Wolfgang Kieling und ihre Rollen. In Thomas Koebner (Hg.): Idole des deutschen Films. Eine Galerie von Schlüsselfiguren. München 1997. S. 347-361

Hickethier, Knut: Grenzsituationen spielen. Robert Graf in Ottomar Domnicks JONAS (1957). In: Bernd Kiefer/Marcus Stiglegger (Hrsg.): Grenzsituationen spielen. Schauspielkunst im Film. 5. Symposium. Remscheid 2006. S.95-106

Jung, Fernand: Das Kino der frühen Jahre. Herbert Vesely und die Filmavantgarde in der Bundesrepublik. In: Zwischen Gestern und Morgen. Westdeutscher Nachkriegsfilm 1946-1962. Deutsches Filmmuseum Frankfurt am Main 1989. S. 318-340

Keitz, Ursula von: Film als Partitur. Polyphonie und Gedächtnis in Ottomar Domnicks Jonas. In: Goetsch, Paul/Dietrich Scheunemann (Hg.): Text und Ton im Film. Tübingen 1997. S. 237-249

Knak, Christian: „weitergehen - nicht stehenbleiben!“ Zur Ästhetik Ottomar Domnicks. Frankfurt am Main 1989 [unveröff. Magisterarbeit; vorhanden im Nachlass Domnick DLA]

Korn, Karl: Jonas im Bauche der Technik. Ein ungewöhnlicher deutscher Film. In: Frankfurter Allgemeine Zeitung vom 24.6.1957

Minas, Günter: Essay zu Ottomar Domnick. In: CineGraph - Lexikon zum deutschsprachigen Film. Lg. 13. E1.

Mostar, Gerhart-Hermann: Jonas – Das bist DU!. In: JONAS. Programmheft zur Uraufführung Berlin 1957

nicht mehr fliehen. Das Kino der Ära Adenauer. Teil 3: Redaktion: Ulrich Kurowski, Thomas Brandlmeier. Hg. vom Münchner Stadtmuseum/Filmmuseum u.a. o.J.

Prinzler, Hans Helmut u.a (Hg.).: Geschichte des deutschen Films. Stuttgart 1993

Schieder, Martin: Im Blick des Anderen. Die deutsch-französischen Kunstbeziehungen 1945-1959. Berlin 2005

Vogt, Guntram: Ottomar Domnicks JONAS oder Die Anonymisierung von Ich und Stadt: In: Möbius, Hanno / Guntram Vogt: Drehort Stadt. Das Thema »Großstadt« im deutschen Film. Marburg 1990. S. 111-121

Vogt, Guntram: Ottomar Domnick - JONAS (1957). In: Ders.: Die Stadt im Kino. Deutsche Spielfilme 1900-2000. Marburg 2001. S. 478-486

Vogt, Guntram: Außenseiter? Avantgarde- und Stadtfilm. Ottomar Domnick: Jonas (1957), Herbert Vesely: Das Brot der frühen Jahre (1962). In: Harro Segeberg (Hg.): *Mediale Mobilmachung III: Das Kino der Bundesrepublik Deutschland als Kulturindustrie (1950-1962) (=Mediengeschichte des Films, Bd. 6)*. (Erscheint 2007).

von der Bey, Katja: Nationale Codierungen abstrakter Malerei. Kunstdiskurs und – ausstellungen im westlichen Nachkriegsdeutschland 1945-1952. Phil. Diss. 1997. In: http://www.bis.uni-oldenburg.de/dissertation/2000/ beynat97/pdf

Zillig, Winfried: Zur Musik des Films JONAS. In: JONAS. Programmheft zur Uraufführung Berlin 1957

Bild- und Textnachweise

Der schriftliche Nachlass von Ottomar Domnick befindet sich im Deutschen Literaturarchiv Marbach unter der folgenden Bestandsadresse: http://www.dla-marbach.de/index.php?id=58055#Domnick,%20Ottomar.

Die JONAS-Plakat-Vorlage für das Cover sowie einzelne Fotos zu Domnick stellte die *Stiftung Domnick Nürtingen* (www.domnick.de) zur Verfügung, ebenso die Nachdruckrechte für das Programmheft der Uraufführung von Domnicks JONAS.

Der *Verlag für Filmschriften* Christian Unücka Herbertshausen (order@unücka.de) genehmigte den Nachdruck der JONAS-Kino-Filmprogramme. Fotos von den Dreharbeiten stammen von Adolf (bzw. Eta) Lazi; ADOLF LAZI ARCHIV (www.lazi.de). Die *Süddeutsche Zeitung Content* erteilte die Abdruckgenehmigung der SZ-Kritik zu JONAS.

Soweit zu den Fotos und Abbildungen die Quellen nicht unmittelbar angegeben sind, entstammen sie der eigenen Sammlung.

Dank

Ich danke dem Deutschen Literaturarchiv Marbach für die Möglichkeit, den Nachlass von Ottomar Domnick einzusehen und auszuwerten. Insbesondere bedanke ich mich bei den Mitarbeiterinnen und Mitarbeitern der Handschriftenabteilung und der Kunstsammlungen (Photokonvolute).

Hans Magnus Enzensberger danke ich für die freundliche Erlaubnis, seinen dort deponierten Briefwechsel mit Domnick auszuwerten.

Dr. Werner Esser, Leiter der Stiftung Domnick Nürtingen, der die Erlaubnis zur Publikation von Ottomar Domnicks Nachlass erteilte, danke ich dafür und für die großzügige Bereitstellung von diversem Text- und Bildmaterial.

Helga Runte-Langenbein von der Firma Telepool (Südwestrundfunk Baden-Baden) stellte mir dankenswerterweise eine Arbeitskopie von JONAS zur Verfügung. Aus ihr sind die hier eingefügten Film-Einstellungen entnommen.

Philipp Kepplinger, Kamera-Assistent bei JONAS und Kameramann bei GINO, danke ich für seine bereitwilligen Auskünfte zu den Dreharbeiten.

Mein besonderer Dank gebührt Heimo Bachstein, dem Filmkenner und Filmliebhaber, der Ottomar Domnick noch persönlich begegnet ist, der daher viele Einzelheiten erzählen konnte, auch zur Produktion von JONAS, der sein privates Archiv mit Fotos und Dokumenten zur Verfügung stellte und ein kritisch-motivierender Begleiter meiner Arbeit war.

Zum Download bereitgestellte Dokumente und Materialien

1. Exposé *Bühler Höhe*
2. Drehbuch *Antrag NRW*
3. Drehbuch *Titel, Trick*
4. *Original-Drehbuch*
5. *Original-Text und Dialoge Domnick*
6. *Original-Manuskript Enzensberger*
7. *Dialogliste*
8. Drehplan
9. *Sekundenplan*
10. Schnitt Disposition
11. Filmrollen
12. GEMA-Aufstellung
13. Pallas-Verleih
14. Texte und Reden von Ottomar Domnick
15. Domnicks Exposé zum geplanten, aber nicht realisierten Film "CHM"

Unter: www.ibidem-verlag.de/downloads/9783838212371.zip

***ibidem*-Verlag**
Melchiorstr. 15
D-70439 Stuttgart
info@ibidem-verlag.de
www.ibidem-verlag.de
www.edition-noema.de
www.autorenbetreuung.de

www.ingramcontent.com/pod-product-compliance
Lightning Source LLC
Chambersburg PA
CBHW060339170426
43202CB00014B/2818
* 9 7 8 3 8 3 8 2 1 2 3 7 1 *